社區營造解剖圖鑑

片山和俊、林寬治、住吉洋二
Kazutoshi Katayama,Kanji hayashi,Yoji Sumiyoshi

前言

這不就像是旅行嗎——？

建築設計或社區營造的工作，是在某個時候參與某個特定城鎮或建築物的建設，結束之後便前往下一個不同的地方或主題。一如旅行有出發與歸來，今天有可能是開始，也有可能是結束。而且下次面對的工作，跟旅行一樣是截然不同的。計畫與設計是尋求及實現最佳解答的過程，我們必須動用自己擁有的全部手段來進行。雖然對象是特定的，但進行期間頭腦得穿梭古今東西，尋求的智慧更是涵蓋世界各地。

這本書，是以設計者與規劃者特有的思考迴路為概念編纂而成。體系固然重要，不過本書蒐集整理的都是在執行計畫的過程中想到的、倚仗的內容。當中有學生時代所學的知識，也有來自其他建築師作品的刺激，以及透過旅行等途徑獲得的見聞。除了此次蒐集的新資訊外，還夾雜一些有的人會覺得過時，但我們覺得有用的舊資訊。雖然很想偏心地稱本書為寶箱，我們期盼本書至少能成為幫助各位找到靈感的抽屜。

第1～4章與第6章的內容，源自我們參與了40多年的山形縣金山町社區營造的各種場面。我們依照金山町的方針，以持續實現這場「百年運動」為目標，實施了各種調查、規劃與設計。這5章即是回顧這些年來進行的工作，內容包括

從金山町的整體到局部這種空間層面，以及從都市計畫到建築、土木設計、從軟體到硬體這些領域。不過，本書以空間層面的內容為主，並未提及景觀法等制度以及補助機制。至於第5章，則介紹在處理金山町社區營造的空間層面時，我們所參考的景觀與外部空間的案例、手法以及設計。當中有普遍認為是常識的內容，也有相當偏向個人興趣的案例。由於篇幅有限，我們從世界各地的城鎮與廣場中，優先選擇感興趣的案例為各位介紹。

本書刊載的金山町40多年來的社區營造之嘗試，是我們協助金山町推動該町當時需要的計畫所得到的結果。雖然不知道這可否稱為都市設計的實踐案例，不過可以確定的是，這是橫跨建築、土木、都市計畫之領域，以整體觀點執行計畫所獲得的成果。而且，我們與金山町現在仍持續試錯與摸索。

這本書的內容，是以特定城鎮為對象的計畫多年積累下來的心血結晶。儘管這也是我們自己前所未見的嘗試，倘若有助於增進社會大眾對社區營造、都市設計、建築的興趣並帶來良性刺激，這是我們的榮幸。

片山和俊
林　寬治
住吉洋二

社區營造解剖圖鑑
目次

第4章 設計有魅力的建築物

第5章 激發潛力的景觀

第6章 找出小城鎮的存續機制

COLUMN

日文版Staff

設計　細山田設計事務所[米倉英弘]

DTP　TKクリエイト[竹下隆雄]

編輯協力　近藤正

第1章

找出城鎮優點的方法

≒1尋：2根柱子之間的距離

城鎮有城鎮的特徵。例如自然環境、交通系統、市容、在地產業、歷史、節慶活動等等，範圍涵蓋各個方面。自然環境豐饒的金山町雖然將焦點放在中心地區上，其實郊外也散布著許多小魅力。展開社區營造時，不要只是挑出醒目的魅力，應該先以整體觀點掌握居民的生活環境與背景。

來自異國的訪客 與金山邂逅

充滿魅力的風景印象 跨越時代延續至今

距今約140年前的明治11年（1878年）7月，英國女性旅遊作家伊莎貝拉·博兒※在明治維新結束後不久造訪金山，對這裡的印象是「被錐形山丘圍繞，充滿羅曼蒂克氣氛的地方」。博兒在同年5月抵達橫濱港，經過東京、日光、新潟後進入山形縣，途經置賜、村山、新庄，在金山度過幾天。之後，經過秋田、青森抵達北海道，再經由海路回到橫濱。她將自己在日本遊歷約4個月的見聞寫成《日本奧地紀行》於英國出版，頗受好評。

博兒在遠東的異國北鄉接觸美麗的風景與自古以來的文化，曾表示「日本的鄉村全都美得如詩如畫」。

金山町的大堰公園內設有伊莎貝拉·博兒來訪百年紀念碑。

伊莎貝拉·博兒的旅程與金山町
——大堰公園內的伊莎貝拉·博兒紀念碑

金山町大堰公園內建置了紀念伊莎貝拉·博兒來訪100年的石碑。紀念碑是由雕刻家保田春彥於1987年製作。

MEMO

金山

伊莎貝拉·博兒著

「……今朝離開新庄之後，橫越了一處陡峭山脊，進入極為美麗的盆地，其上有圍成半圓形的錐形山丘，錐形柳杉遍生至山丘頂部，平添秀麗之姿，但顯然阻擋了往北的通道。山麓是一處名為『金山』的城鎮，洋溢羅曼蒂克的氣氛。我中午便抵達該處，發現驛舍房間甚為舒適，代理人也極有禮貌，而且此去地域險阻，前途漫漫，因此我打算先停留一到兩天。……」

節錄自《日本奧地紀行》

譯註：日文版由平凡社出版，高梨健吉翻譯；中文版由遠足文化出版，吳煒聲翻譯。

※ Isabella Bird，1831年出生於英國約克郡，是一名冒險家及旅遊作家。22歲時前往北非旅行，之後又造訪大洋洲、夏威夷、北美、亞洲。明治11年5月，46歲的她從橫濱上岸，僱用伊藤鶴吉作為隨行翻譯與僕人，展開前往蝦夷的旅程。明治13年（1880年），她將旅行期間的見聞寫成《日本奧地紀行》（原書名為"Unbeaten Tracks in Japan"）出版。

博兒行經的路線與現在的金山町道路網＊2

到秋田
「金山三峰」
熊鷹森
中之森
藥師山
國道13號
金山川
楯山
金山中心地區
愛宕山
現在的視界
現代居民的
交通路線
國道13號
以前的
視界
從上台峠
眺望金山
博兒所走的
路線
到新庄

伊莎貝拉・博兒前往蝦夷（北海道）的旅程（1878年）＊1

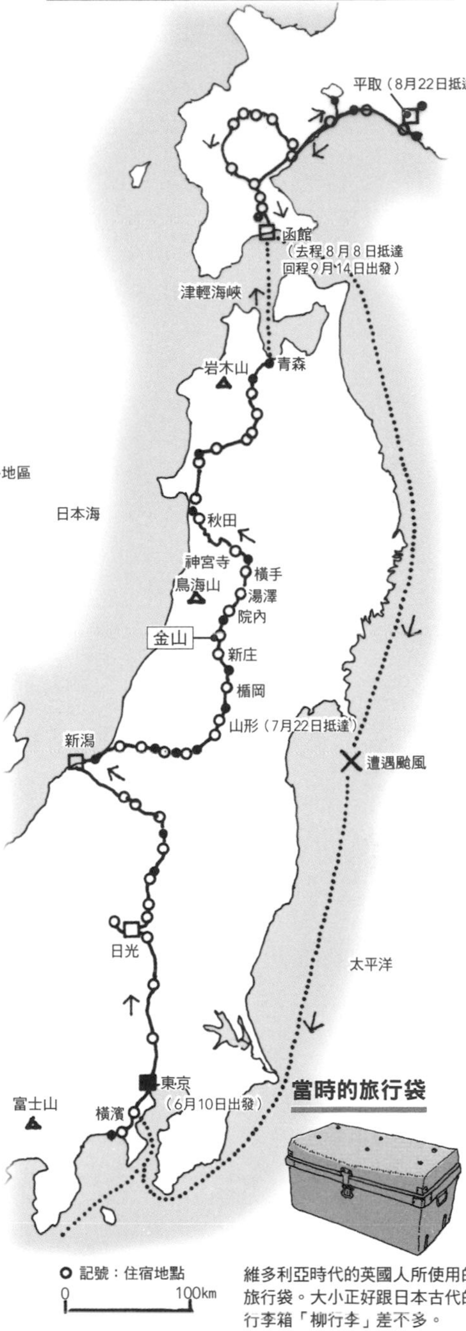
平取（8月22日抵達）
函館
（去程８月８日抵達
回程９月14日出發）
津輕海峽
岩木山
青森
日本海
秋田
神宮寺
橫手
鳥海山
湯澤
院內
金山
新庄
楯岡
山形（7月22日抵達）
新潟
遭遇颱風
日光
太平洋
東京
（6月10日出發）
富士山
橫濱
記號：住宿地點
0
100km

當時的旅行袋

維多利亞時代的英國人所使用的旅行袋。大小正好跟日本古代的行李箱「柳行李」差不多。

出處：＊1《イザベラ・バードと日本の旅》（金坂清則著，平凡社）；＊2《金山通信 森の便りvol.18 2012年春》（金山町產業課）

不便其實也不賴

不便造成的落後正是魅力之一

奧羽本線繞過金山町

到秋田
金山町
神室山
上台峠
真室川
奧羽本線
繞過金山町
國道13號（羽州街道）
新庄
陸羽東線
0 5km
到山形

金山町在山形縣的北端

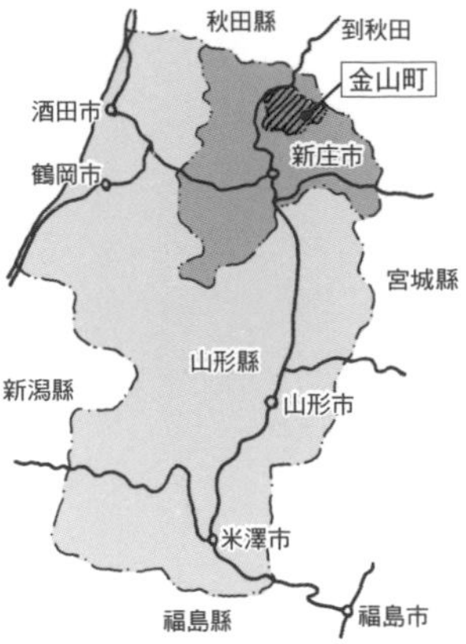
秋田縣
到秋田
金山町
酒田市
鶴岡市
新庄市
宮城縣
山形縣
新潟縣
山形市
米澤市
福島縣
福島市

金山町與群山的分布

高藏山
黑森山
奧羽本線
≒18km
上內松山
金倉山
丸森
戶屋澤山
八森
黑森
檜木森
水晶森
下高堂山
高堂山
神室翠谷
鉤掛森
前神室山
八森
龍馬山
大平山
金山川
神室水壩
神室山
藥師山
金山町中心地區
楯山
天狗森
愛宕山
台山
桝澤水壩
不動山
小又山

金山町位於山形縣北端，與秋田縣相接。從奧羽本線的新庄車站，沿國道13號北上約16公里便能抵達。東西寬約18公里，整個町呈東西略寬的球形。

這個町大部分是山巒，標高1365公尺、具象徵性的神室山，就座落在山形、秋田、岩手三縣境內。中心地區所在的西南部平原並不怎麼寬廣。令人不解的是，奧羽本線繞過了這個町。

這條鐵路從新庄筆直北上，在進入金山町前轉向西邊經過真室川。繞過的原因五花八門，或許是因為一進入該町就碰到上台峠，鐵路無法將高低差降至50公尺左右吧。假如說是沒有火車站的不便保留了現在的魅力，那麼不便似乎也不賴。

金山町座落在山中

金山町與群山的高度

神室山

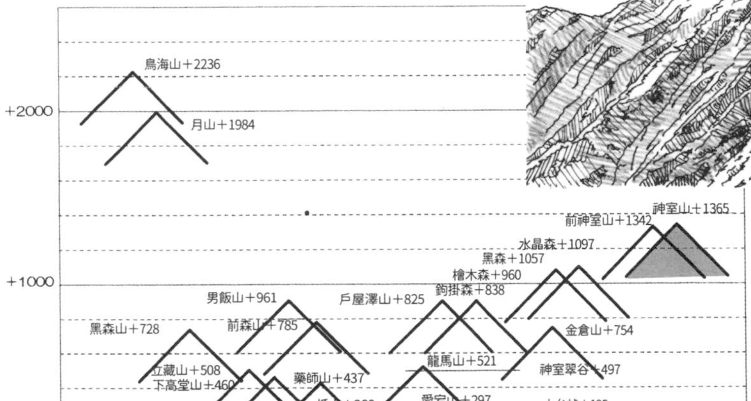

被大自然包圍的環境，有著人與山共存的漫長歷史。將具象徵性的山形與海拔化為圖像比較，可以更深入瞭解該地區的環境特徵。

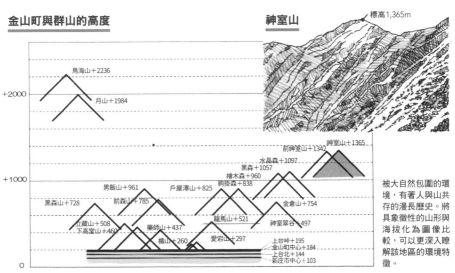

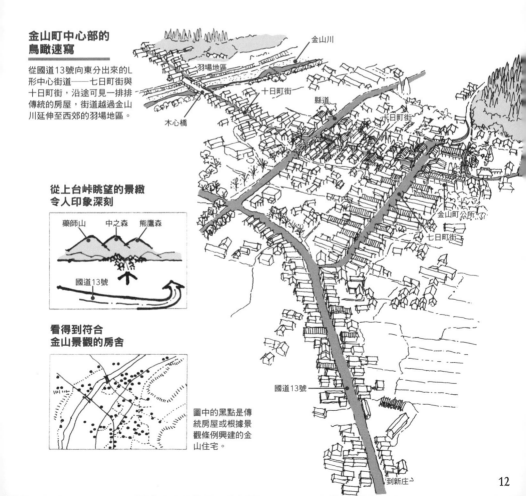

整個金山町座落在山中

大自然所孕育的智慧與榮耀十分寶貴

整個金山町座落在山中，中心地區則位於西南部的盆地。該町的中心地區位在自南端的上台峠向北筆直延伸的國道13號背側，被藥師山、中之森、熊鷹森三山及楯山、愛宕山圍繞，以地形來看這樣的結構也很棒。

突顯金山町的是，分布在街景與山巒之間的閑靜水田。除此之外，周圍山巒之間的平地或山谷也存在著各個地區，埋藏著不為人知的小小魅力。跟町民生活時所面對的杉林、河川、水田等各種自然景觀相比，房舍景觀只占一點點而已。

金山町中心部的鳥瞰速寫

從國道13號向東分出來的L形中心街道——七日町街與十日町街，沿途可見一排排傳統的房屋，街道越過金山川延伸至西郊的羽場地區。

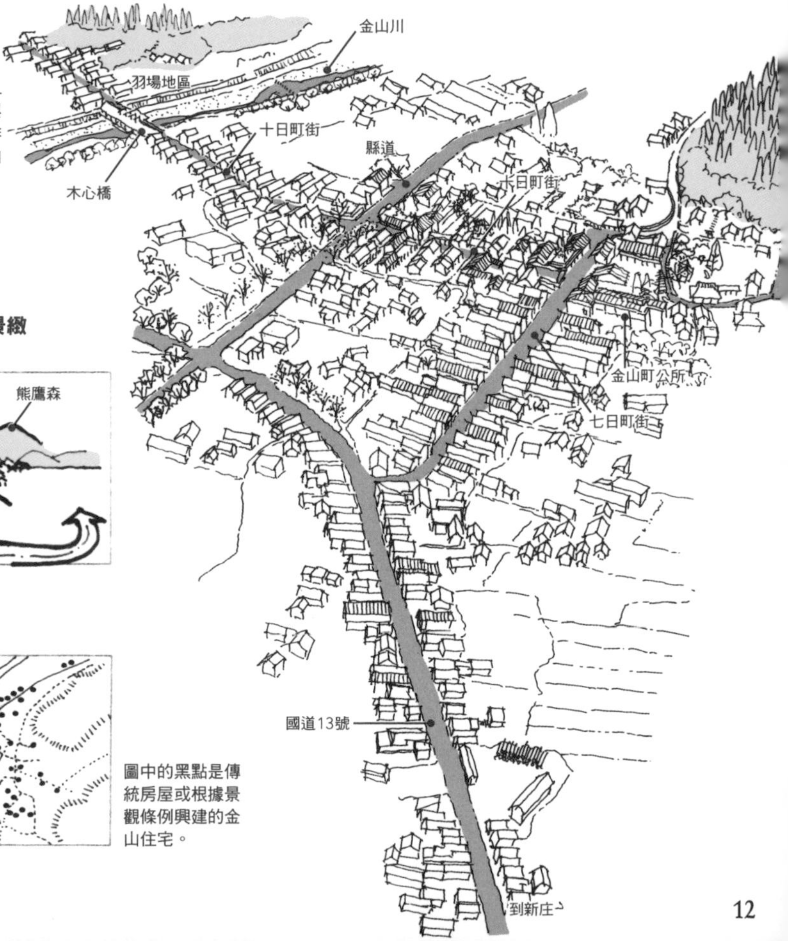
金山川
羽場地區
十日町街
縣道
木心橋
七日町街
金山町公所
七日町街
國道13號
到新庄

從上台峠眺望的景緻令人印象深刻

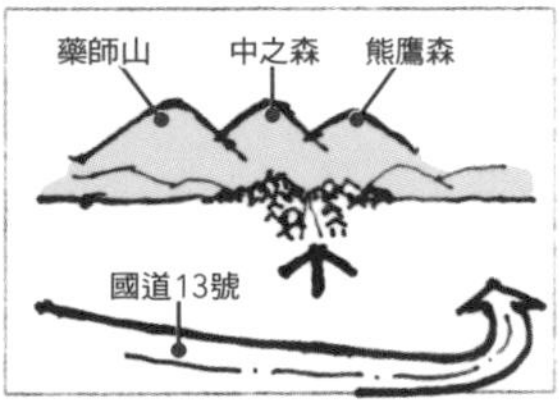
藥師山
中之森
熊鷹森
國道13號

看得到符合金山景觀的房舍

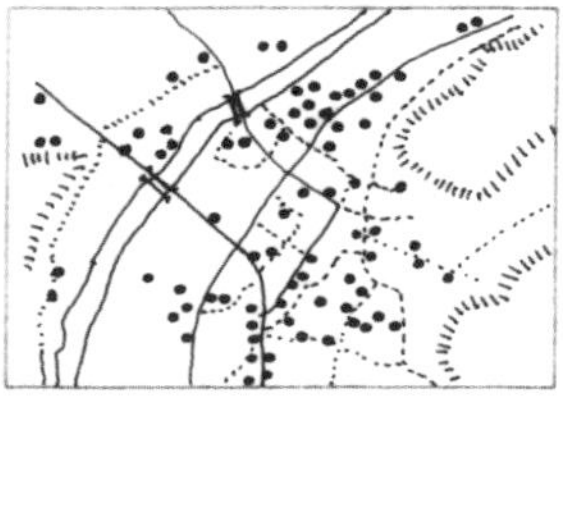

圖中的黑點是傳統房屋或根據景觀條例興建的金山住宅。

中途沒有岔路的綿長直路

中心地區呈L字形

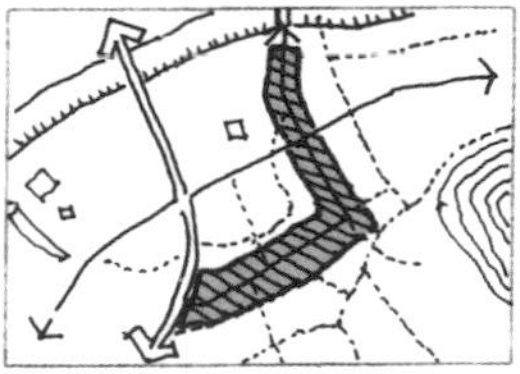

舊道（虛線）的巷道圍繞著町

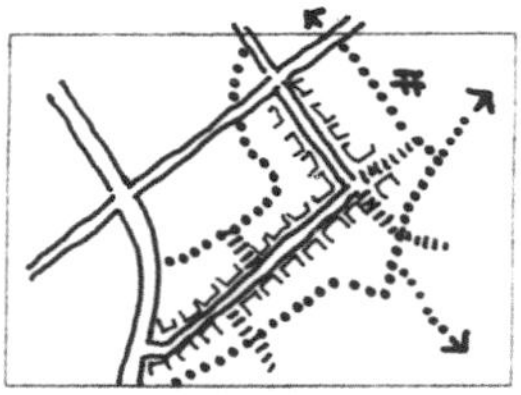

流過中心地區外緣的金山川

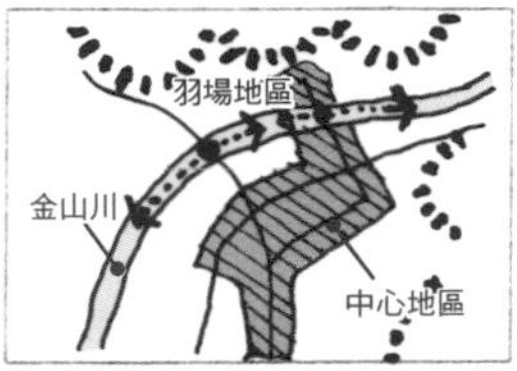

夾在市區與周圍山巒之間的田園很美

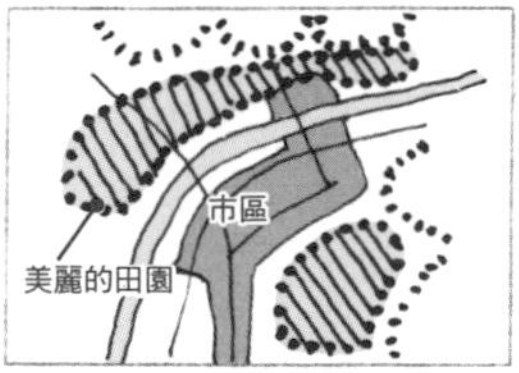

散布著不為人知的魅力

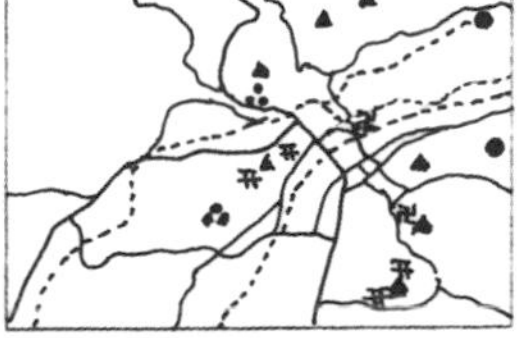

金山町中心地區的結構

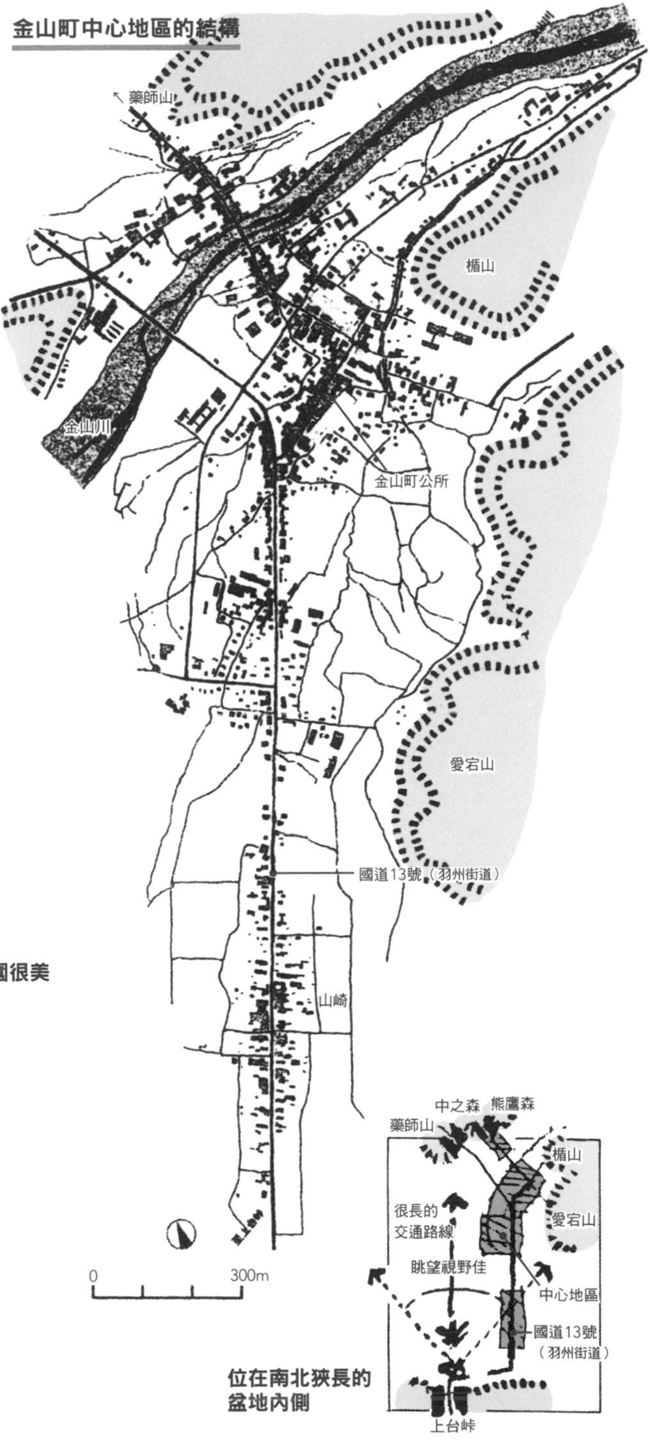

位在南北狹長的盆地內側

邂逅與離別

難以忘懷的城鎮第一印象

邂逅與離別很重要，對城鎮而言也是一樣。有別於以鐵路為主要交通工具的時代，在飛機、高速公路、地下鐵等交通工具非常發達的現代，不僅出現各種通往城鎮的交通路線，有時還可能突然就來到中心市街。如同伊莎貝拉·博兒在著作中的描寫，若從新庄方向接近金山町，可在上台峠眺望迷人的城鎮景緻。之後，沿著國道13號開一段路，便進入遠遠就看得到的中心地區，一排排的傳統房屋景觀頗為吸睛。

遠望與近景——相同結構的例子，還有威尼斯的聖馬可廣場、面向斯德哥爾摩海灣的市政廳與柱廊、宮島的嚴島神社等等。藉由遠望與近景創造有魅力的空間，這樣的結構令人印象深刻。

從上台峠望去，與金山町邂逅、離別的風景令人印象深刻

藥師山
中之森
熊鷹森

進入中心地區時的街景
—經過修景後的七日町街

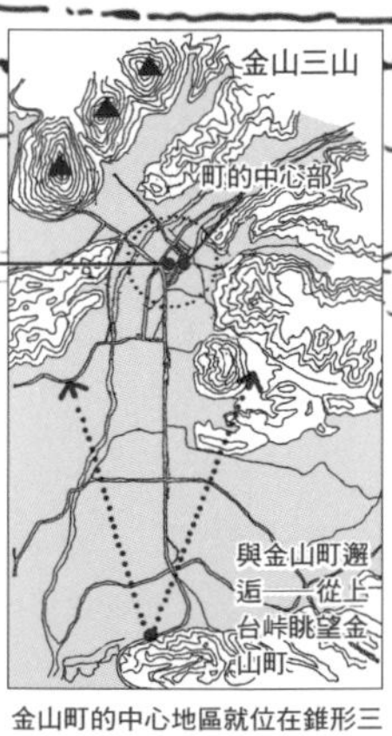
金山三山
町的中心部
與金山町邂逅——從上台峠眺望金山町

金山町的中心地區就位在錐形三山的山麓。

遠望威尼斯的聖馬可廣場

格外高聳的大鐘樓令人印象深刻。聖馬可廣場是威尼斯的中心廣場，亦是海路大門。周邊圍繞著含迴廊的建築物，還有總督宮與聖馬可大教堂。被譽為世界上最美的廣場。

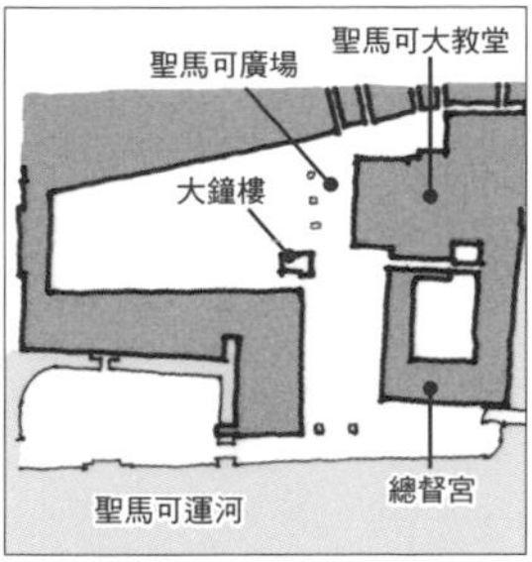
聖馬可廣場
聖馬可大教堂
大鐘樓
總督宮
聖馬可運河

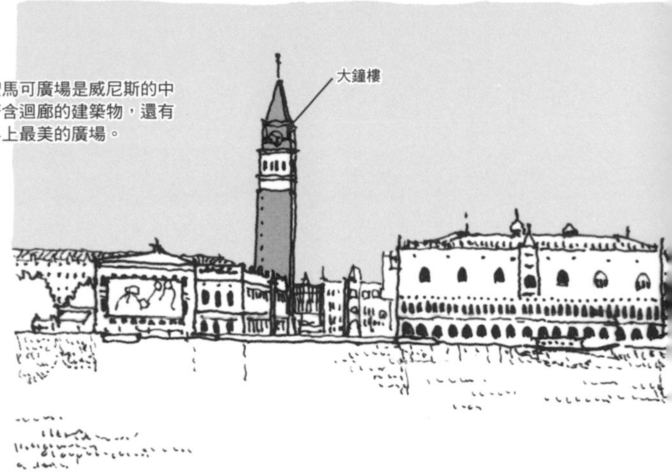
大鐘樓

遠望斯德哥爾摩市政廳

斯德哥爾摩市政廳面向梅拉倫湖的騎士灣（Riddarfjärden）。聳立著尖塔令人印象深刻的外觀，是參考威尼斯的總督宮打造而成。由建築師拉格納．艾斯特貝里（Ragnar Östberg）設計，於1909～1923年建設。斯德哥爾摩市政廳也因舉辦諾貝爾獎晚宴而聞名。

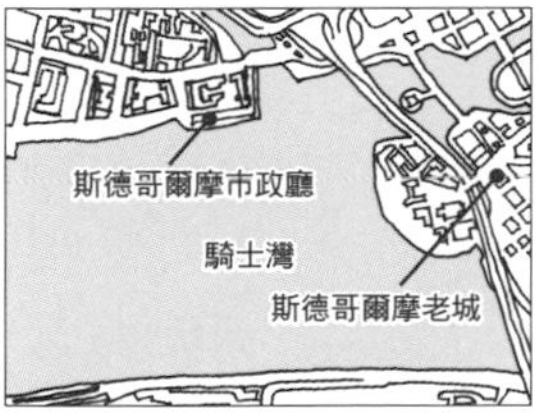
斯德哥爾摩市政廳
騎士灣
斯德哥爾摩老城

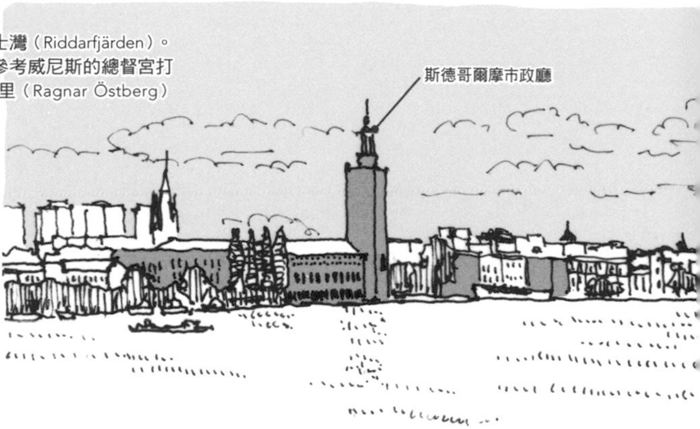
斯德哥爾摩市政廳

遠望安藝的宮島・嚴島神社

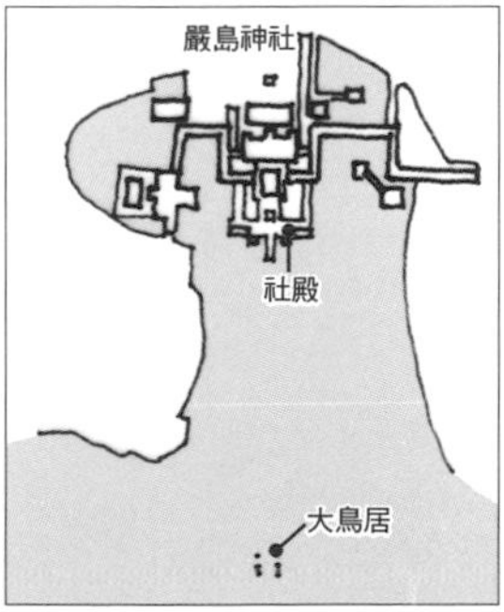
嚴島神社
社殿
大鳥居

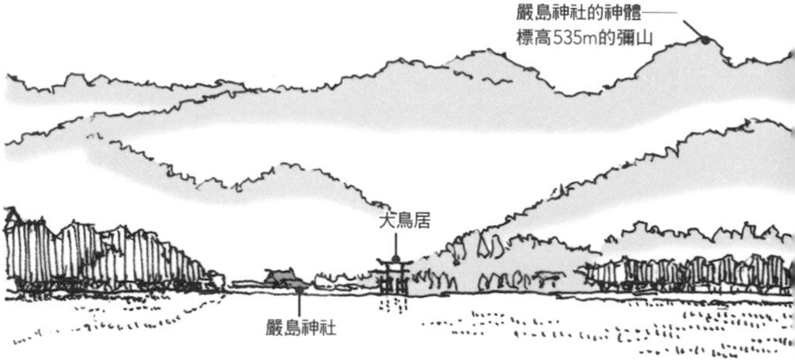
嚴島神社的神體——
標高535m的彌山
大鳥居
嚴島神社

搭船前往宮島時，迎接訪客的是立在海上高16m的大鳥居。嚴島神社座落在廣島灣上的嚴島（宮島）東北部，彌山（標高535m）的北麓。又稱為「安藝的宮島」，是日本三景之一。社殿建在海上，後由平清盛擴建至現代的規模。平舞臺是日本三舞臺之一。

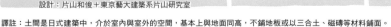

歸功於地形

城鎮與建築是地形的孩子

金山町的景觀魅力在於盆地這個地形。景觀的好壞，除了受街景影響外，有無發揮地形是更加重要的因素。木曾馬籠宿保存下來的街景統一感，雖然比不上相鄰的妻籠宿，幸好這裡位在往名古屋方向展開的坡地上。宿內光線明亮，夕陽尤其美麗。

目光轉向國外，荷蘭有著宛如蒙德里安（Piet Mondrian）的畫作般呈幾何圖形的風景，哥倫比亞則跟日本相反，聚落位在山巒的頂端。英國有著緩坡連綿的地形，以及以住戶為單位的街景。至於由好幾座島嶼組成的斯德哥爾摩，城市景觀則呈塊狀分布，看上去就像是海上的船隻。

中山道木曾馬籠宿的結構

馬籠宿位在明亮的山脊線上

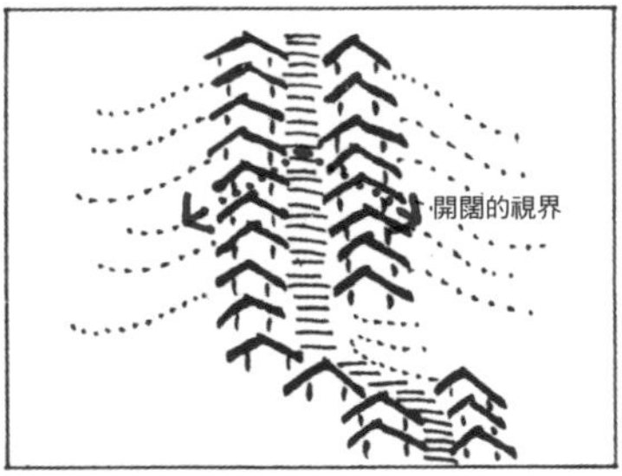
開闊的視界

馬籠宿擁有2種視界

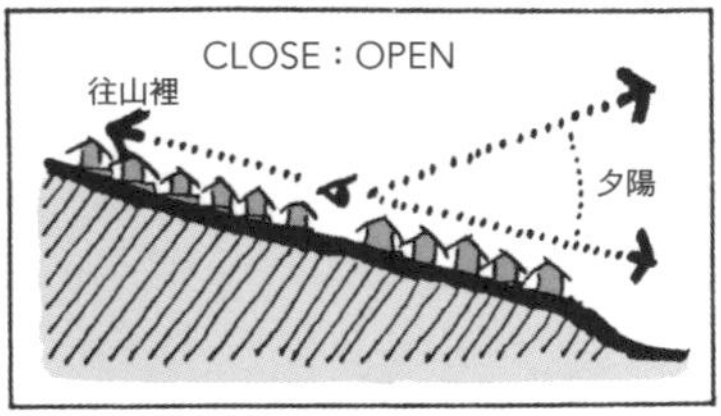
CLOSE：OPEN
往山裡
夕陽

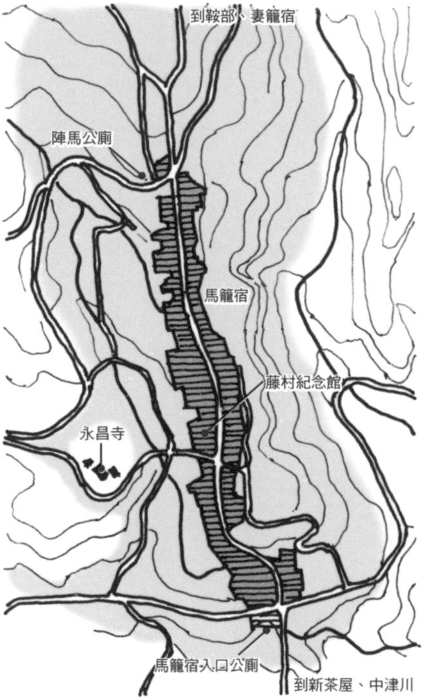
到鞍部、妻籠宿
陣馬公廁
馬籠宿
藤村紀念館
永昌寺
馬籠宿入口公廁
到新茶屋、中津川

發揮馬籠宿地形的4座公共廁所

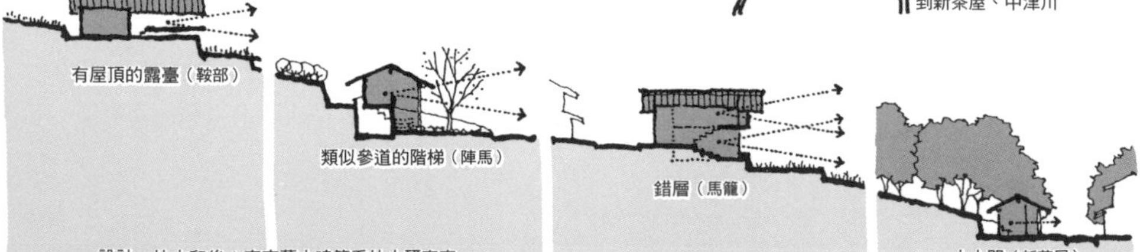
有屋頂的露臺（鞍部）
類似參道的階梯（陣馬）
錯層（馬籠）
小土間（新茶屋）

設計：片山和俊＋東京藝大建築系片山研究室

譯註：土間是日式建築中，介於室內與室外的空間，基本上與地面同高，不鋪地板或以三合土、磁磚等材料鋪面。

英國：緩坡與道路、街景

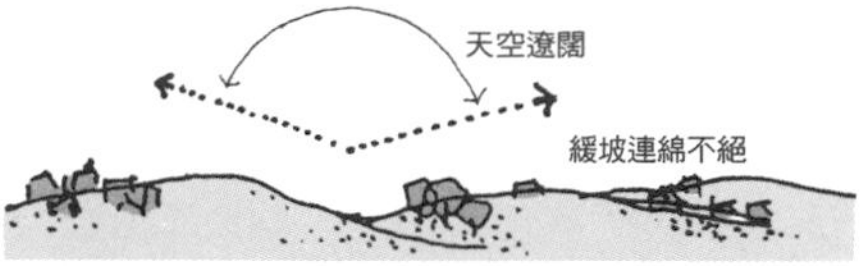
天空遼闊
緩坡連綿不絕

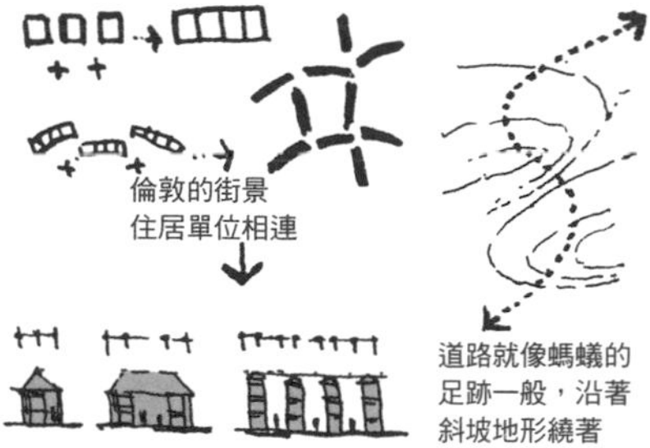
倫敦的街景
住居單位相連
道路就像螞蟻的
足跡一般，沿著
斜坡地形繞著

倫敦的街景（以住戶為單位）

斯德哥爾摩：海與島，以遠眺為優勢的建築形態

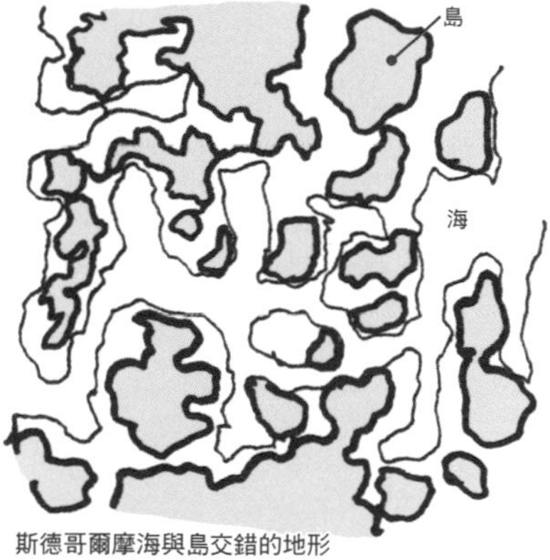
島
海

斯德哥爾摩海與島交錯的地形

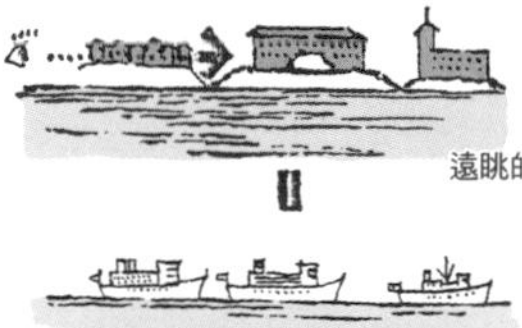

從海上遠眺，風景看起來
就像是海上的船隻

島內部的空間
眺望
遠眺的對象

清楚明瞭的3種視界

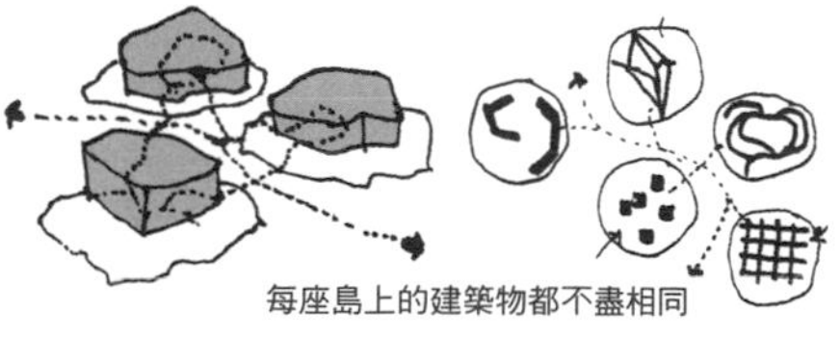

每座島上的建築物都不盡相同

荷蘭：圩田大致平坦

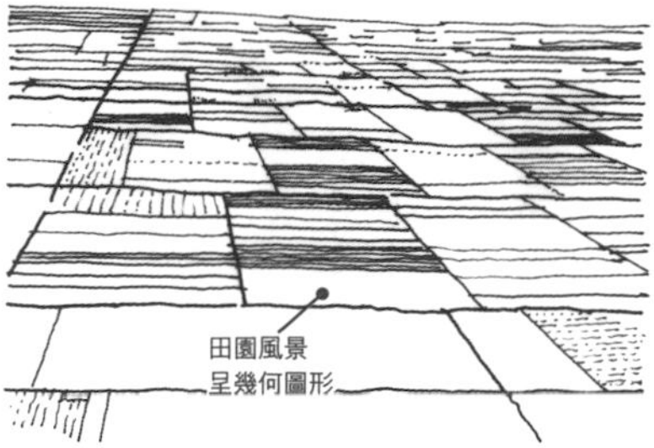
田園風景
呈幾何圖形

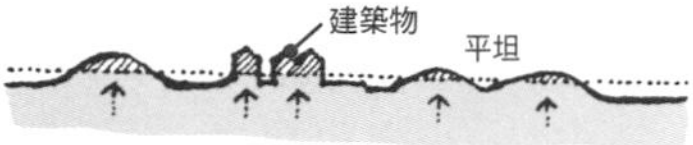
建築物
平坦

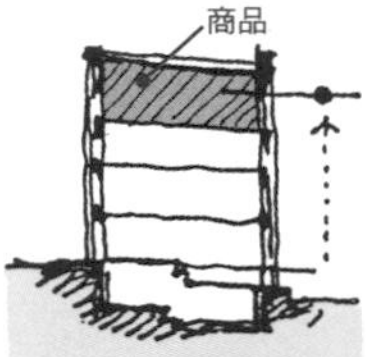
商品

阿姆斯特丹的城市建築

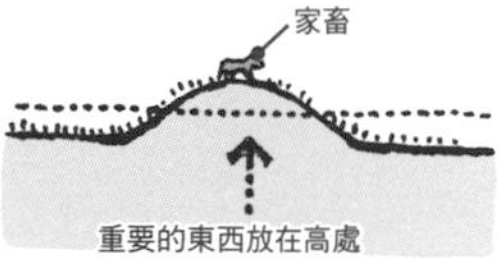
家畜
重要的東西放在高處

教堂
運河

南美哥倫比亞：住在舒適的山脊線上

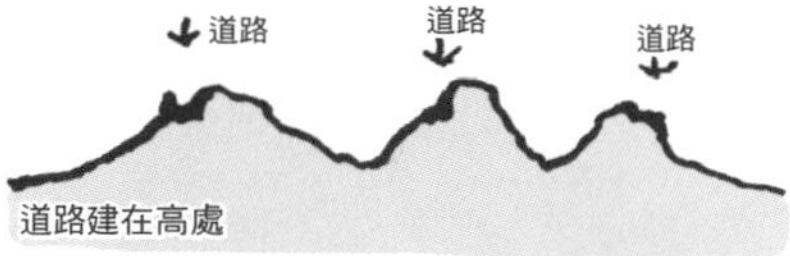
道路
道路
道路
道路建在高處

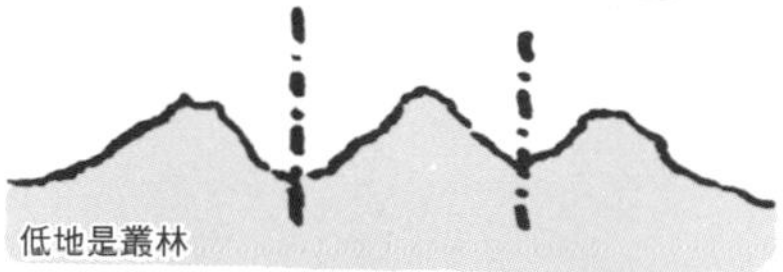
低地是叢林

房子
居住在高處

房子
高處很舒適！
熱帶叢林

小城鎮是大住宅

把城鎮當作住宅就對了

從國道13號進入的金山町中心地區，是由七日町街與十日町街交會而成，呈L字形的主要街道兩旁林立著傳統房屋，後側的農道（古時的主要道路）也看得到房屋。面向主要街道的老屋有通道土間，據說從前小孩子可以隨意進出。現在已看不到這種往來景象，相連的小巷也變少了，前街與後街因而分離開來。另外，拆掉老屋後L字形交會處便缺乏中心感，零星幾處未利用地顯得很醒目。

金山川以內的中心地區，東西、南北各600多公尺。只要把城鎮當作大間的住宅，街道則是走廊的話，便可看出該重視的部分與需要改善的部分在哪裡。

城鎮是大住宅，街道是走廊

L字形街角是城鎮的中心

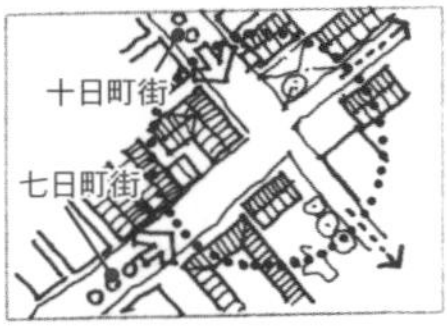
十日町街
七日町街

老屋林立的L字形中心地區

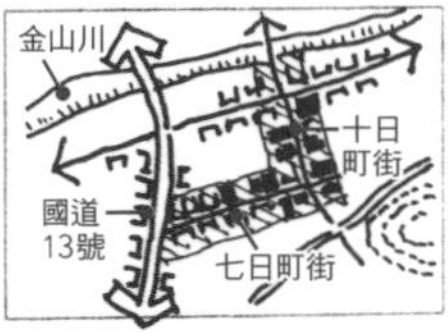
金山川
十日町街
國道13號
七日町街

主要街道與次要街道鮮少連結

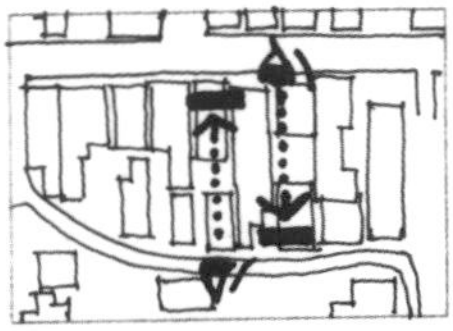

中心地區有未利用地

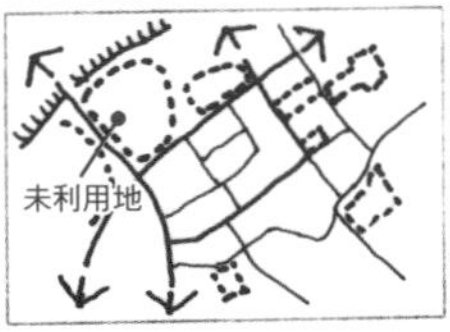
未利用地

擁有通道土間的傳統町屋

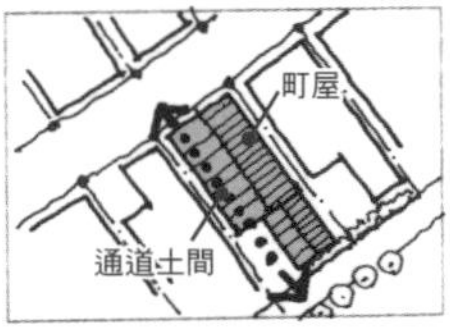
町屋
通道土間

有截斷街景的建築物

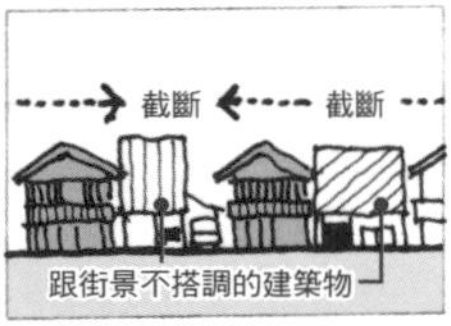
截斷
截斷
跟街景不搭調的建築物

譯註：町屋為結合店鋪與住家的房屋。

金山町中心地區圖
金山川
楯山
金山國小
十日町街
大堰
公民館
金山町公所
國道13號（羽州街道）
七日町街
金山國中
0
200m

中心地區的後側，有清澈的水流過大堰

大堰使用流經中心地區次要街道的農業用水，景色美得彷彿是座清水小鎮。

水渠

町內隨處都看得到水渠

中心地區的市容與形成方針

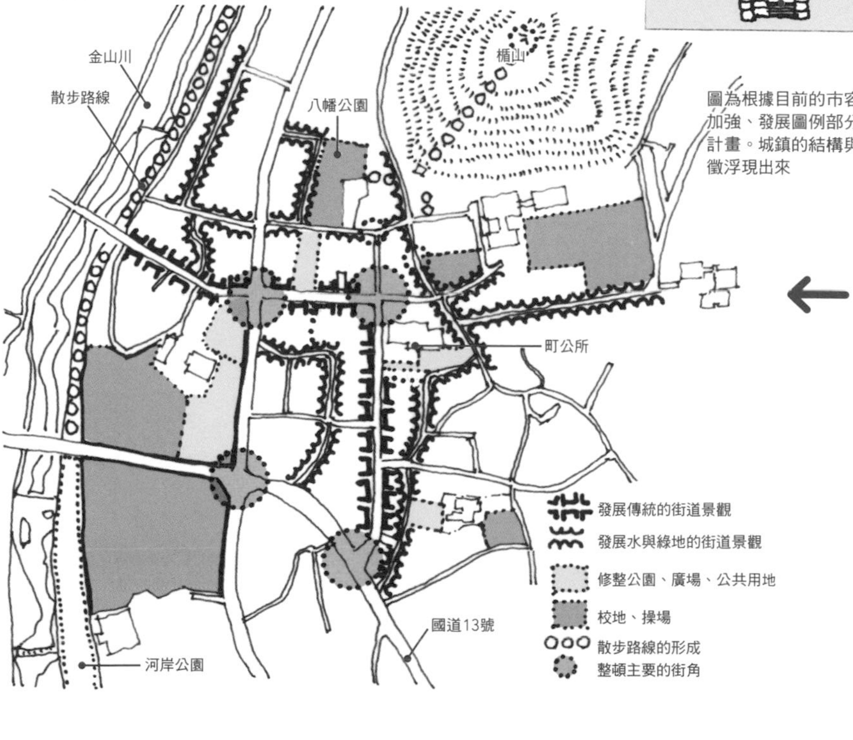
金山川
散步路線
八幡公園
楯山
町公所
國道13號
河岸公園
發展傳統的街道景觀
發展水與綠地的街道景觀
修整公園、廣場、公共用地
校地、操場
散步路線的形成
整頓主要的街角

圖為根據目前的市容，加強、發展圖例部分的計畫。城鎮的結構與特徵浮現出來

煙往高處飄

能夠瞭望城鎮的視點場很重要

無論是誰都喜歡往高處跑。登上觀光景點的觀景臺，能將迷人的絕景盡收眼底。從通往金山町的上台峠放眼望去正是一片絕景，不過中心部附近也有能夠瞭望的地方。其中之一就是楯山，這個地方從前有座堡壘。西方則有白山神社。

日本的天守閣是具代表性的高視點場，另外變成著名觀光景點的大內，聚落後側設置了可將茅草屋頂一覽無遺的視點場。面向瀨戶內海的尾道與竹原也有高視點場。從寺院接近城鎮，可將瀨戶內海盡收眼底。用人來比喻，視點場就是可判斷健康狀態的重要部位，一眼便能看出城鎮的特徵與問題點。

譯註：視點場指視點周圍的空間，例如觀景臺。

從觀景臺眺望大內聚落

大內聚落位在福島縣南部的南會津郡下鄉町。草頂民房井然有序地沿著歷史悠久的舊街道排列。1981年（昭和56年），該地被選為國家重要傳統建造物群保存地區。是繼長野縣的妻籠宿與奈良井宿後，第3個獲選的舊宿場。

聚落位在標高約658m的小盆地東端，被奧羽山脈1000m級的山巒包圍，登上高臺可俯瞰沿著街道興建的草頂民房群。這裡位於江戶時代的會津西街道，不是單純的宿場町，而是半農半宿的町。

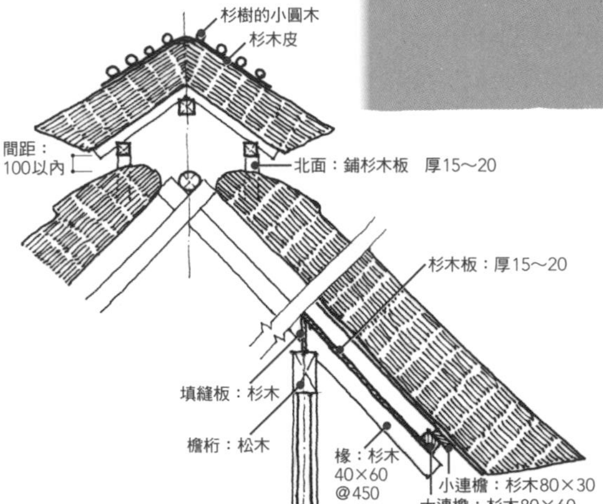
杉樹的小圓木
杉木皮
間距：
100以內
北面：鋪杉木板　厚15～20
杉木板：厚15～20
填縫板：杉木
檐桁：松木
椽：杉木
40×60
@450
小連檐：杉木80×30
大連檐：杉木80×60

大內聚落草頂民房的斷面詳圖＊1

出處：＊1片山根據下鄉町大內宿傳統建造物群保存地區檢視調查報告書（下鄉町教育委員會）所刊登的圖片製作

金山町中心地區的眺望據點——可以瞭解城鎮的環境結構

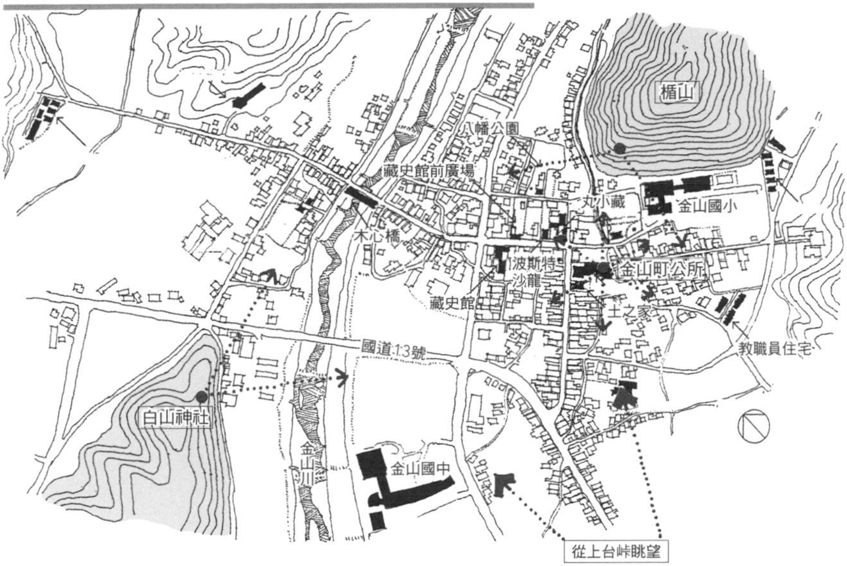
楯山
八幡公園
藏史館前廣場
丸小藏
金山國小
木心橋
波斯特沙龍
金山町公所
藏史館
土之家
國道13號
教職員住宅
白山神社
金山川
金山國中
從上台峠眺望

從視點場看到的竹原民房景色

竹原市面向接近廣島縣中央的瀨戶內海，是作為交通要衝的港都。很久以前是京都下鴨神社的莊園，戰國時代成了竹原小早川氏的領地，到了江戶時代則變成廣島藩淺野家的領地，江戶後期因製鹽業與造酒業而繁榮。現在有「安藝的小京都」之稱，古老的城鎮風貌保留至今。

西方寺・普明閣
0
8m

竹原的斷面圖
——站在高處可將城鎮風光與瀨戶內海盡收眼底＊2

西方寺位在綿長石階頂端的高臺上，只要登上模仿京都清水寺建造的舞臺，就能一覽竹原的市容保存區（重要傳統建造物群保存地區）的古老民房景觀。

出處：＊2竹原市傳統建造物群調查報告書（竹原市）

老屋果然厲害

從表面看不出來的部分也很迷人

金山町的老屋、傳統建築物的數量不算多，但對中心地區的街景有很大的影響力。一間房屋的存續攸關地區的存亡。老屋是由主屋與藏組成，構成外觀的元素有傲然突出於屋脊的「鴉」、巨大的懸山式屋頂、灰泥搭配木格子的外牆，以及水平延伸的下屋頂（遮簷），看上去十分美麗。內部則由與通道土間相接的座敷群以及粗壯的柱梁所構成，同樣質實簡素。這個優點就反映在房屋斷面上。

十日町街的舊郵局，是町內唯一的擬洋風建築，為傳統房屋構成的景色賦予恰到好處的變化。這棟建築物，後來根據調查中心地區後繪製的實測圖，改建為波斯特沙龍重新開放，2樓是可供婦女團體活動的空間。

譯註：座敷是指鋪榻榻米的房間，通常用來招待客人。

金山町中心地區的重要傳統建築物分布圖

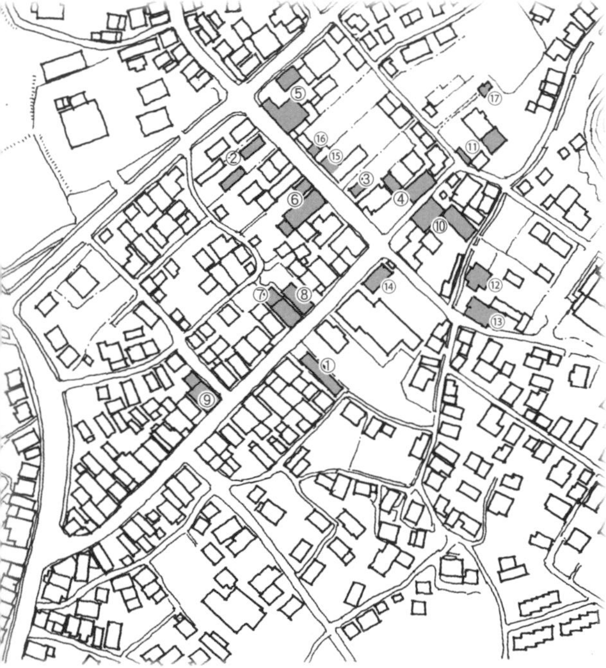

①農協倉庫→新庄信用金庫 ②丸井前藏→藏史館、商工會 ③舊金山郵局→波斯特沙龍 ④西田家（丸小）藏→丸小藏 ⑤丸井 ⑥鐘加（カネカ） ⑦山二（ヤマニ） ⑧粂太郎（クメタロウ） ⑨安兵衛（ヤスベイ） ⑩一山（イチヤマ） ⑪舊長屋門（櫻本邸）→重建（門的構件保存下來） ⑫嶋醫院→拆除，大堰公園 ⑬藤兵衛分家（トウベイ別家）・農家住宅→變成大堰公園休憩所重新利用 ⑭一山 ⑮岸谷庭園（キシヤ庭） ⑯小藏 ⑰八幡神社

設有通道土間，可直接從前面來到後面的町屋——舊星川旅館（山二）1樓平面圖

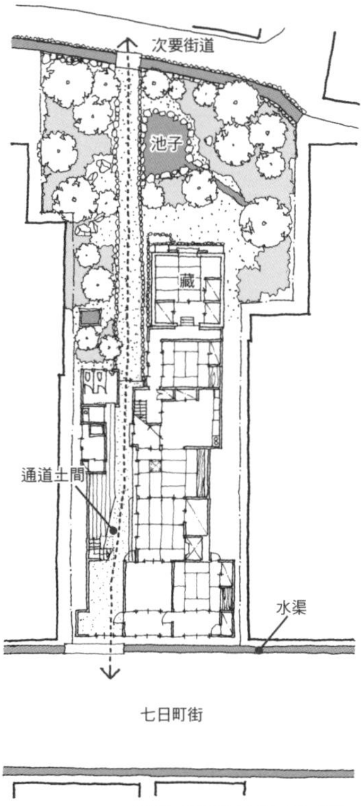

實測：東京藝大建築系片山研

外部與內部都好看——丸井的立面圖與斷面圖

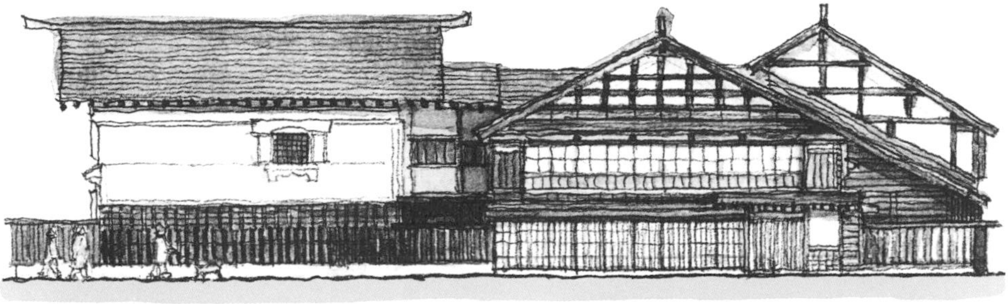

位在十日町街與縣道交會的路角地。刷上灰泥的大藏，以及懸山式屋頂搭配木格子的主屋，這樣的組合看起來很美。面向建築物的左邊有大棵的櫻樹，是町民熟悉的老屋之一。

實測：東京藝大建築科片山研

威風凜凜的「鴉」——別具一格的十日町街鐘加

老屋之一。主屋有著木格子與低低的屋簷，藏採用灰泥牆搭配懸山式屋頂，印著商號的門簾掛在屋簷下，構成古樸風格中夾帶生活感的立面。

令人懷念的洋館——將十日町街的舊金山郵局改建成波斯特沙龍

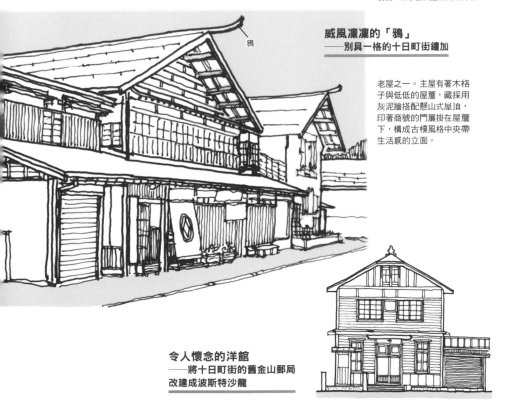

藏是社區營造的寶盒

日本各地所保留的藏都很珍貴

日本各地留下了許多頗具魅力的藏。種類五花八門，例如酒藏、味噌藏、收納藏等等，被土牆包覆的外觀與用粗壯梁柱搭建的質實內部都很迷人。當中還有像橫手市增田町的老屋那樣，很用心地給木材上漆，打造成漂亮的座敷藏。

藏的優點就是，有各種利用方式，亦可改作其他用途。桐生市的藏以磚頭及鋼骨建造而成，因為跨距大，用途也很多，例如舉辦大型展覽會或音樂會等等。金山町的普通藏也可改造轉為特殊的用途，例如當作公共設施或賣場等等。另一個優點是，外觀的風情很豐富。例如開口部的厚實門窗、以灰泥裝飾外牆的細膩手藝、可更換的雨淋板細節等等，有很多值得一看的地方。

譯註：座敷藏是從商家收納用的內藏轉變而來，給家人使用的私人空間。

藏賦予街景豐富的風情——栃木市的藏

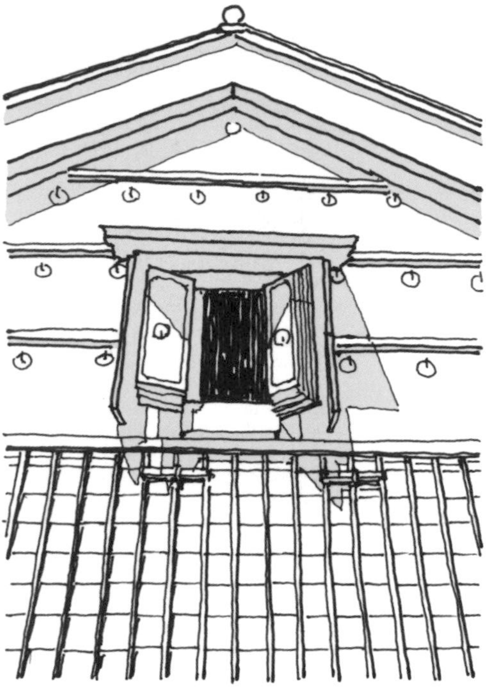

藏戶呈現自豪的風情*

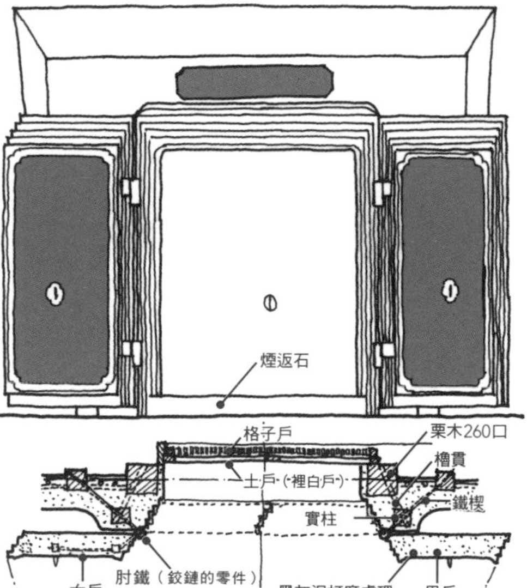

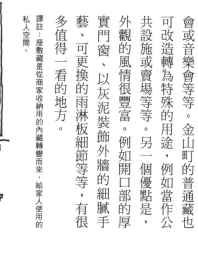

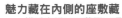

藏可作各種用途
──桐生市有鄰館（舊矢野總店磚造藏）

總計11棟的藏群在江戶至昭和時代是用來釀造與保存酒、味噌以及醬油的，現在則轉作各種用途，例如舉辦展示會、舞臺表演、戲劇、音樂會等等。

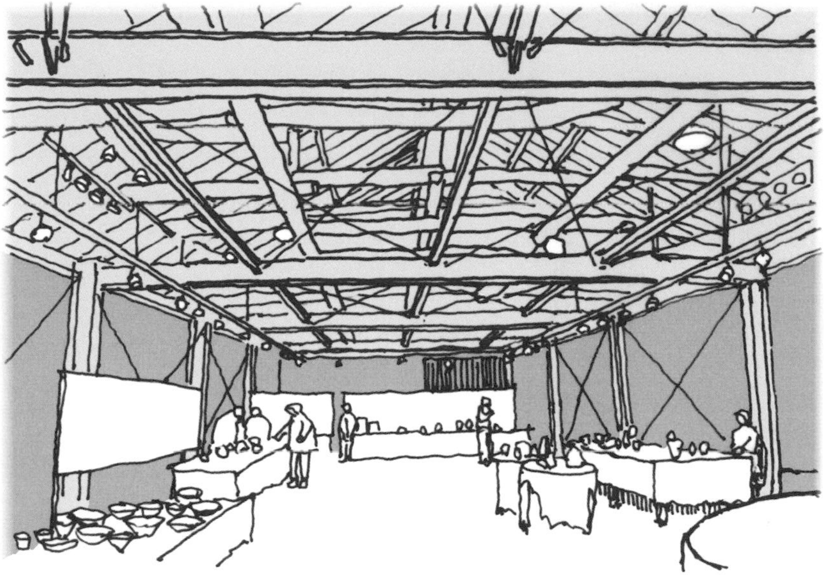

受損的雨淋板可以更換
──栃木市的藏

賦予藏風情──外牆五金與水切*

外牆維護用五金部分細節

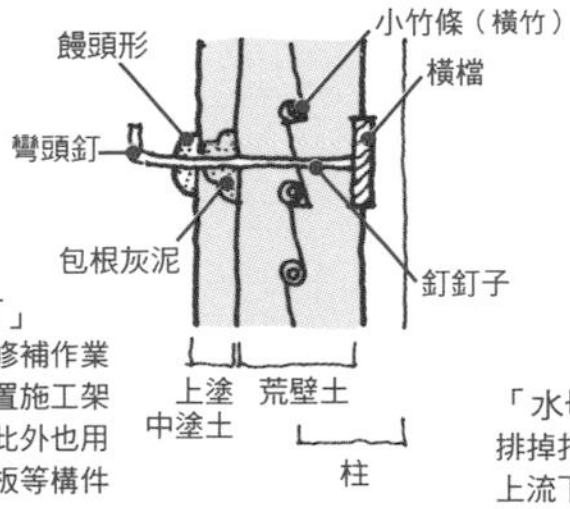
饅頭形
小竹條（橫竹）
橫檔
彎頭釘
包根灰泥
釘釘子
上塗
中塗土
荒壁土
柱

「彎頭釘」
進行牆面修補作業時用來設置施工架的釘子，此外也用來安裝腰板等構件

外牆水切部分細節

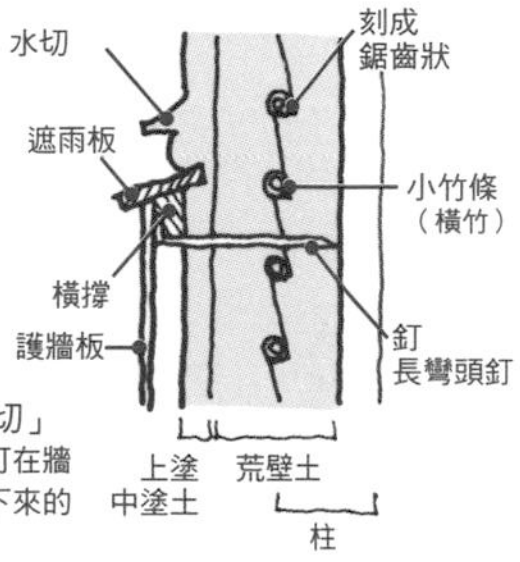
水切
刻成鋸齒狀
遮雨板
小竹條（橫竹）
橫撐
護牆板
釘
長彎頭釘
上塗
中塗土
荒壁土
柱

「水切」
排掉打在牆上流下來的雨水

魅力藏在內側的座敷藏
──橫手市增田町舊石田理吉家

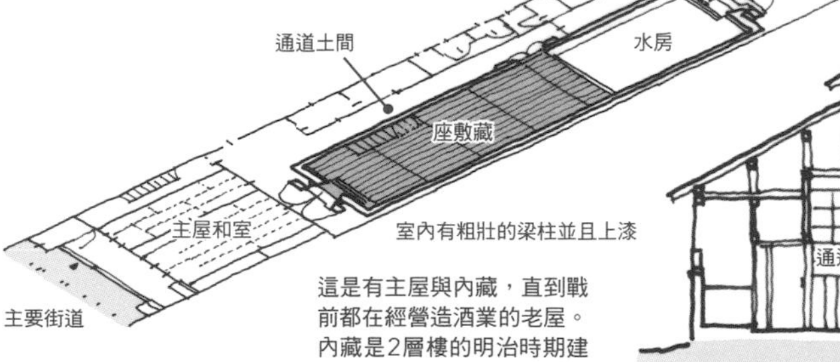
通道土間
水房
座敷藏
主屋和室
室內有粗壯的梁柱並且上漆
主要街道

平面圖（1樓）

這是有主屋與內藏，直到戰前都在經營造酒業的老屋。內藏是2層樓的明治時期建築，主屋則是昭和時期的3層樓木造建築。

通道土間
座敷藏

斷面圖

出處：＊《よみがえる蔵》（日本民家再生協会編，丸善出版）

將金山町的隱性魅力顯在化

平凡的生活與文化能逐漸發揮作用

擬定計畫固然重要，不過有些層面也必須注意才行。因為有時會不小心漏掉，不易配合社區營造計畫的要素。要擬出安穩踏實的計畫，就必須關注生活、產業、自古就很重視的史跡與節慶活動等等。

以金山町來說，必須關注的第一點就是生產大徑木的林業。大美輪的壯麗杉林便是代表例子。第二點是，以橫跨岩手縣與秋田縣的神室山，與看上去就像是有神住在那裡的龍馬山為首，散布在町內各處的社與神社。例如雄偉的巨大冷杉與杉木、岩圓菩薩、怪石等等。第三點是，金山町的歷史。這裡還保留著戰前負責教育滿蒙開拓團的日輪舍※。

大美輪的大杉木（有屋）

從藩政時代開始植樹造林，樹齡將近三百年的美林。

負責教育滿蒙開拓團的日輪舍（神室休閒農場內）

日輪舍外觀
頗具特色的圓形木造建築

日輪舍內觀

※戰前曾開闢山林，興建神室農場，作為準備前往滿州開拓的當地青年的農業訓練場。日輪舍就是當時的教室兼宿舍。現在則用來舉辦活動或體驗農業。

從滑雪場眺望席尼斯海姆飯店

神室翠谷是以滑雪場和住宿型飯店為主的迷你度假區。從席尼斯海姆飯店滑雪場的纜車下車站眺望，景色特別迷人。可盡情欣賞有別於中心地區的另一個金山。

田屋的單株櫻花樹

樹齡超過百年的枝垂櫻，傲然挺立在山間堤防上。

龍馬山與神社（有屋）

這是一座山裡祭祀12位神明的靈山，奇岩環繞的壯麗景色充滿氣勢。

山神神社的巨大冷杉與社殿（荒屋）

岩圓菩薩——岩圓地藏（片貝）

片貝地區的居民現在仍然很重視並祭拜。

落合的怪石

對照從前就能瞭解現在

街景的今昔——認識城鎮從前的模樣

雖說從前很美好，但也並非全都很美好。交通網與住宅的性能等等，當然是現在比較好。不過，回顧過去確實能夠瞭解現在。金山町的中心——七日町街與十日町街的交會處，最近因為丸小藏完工而有了中心的氛圍，不過察看昔日的相片，可以發現這裡曾是有著一排排風雅老屋的美麗街角。這個地方可說是令人自豪的中心。

另外，七日町街與十日町街，從前有貨運馬車與人們熙來攘往十分熱鬧，想必當時只要舉辦節慶活動，舞者與彩飾花車就會隨著節慶音樂上街遊行，町民則從家裡或玄關前面興奮地看熱鬧。從前的生活是不是跨越時代，浮現在你的眼前，還能聽見當時的熱鬧喧囂呢？

從前的金山町七日町街的往來風景

汽車的招牌
貨運馬車

從前的節慶風景——在七日町街跳舞

舞者
掛在汽車上的節慶橫布條

舊西田家（商號丸小）變成現在的「丸小藏」。

丸小藏

樂隊在從前的十日町街上遊行

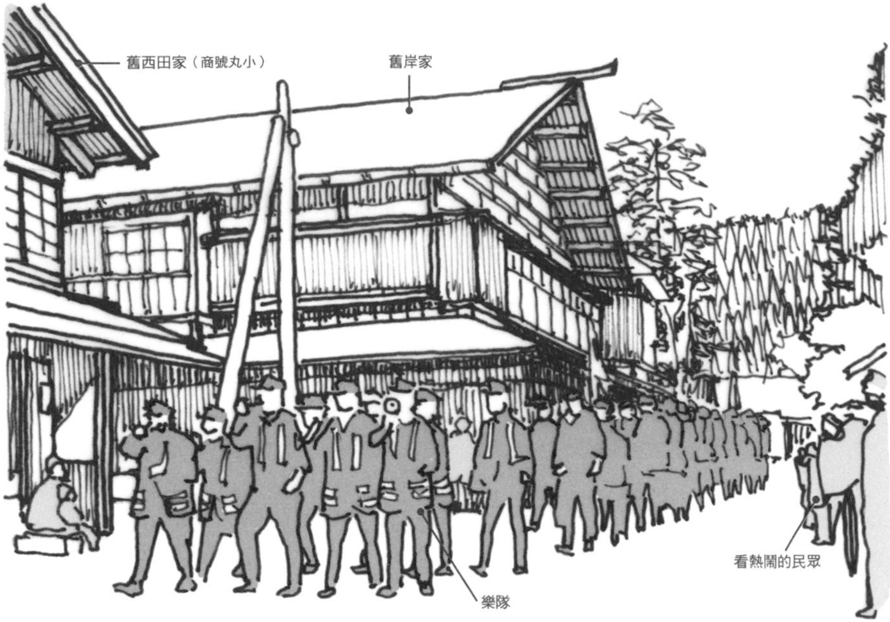
舊西田家（商號丸小）
舊岸家
看熱鬧的民眾
樂隊

從前的十日町街與七日町街的街角風情

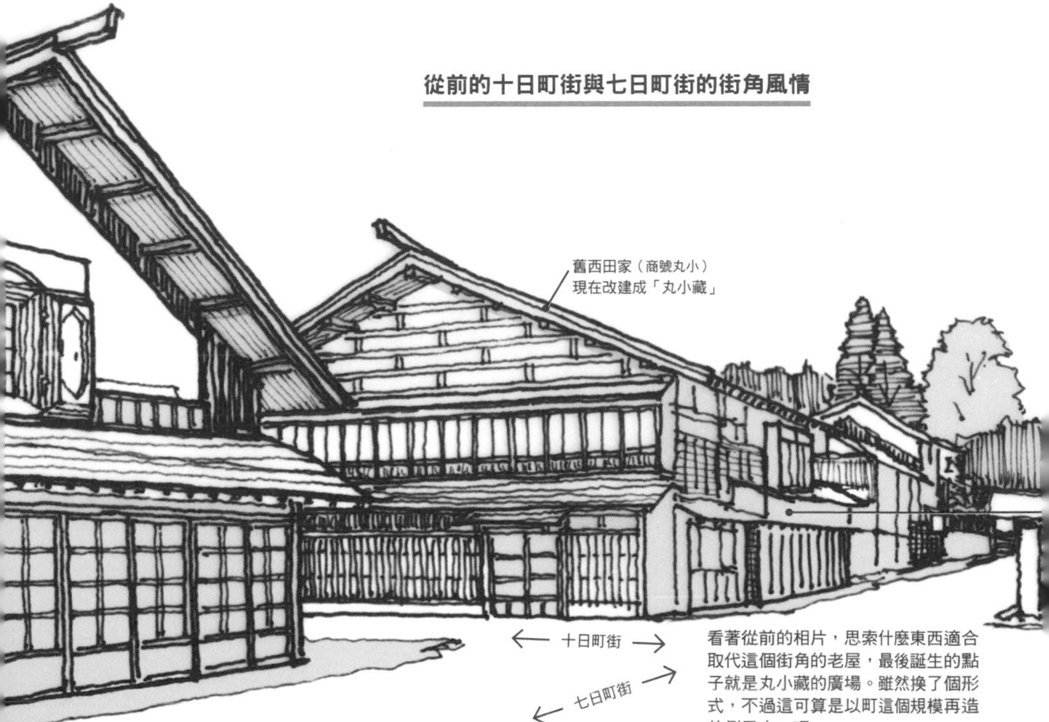
舊西田家（商號丸小）
現在改建成「丸小藏」
十日町街
七日町街

看著從前的相片，思索什麼東西適合取代這個街角的老屋，最後誕生的點子就是丸小藏的廣場。雖然換了個形式，不過這可算是以町這個規模再造的例子之一吧。

速寫：林寬治

COLUMN

農家住宅

農家住宅速寫

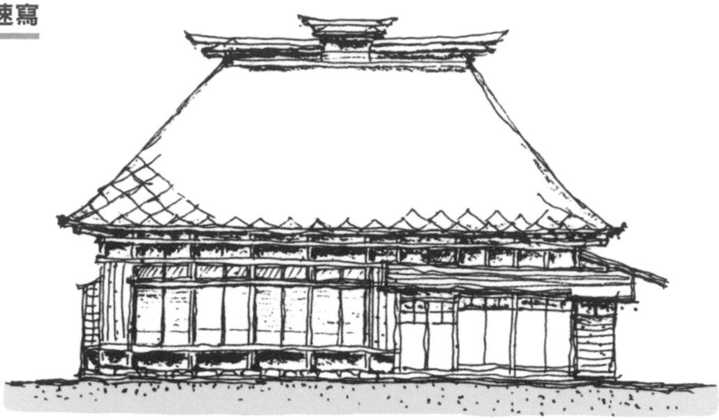

農家住宅平面圖（1905年）

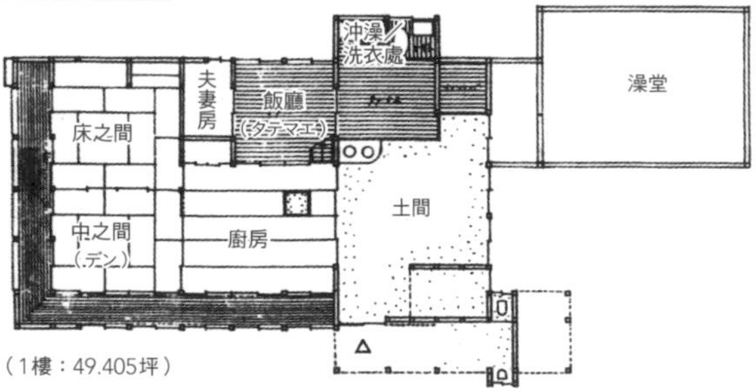

（1樓：49.405坪）

（2樓：6坪）

雖然大部分都改建了，不過金山町還保留許多傳統農家住宅的痕跡。

這裡就拿典型的平面格局來說明。土間與廚房的北側，是相當於今日DK（飯廳兼廚房）的タテマエ（Tatemae），以及沖澡／洗衣處。タテマエ（不知原意是不是指櫃前？）是與沖澡／洗衣處相連的用餐場所，走下來就是沖澡／洗衣處、浴室與水井。飯廳與內側的床之間中間，有間用木板隔出來、3張榻榻米大的夫妻房，這裡是唯一能保護夫妻隱私的空間。不少房屋若是按照傳統的建法，再度修改經過翻修的各個部分，就能恢復成以前的狀態。

第2章

社區營造的手法與進行方式

雖然有公式可循，不過無論何種計畫，主體都是居民。此外，計畫必須持續執行才有意義。金山町是以針對所有町民舉辦的「住宅建築競賽」，以及「與風景調和的市容景觀條例」為兩大主軸，一直持續實施到今日。人往往會追求立即見效的成果，但是長遠的目標也很重要。此外，持續執行計畫的耐心也是不可或缺的。

手臂的長度：基礎的深度

開端最是重要

為期100年的金山景觀營造運動之構成

金山町著眼於景觀營造並展開行動的開端，是昭和38年（1963年）提倡的「全町美化運動」。起初重點不是放在景觀營造上，而是著重於維護環境清潔所需的禮儀等方面。到了昭和46年度（1971年），岸宏一前町長上任後，才將「打造美麗城鎮」列為行政的主要政策。此外也開始舉辦「金山町住宅建築競賽」，以期提升木匠的技術，昭和59年（1984年）則提出「市容（景觀）營造百年運動」。不過，直到昭和60年訂定「地區住宅計畫（HOPE計畫）※」，以及次年訂定「金山町市容景觀條例」後，前述的活動才真正動了起來。

以景觀條例及住宅建築競賽為2個車輪推動景觀措施

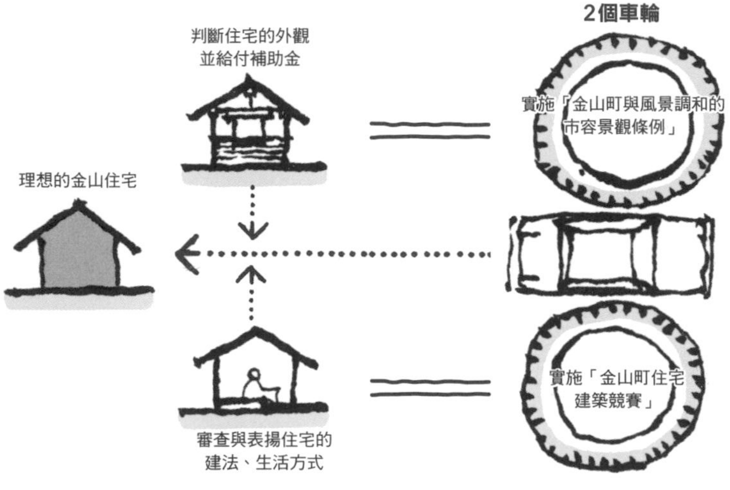

規劃景觀措施時的2個著眼點

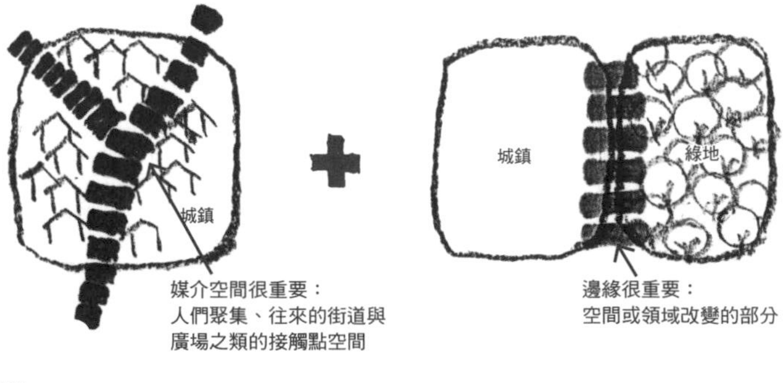

※P.191參照

金山町景觀營造的基本概念，就是使用在地木材金山杉、以町民為主體由當地的木匠與工匠來製作，以及持續推動綜合性的市容景觀營造計畫，而不是只做表面工夫。就這樣展開的「市容景觀營造百年運動」，是靠著「景觀條例」與「住宅建築競賽」這2個車輪推動的。條例是以協助改善外觀為主、有關「量」的措施，競賽則是以生活方式或建法為審查對象、保證住宅品質的措施。

金山町景觀營造的3個基本概念

①使用在地木材金山杉

②由當地的金山木匠與工匠來製作（以町民為主體）

③以3種規模掌握町（整體、市區、細部）

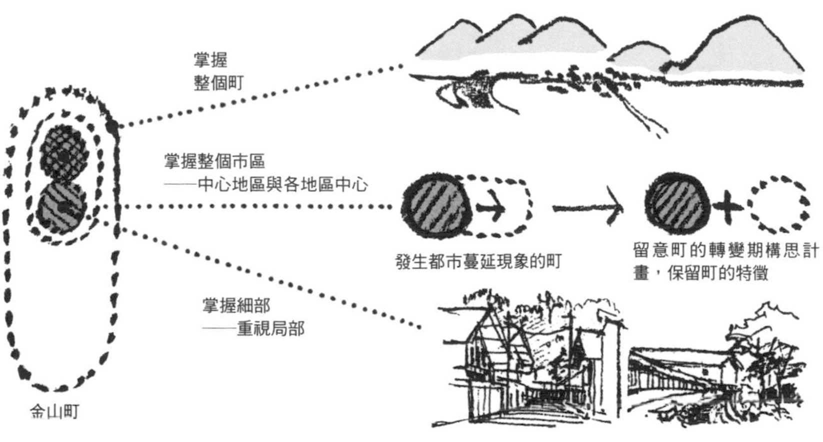
掌握
整個町
掌握整個市區
——中心地區與各地區中心
發生都市蔓延現象的町
留意町的轉變期構思計畫，保留町的特徵
掌握細部
——重視局部
金山町

木匠與町民一同打造城鎮

舉辦金山町住宅建築競賽

金山町內的住宅建築競賽開始於1978年（昭和53年），由金山町商工會在町公所的支援下主辦，2018年度（平成30年）是第41屆。目標是運用在地木材金山杉，藉著金山木匠與工匠的巧手，創造並普及與當地風土調和的金山住宅。這場競賽的對象是，住在町內的木匠與建築相關業者於金山町內外新建的住宅等建築，由十多名評審實地審查後進行表揚。

這場競賽剛開辦時，激起了金山木匠們的競爭心理。當中有人嘗試轉為採取合理的格局，例如南面配置的是家人團聚的空間，而不是給訪客使用的座敷。近年也看得到反映各種家庭型態與生活方式，針對格局提出的各種解決辦法。不過另一方面，由於動工件數與採金山住宅風格的建築逐年漸漸減少，競賽本身也面臨重大的轉捩點。

早期的住宅建築競賽得獎住宅平面圖

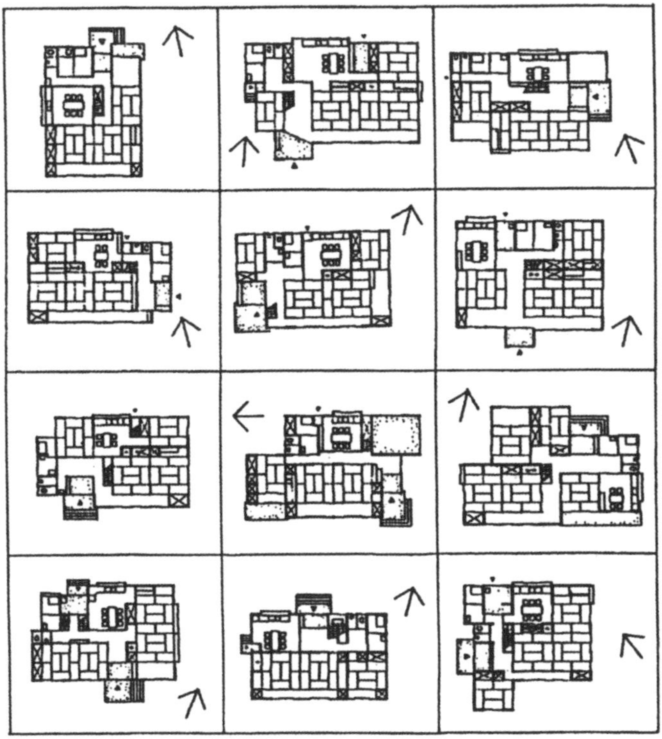

住宅建築競賽始於昭和53年度，目的是探求適合金山町的建築，並且提升建築技術，以便運用在地木材金山杉，打造出與自然調和的住宅與社區，此外也是為了振興金山杉，以及普及並提升建築相關業者的技術、活化職能等等。觀察早期的表揚住宅會發現相通的和室很多，飯廳與廚房設置在寒冷的北側。

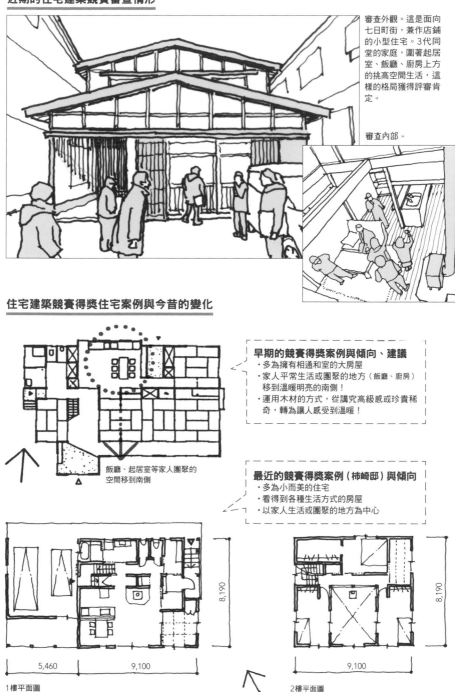

近期的住宅建築競賽審查情形

審查外觀。這是面向七日町街，兼作店鋪的小型住宅。3代同堂的家庭，圍著起居室、飯廳、廚房上方的挑高空間生活，這樣的格局獲得評審肯定。

審查內部。

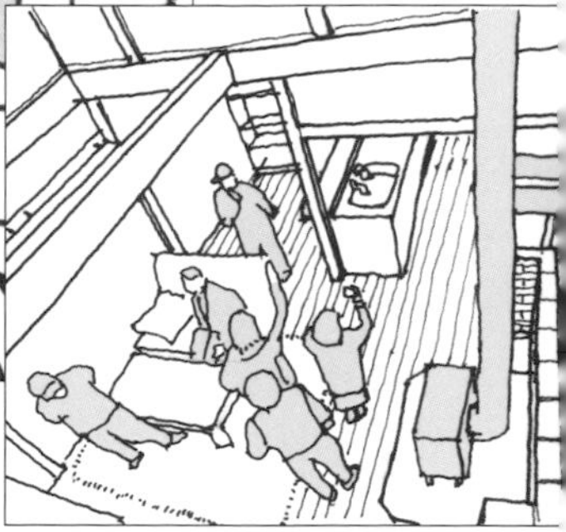

住宅建築競賽得獎住宅案例與今昔的變化

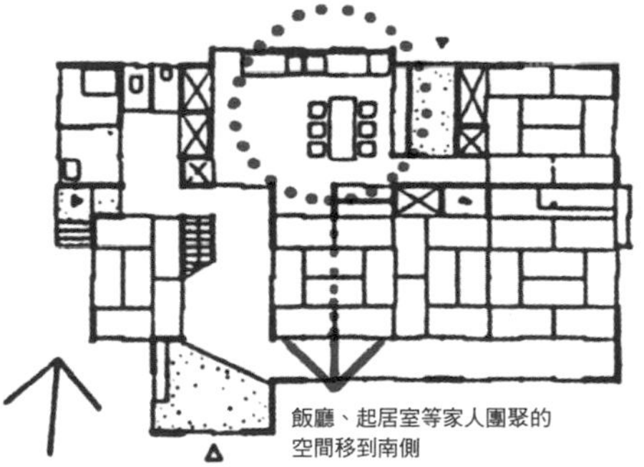
飯廳、起居室等家人團聚的
空間移到南側

早期的競賽得獎案例與傾向、建議

- 多為擁有相通和室的大房屋
- 家人平常生活或團聚的地方（飯廳、廚房）移到溫暖明亮的南側！
- 運用木材的方式，從講究高級感或珍貴稀奇，轉為讓人感受到溫暖！

最近的競賽得獎案例（柿崎邸）與傾向

- 多為小而美的住宅
- 看得到各種生活方式的房屋
- 以家人生活或團聚的地方為中心

8,190
5,460
9,100

1樓平面圖

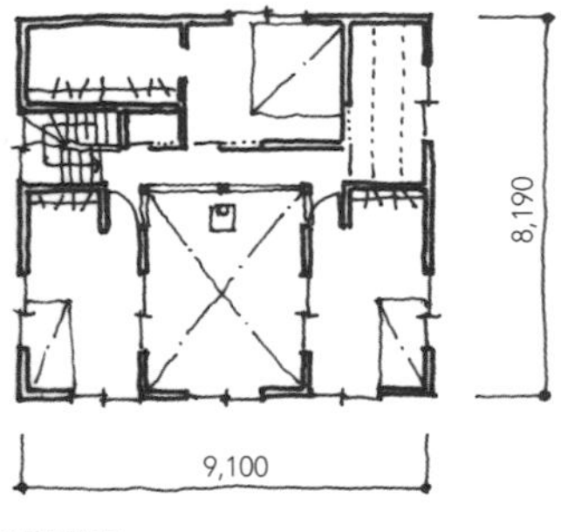
8,190
9,100

2樓平面圖

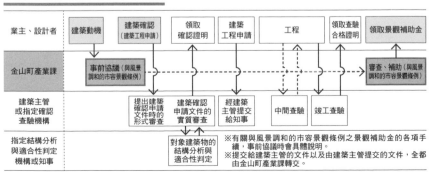

制定與風景調和的市容景觀條例

町民意識改變・1

金山町在1985年度（昭和60年）制定「市容景觀條例」，而後逐步擴大適用範圍，目前全町皆為條例適用區域。金山町不僅根據這項條例，設置有關建築物營建與改善的「景觀形成基準」（指導方針），還創設景觀補助制度。

根據這項制度，新建或增修建符合基準的建築物、改建或修繕工作物、變更屋頂等外觀的色彩等等，最高給付80萬日圓（起初是50萬日圓）補助金。之後，為了明確規定市容要與什麼調和，條例名稱便加上「與風景調和」，同時也修改條例項目。

何謂金山住宅？

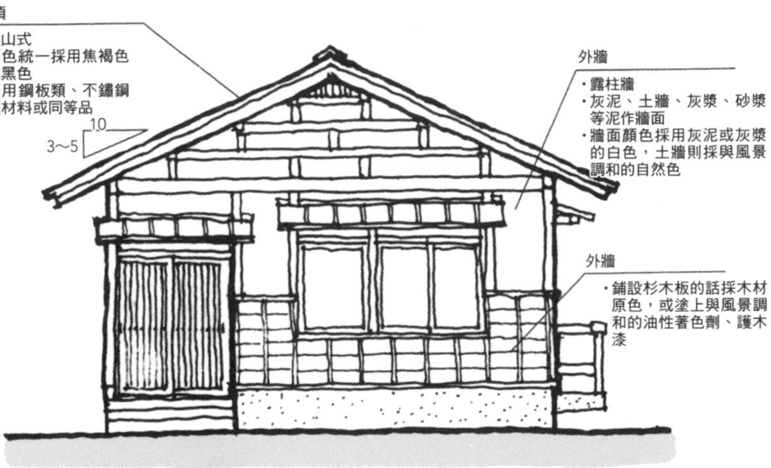
屋頂
・懸山式
・顏色統一採用焦褐色或黑色
・使用鋼板類、不鏽鋼類材料或同等品
10
3～5
外牆
・露柱牆
・灰泥、土牆、灰漿、砂漿等泥作牆面
・牆面顏色採用灰泥或灰漿的白色，土牆則採與風景調和的自然色
外牆
・鋪設杉木板的話採木材原色，或塗上與風景調和的油性著色劑、護木漆

在金山町興建住宅時的手續流程

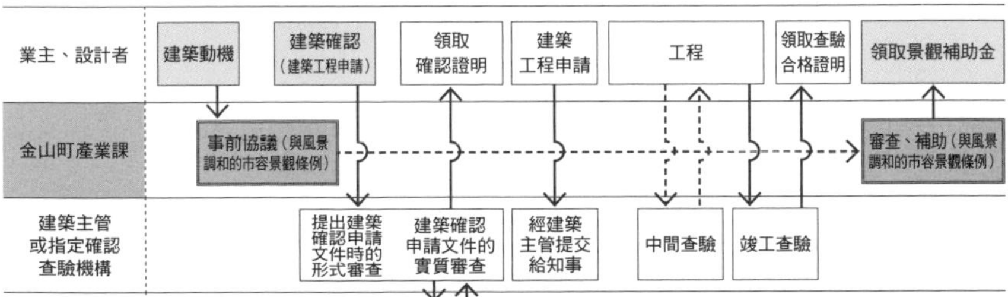
業主、設計者
金山町產業課
建築主管或指定確認查驗機構
指定結構分析與適合性判定機構或知事
建築動機
建築確認（建築工程申請）
領取確認證明
建築工程申請
工程
領取查驗合格證明
領取景觀補助金
事前協議（與風景調和的市容景觀條例）
審查、補助（與風景調和的市容景觀條例）
提出建築確認申請文件時的形式審查
建築確認申請文件的實質審查
經建築主管提交給知事
中間查驗
竣工查驗
對象建築物的結構分析與適合性判定

※有關與風景調和的市容景觀條例之景觀補助金的各項手續，事前協議時會具體說明。
※提交給建築主管的文件以及由建築主管提交的文件，全都由金山町產業課轉交。

金山町的與風景調和的市容景觀條例──城鎮景觀形成基準

【基本理念】			將整個城鎮視為風景，打造一個周圍的大自然與歷史資產都很美觀，居民也住得舒適，風景與市容調和的美麗城鎮。
【對象地區】			金山町全域
建築物	位置	外牆自道路退縮之距離	1. 直接臨接國道、縣道及町道等公路的基地 （1）第一類住居地區及第一類低層住居專用地區，原則上退縮1m。 （2）鄰近商業地區，須特別考量街景的連續性。 （3）工業地區及周邊街區，原則上退縮2m以上。 （4）臨接4m以下的公路之基地，自面前道路中心線退縮3m以上。 2. 不直接臨接公路的基地 （1）自面前道路中心線退縮3m以上。 （2）巷道盡頭的基地，自道路境界線退縮3m以上。
建築物	位置	規模	1. 基地面積 原則上為165㎡以上。 如為重建，應努力確保基地面積與目前相同。
建築物	設計	整體	採與美麗風景及市容調和的「金山住宅」風格。
建築物	設計	屋頂	1. 材料 因屬積雪寒冷地，基本上使用鋼板類、不鏽鋼類材料及同等品。 2. 色彩 採用焦褐色或黑色，襯托美麗的風景。 3. 形態 為了保持傳統房屋景觀的連續感，原則上若是直接臨接公路，大屋頂要採懸山式且出入口設置在山牆面。 不過，下屋頂不在此限。 不佳的形態（例）……平屋頂 ※　四坡屋頂、歇山式屋頂、單斜屋頂、變形懸山式屋頂須避免破壞與風景及市容的調和。 4. 原則上，大屋頂的簷端要超過75cm。 ※　原則上，面向主要道路的話要超過90cm。 5. 屋頂的坡度，以3/10以上，5/10以下為標準。
建築物	設計	外牆	1. 材料 （1）鋪設杉木板。 （2）採灰泥、土牆、灰漿、砂漿等泥作牆面。 2. 色彩 （1）灰泥或灰漿採與美麗風景調和的白色，土牆則採與風景調和的自然色。 （2）若為塗抹砂漿，則採白色或如土牆那種與風景調和的自然色。 （3）若為鋪設杉木板，則採用可使素材顯得古色古香的加工方式。採用木材原色或與風景調和的護木漆。
建築物	設計	結構等	1. 以梁柱構架式工法等方式興建木造住宅及附屬建築物。 2. 若為混合結構，則必須與風景及市容調和，保持均衡。
建築物以外的工作物	戶外廣告物等		1. 須與美麗風景及市容調和。 ※　避免建置不適合風景或市容的廣告物。 2. 自動販賣機的設置地點與顏色，須考量風景與市容。
建築物以外的工作物	籬垣等		1. 籬垣等工作物須符合以下規定，原則上高度以1公尺左右為標準。 （1）設置綠籬，選用較容易與自然或風景調和的植物。 （例）杉樹、楓樹、五加、野茉莉等。 （2）設置木板圍牆等工作物時，塗裝採木材原色或與風景調和的護木漆。 （3）磚牆、混凝土圍牆在地震時很危險，而且與金山的風景不協調。既有圍牆應努力綠化，例如以爬牆虎之類的植物被覆。 （4）柵欄、鐵欄杆等工作物，採焦褐色、深灰色或黑色。
建築物以外的工作物	水渠與其他		1. 原則上，水渠邊緣（傾斜面）以天然石塊砌成。 2. 種植與美麗風景及市容調和的植物。

●若為金山住宅

- 最高可獲得80萬日圓補助金（平成25年以前是50萬日圓）。
- 其他建築物最高可獲得30萬日圓（平成25年以前是50萬日圓）。

●以下情況也可獲得補助金

- 因屋頂不符合基準，要重新粉刷成焦褐色或黑色時，或是改成懸山式屋頂時。
- 因外牆素材不符合基準，首次改成泥作牆面或鋪設杉木板時。
- 在面向道路的部分設置綠籬，或是為磚牆綠化時。
- 如果屋頂的形狀或部分材料不符合形成基準，雖然仍可獲得補助金，但經過審查後金額會縮減。

公布具體的景觀形成基準

町民意識改變・2

給市容景觀條例的名稱加上「與風景調和」的同時，也公布「打造美麗風景與市容的指導方針（景觀形成基準）」，將市容分成3類。

第一類是以金山盆地及中心地區為主要對象，說明理想的「風景與建築物」基準。第二類是以全町為對象，說明「基地與建築物」基準，並且喚起町民的注意。這是因為建築基準法修正後，積雪地不能採用高基礎，可以預料到基地內的車庫、倉庫等附屬建築將會增加，導致景觀變得雜亂。第三類則以國道13號及七日町街、十日町街等街道為主，說明沿線的景觀形成基準（參考P.50）。

基地與建築物的指導方針（以全町為對象）

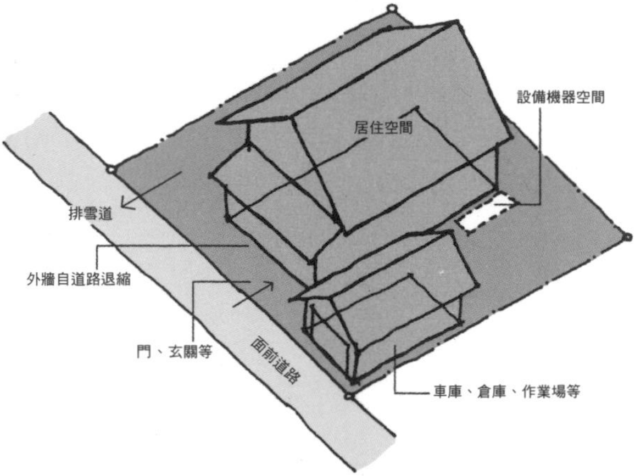
設備機器空間
居住空間
排雪道
外牆自道路退縮
門、玄關等
面前道路
車庫、倉庫、作業場等

※若為國道13號或七日町街、十日町街等街道沿線的房屋，則依據P.50的指導方針

基地與建築物

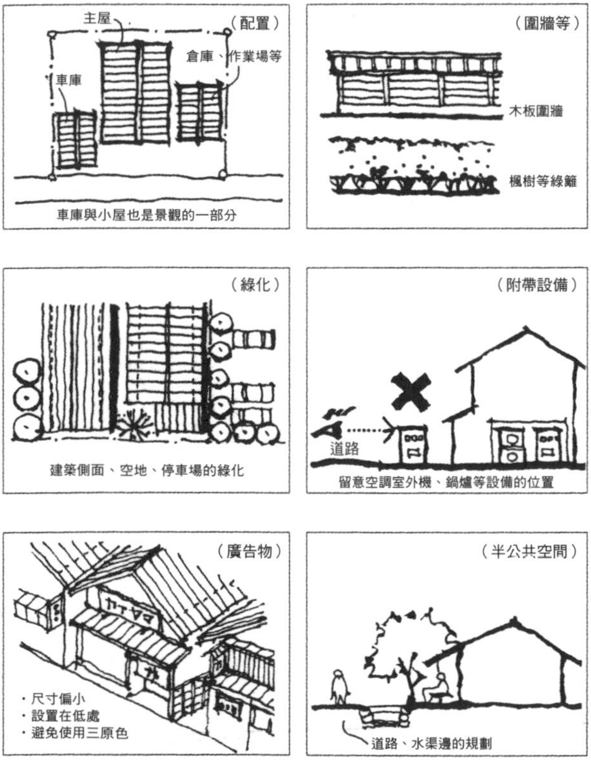
（配置）
主屋
倉庫、作業場等
車庫
車庫與小屋也是景觀的一部分
（圍牆等）
木板圍牆
楓樹等綠籬
（綠化）
建築側面、空地、停車場的綠化
（附帶設備）
道路
留意空調室外機、鍋爐等設備的位置
（廣告物）
・尺寸偏小
・設置在低處
・避免使用三原色
（半公共空間）
道路、水渠邊的規劃

風景與建築物的指導方針（以金山盆地及中心地區為對象）

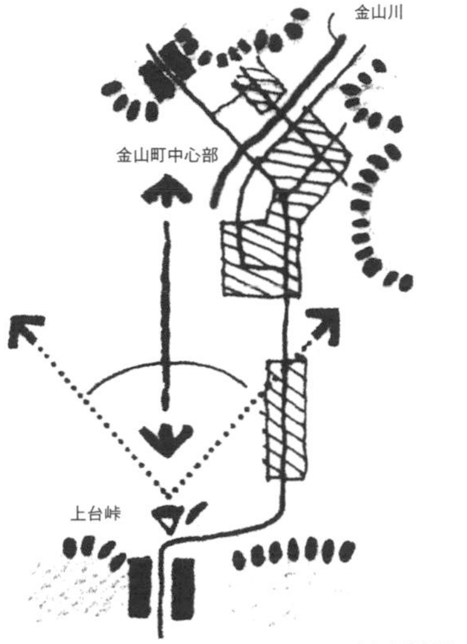

（金山盆地）

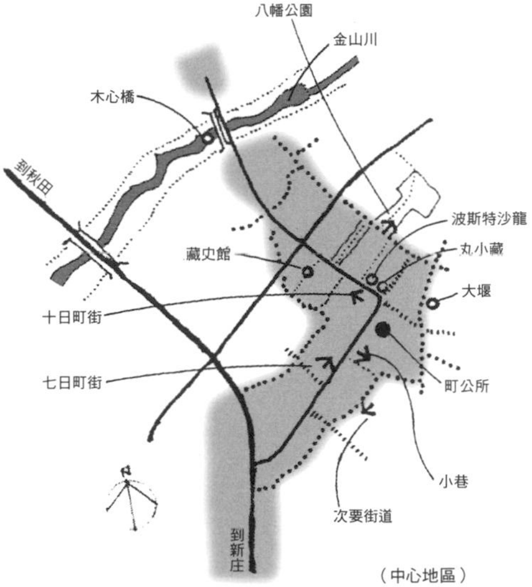

（中心地區）

風景與建築物

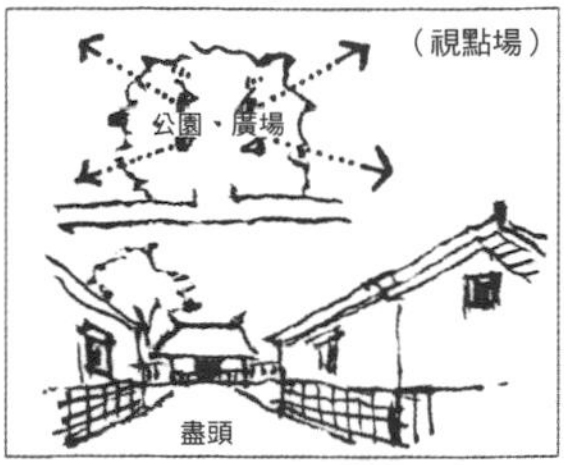

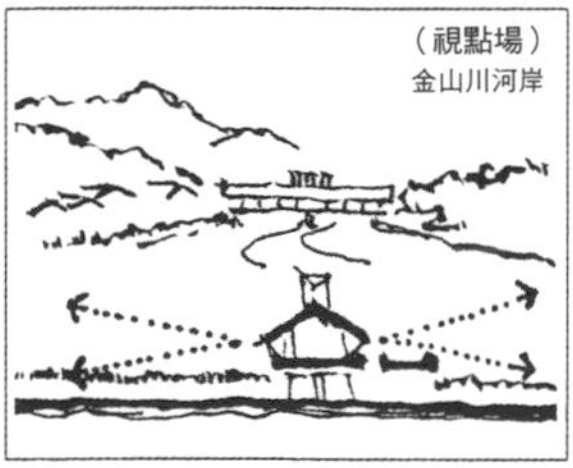

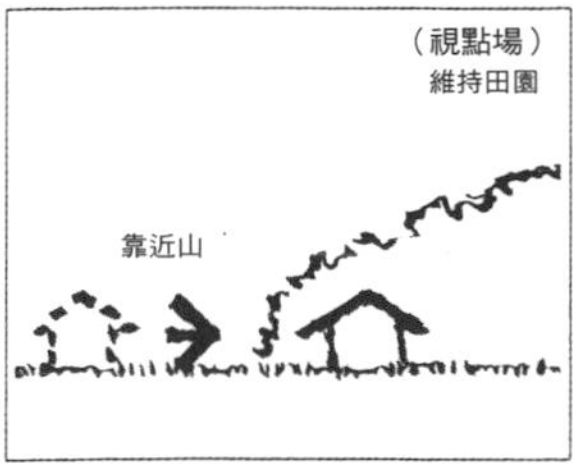

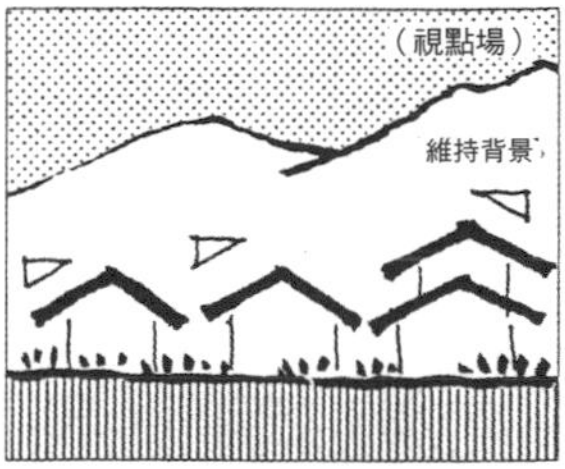

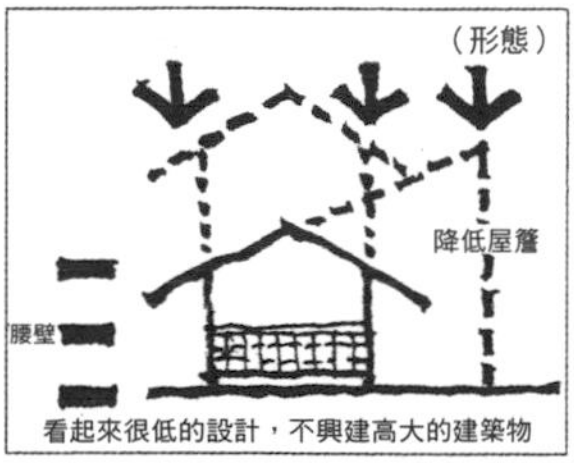

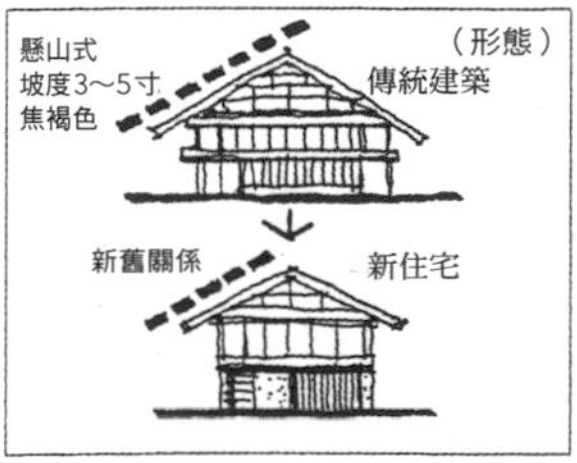

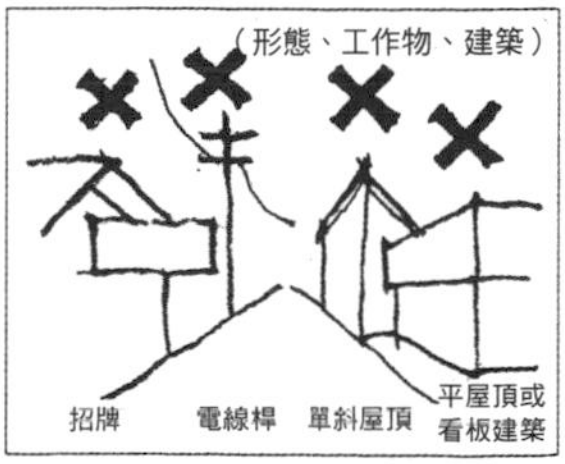

譯註：看板建築為關東大地震（1923年）後興起的建築樣式，是一種結合店鋪的住宅，多為木造，正面外牆覆蓋銅板、磁磚等耐火建材做裝飾，立面本身就是一幅廣告看板。

景觀條例不只規範外觀

町民意識改變・3

景觀條例頒布至今已有34年多，分析成效會發現，景觀條例並非只是維護市容的美觀，還有助於活化整個城鎮的經濟。1986年到2015年這段約30年的期間，景觀補助金的累計發放金額約2億4千萬日圓，而各戶支出的工程費總額則超過93億日圓。這相當於每年發放補助金800萬日圓左右，可創造大約3億日圓的事業費。

而且，若是選用在地的杉材與木匠、工匠，在地經濟循環的比率非常高。假如是由建商或町外的工程業者施工，不僅會使町內累積的大部分資金流到町外，倘若不依照金山住宅的建法施工，也會使市容變得雜亂而不美觀。仔細考量得失的話，相信各位就能明白拘泥於金山町，使用在地木材金山杉，由當地的金山木匠興建的好處。

與美麗風景調和的市容景觀條例補助住宅與住宅建築競賽得獎住宅的分布圖

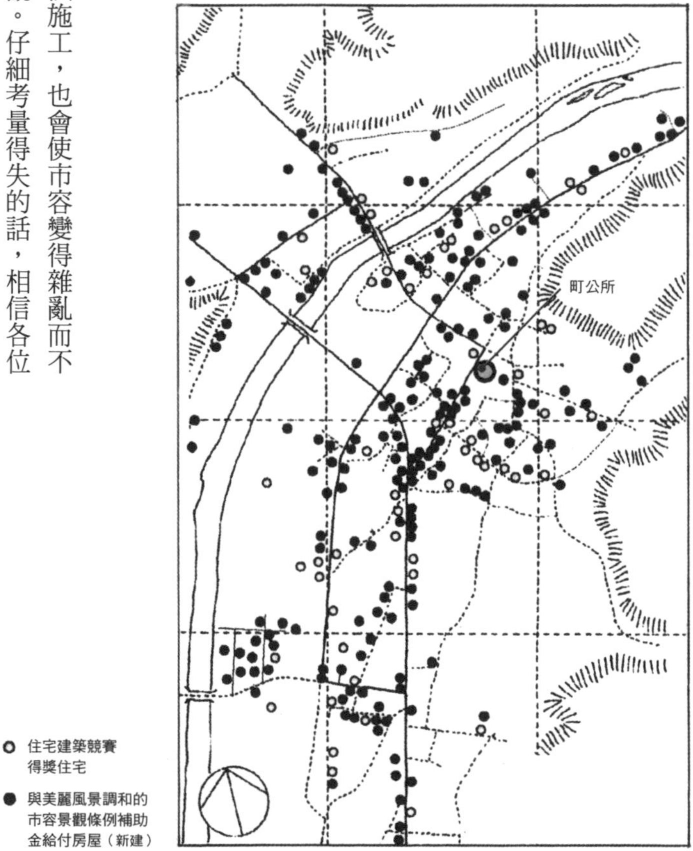

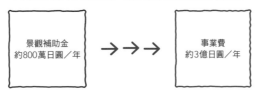

金山住宅建築帶來的經濟成效——景觀補助金給付件數與金額的變遷（1986年～2015年9月）

當地的訂單件數，新建占88%，
增改建占93%
（根據2016年金山町景觀審議會資料）

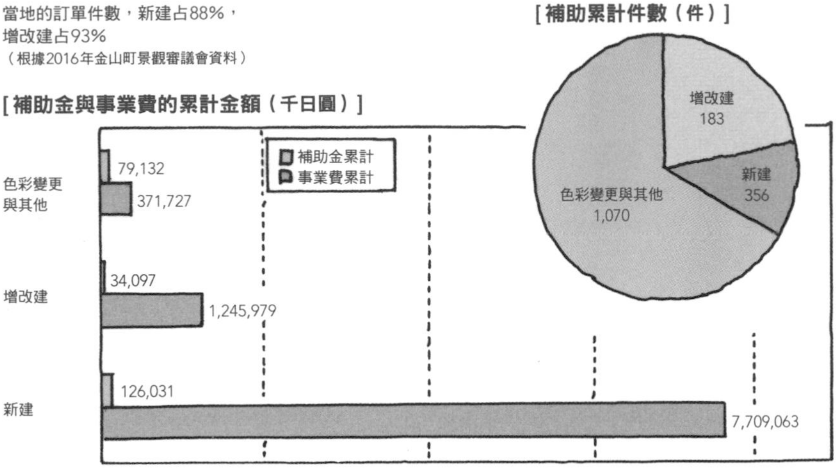
[補助累計件數（件）]
增改建
183
新建
356
色彩變更與其他
1,070
[補助金與事業費的累計金額（千日圓）]
補助金累計
事業費累計
色彩變更
與其他
79,132
371,727
增改建
34,097
1,245,979
新建
126,031
7,709,063

↓

約莫30年以來的景觀補助金累計金額，
大約是2億4千萬日圓，創造約93億日圓的事業費

景觀補助金
約800萬日圓／年

→→→

事業費
約3億日圓／年

建設金山住宅與建商住宅時的金錢流向之比較

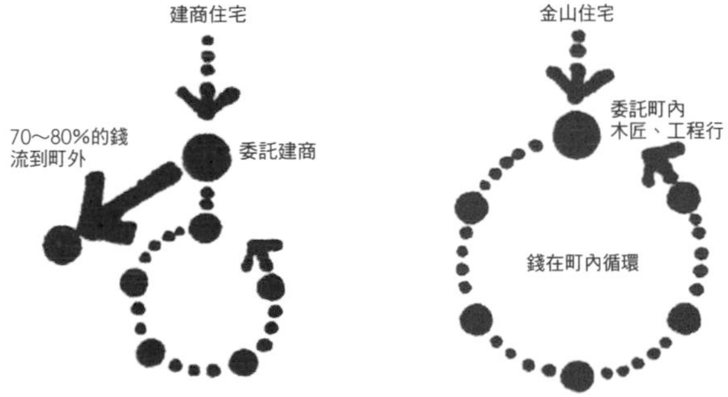
建商住宅
委託建商
70～80%的錢
流到町外
金山住宅
委託町內
木匠、工程行
錢在町內循環

緩慢推動持續循環的機制！

COLUMN

金山町資訊公開發祥地紀念碑

以町民的團結與和睦為概念的資訊公開發祥地紀念碑

設計：林寬治

碑文寫著：金山町最早制定「公家機關擁有的資訊，除非有必須列為機密的理由，否則應依要求公開」這項確認國民主權原則的條例，為讚揚全體町民的勇氣與努力，並期盼居民自治的精神長存於歷史，故在此資訊公開發祥地設立紀念碑。

昭和57年（1982年），金山町制定「公文書公開條例」，率先設立資訊公開制度。之後，全國的地方政府紛紛仿效，平成11年（1999年）日本國會終於設立資訊公開制度。最後，金山町提出的理念成了日本全體國民的理念。

設置在大堰公園內的頒布紀念碑，中央那塊堅固結實的花崗岩刻著「資訊暢通的民主政治，應藉由公開透明的資訊來維持」這段碑文。圍繞在四周的不鏽鋼列柱，反映了美麗的大自然、正直的城鎮、金山分明的四季。這些列柱是抽象的杉木林，同時也代表了町民手攜手心連心的「團結」與「和睦」。

第3章

改善中心地區的計畫與設計

≒1尋：梁的高度

雖然每個城鎮的答案不盡相同，不過以「打造人可自由聚集與往來的空間」為目標應該不會有錯吧？金山町是由內開始規劃，每項專案都要找出「水綠小徑」以期網絡化，並且講究可提高舒適感的細節設計。軟體固然要緊，不過最終仍是硬體比較重要。

金山町中心地區最初的主要計畫

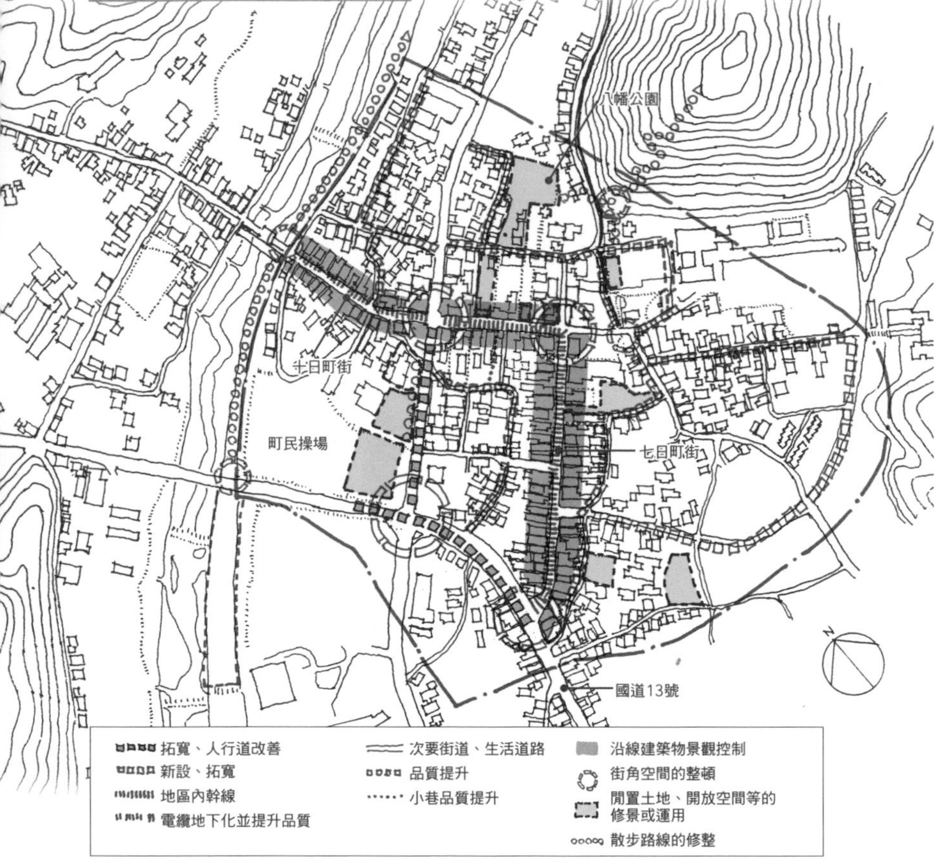
八幡公園
十日町街
町民操場
七日町街
國道13號
拓寬、人行道改善
新設、拓寬
地區內幹線
電纜地下化並提升品質
次要街道、生活道路
品質提升
小巷品質提升
沿線建築物景觀控制
街角空間的整頓
閒置土地、開放空間等的修景或運用
散步路線的修整

訂定主要計畫

「想到什麼就做什麼」是大忌

金山町中心地區近年的問題，有因為買賣而使主要街道出現空地，破壞了房屋景觀的連續性，以及市區外緣因新建或改建住宅，發生都市蔓延（urban sprawl，城鎮毫無計畫地擴張）現象，導致美麗的田園遭到侵蝕。面對這個狀況，金山町針對七日町及十日町，在平成5年度（1993年）與平成8年度（1996年），分別進行「詳細計畫制定調查」與「生活社區營造調查」，然後提出未來的主要計畫。主要內容有利用或運用未利用地與建築物、改善行人網絡等等。另外，「木心橋」落成後，也提議將對象地區擴大到西郊，並且重新檢視主要計畫。

計畫：住吉洋二＋片山和俊

「木心橋」落成後重新調整的主要計畫

木心橋
羽場兒童公園
將西郊的羽場地區納入中心地區的提案
白山神社
架設木心橋後，原本與中心地區隔著一條金山川的西郊羽場地區變得更近了，於是擬定這項計畫。突顯出白山神社下方十字路口周圍的重要性，以及修整羽場兒童公園的必要性這2個課題。
街角據點的形成
市容景觀控制區域
廣域幹線道路
地區內幹線道路（市容景觀軸）
水線生活道路、通路等（部分已建設完畢）
散步道的修整
公園、廣場、公共設施
公共設施開放空間的運用
視點場的設置
視覺焦點等的設置

主要計畫的意義是？——收緊腰圍

城鎮往往會因為新建或改建房屋，而逐年往郊外擴張。即使發生都市蔓延現象，只要使用公園或綠地這類「水綠楔子」，就能維持張弛有度的城鎮結構。

社區營造的方針圖

金山町的主要計畫（社區營造方針）中提出的有關整個中心地區的計畫概念，是從周邊部向中心部打入「水綠楔子」。八幡公園周邊、金山町保育園周邊、町民操場至公民館周邊這3處，就是此計畫的重要據點。

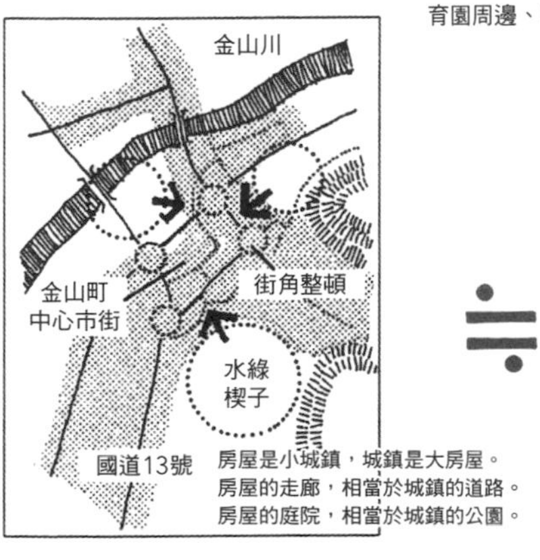
金山川
街角整頓
金山町
中心市街
水綠
楔子
國道13號
房屋是小城鎮，城鎮是大房屋。
房屋的走廊，相當於城鎮的道路。
房屋的庭院，相當於城鎮的公園。

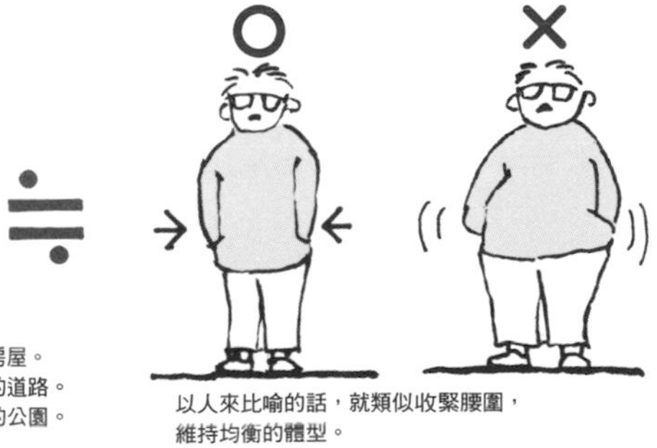
≒
○
×

以人來比喻的話，就類似收緊腰圍，維持均衡的體型。

不讓路面出現補丁

訂定道路計畫・1

金山町為了在中心地區建立良好的道路網絡，於是整理既有的道路體系，以期做出區隔。具體來說就是分成①國道13號與縣道雄勝金山線的廣域幹線道路、②傳統房屋林立的七日町街與十日町街的市區幹線道路（主要街道）、③連接主要街道與次要街道的接續道路、④分布在內側寬4公尺左右的水綠生活道路（次要街道），以及⑤巷道這5個階段。此外，為避免出現一般市區常見的路面補丁，先掌握道路的機能與個性，再根據一貫的設計概念提出鋪面計畫。之後配合下水道工程，依序進行與完成鋪面。

高品質鋪面類型（金山町中心部街道）

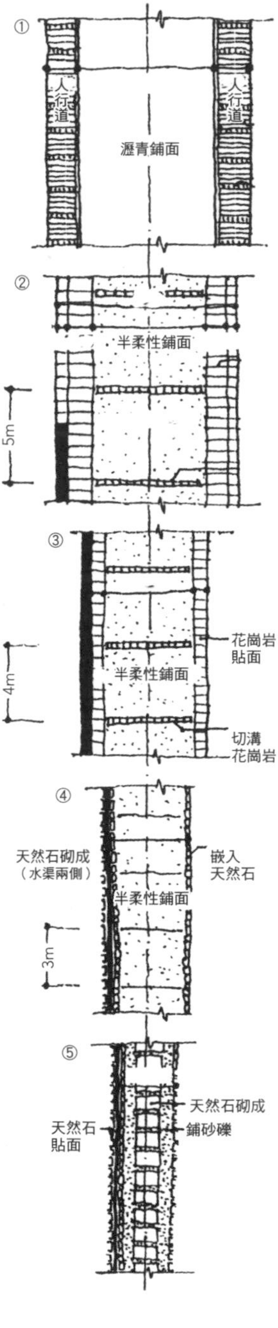
①
人行道
人行道
瀝青鋪面
②
半柔性鋪面
5m
③
花崗岩
貼面
半柔性鋪面
4m
切溝
花崗岩
④
天然石砌成
（水渠兩側）
嵌入
天然石
半柔性鋪面
3m
⑤
天然石砌成
天然石
貼面
鋪砂礫

①廣域幹線道路（國道13號、雄勝金山線）
②市區幹線道路（七日町線、十日町羽場線）
③接續道路
④水綠生活道路（次要街道）
⑤通路

次要街道旁水渠詳圖（新庄信用金庫後方）

路面只鋪到水渠前面，三角形部分施作小型植栽，請訪客依序種下從金山川河岸取來的佛甲草，創造出次要街道的氣氛。

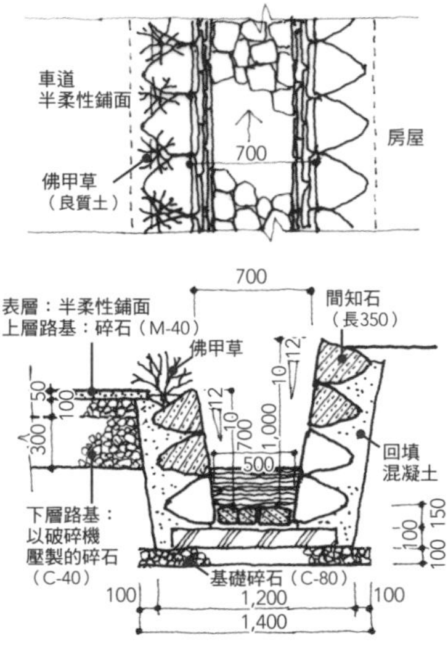
車道
半柔性鋪面
700
房屋
佛甲草
（良質土）
700
表層：半柔性鋪面
上層路基：碎石（M-40）
間知石
（長350）
佛甲草
12
10
12
10
700
1,000
500
50
100
300
回填
混凝土
下層路基：
以破碎機
壓製的碎石
（C-40）
基礎碎石（C-80）
150
100
100
100
1,200
100
1,400

計畫：片山和俊

街道・通路網絡方針圖

計畫：住吉洋二＋片山和俊

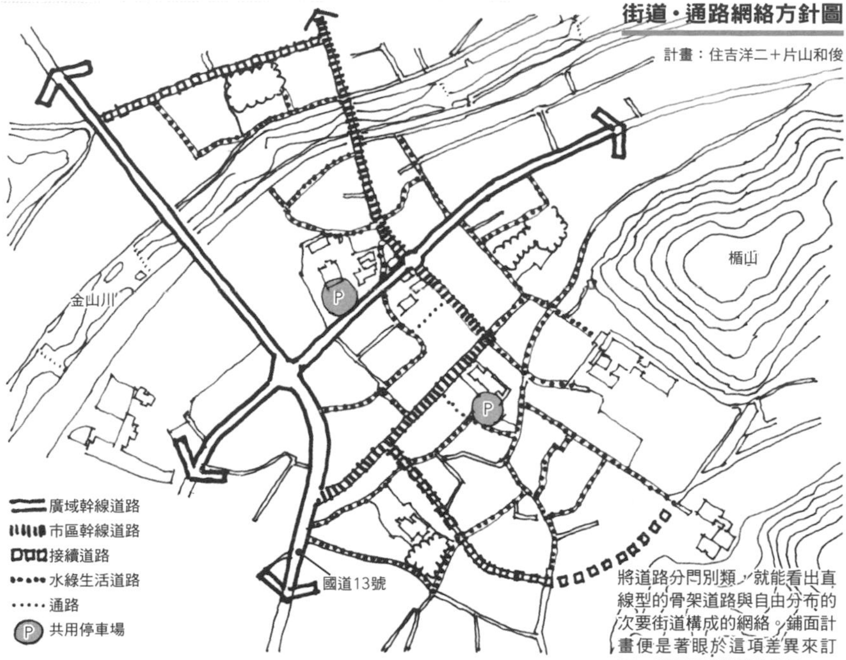
楯山
金山川
國道13號
廣域幹線道路
市區幹線道路
接續道路
水綠生活道路
通路
共用停車場

將道路分門別類，就能看出直線型的骨架道路與自由分布的次要街道構成的網絡。鋪面計畫便是著眼於這項差異來訂定，從次要街道開始施工。

次要道路的修整案（保育園前次要街道改善計畫）

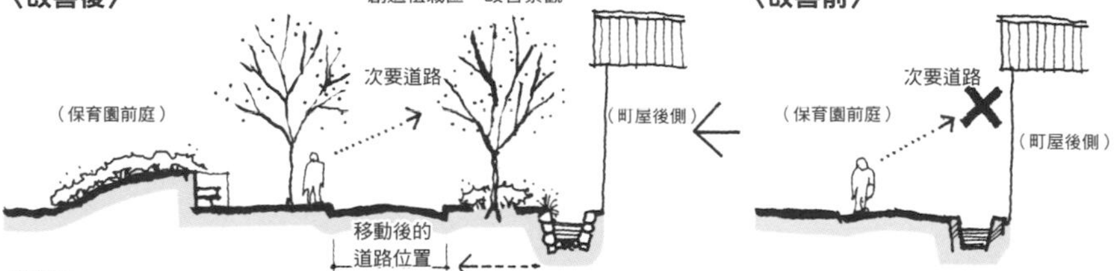
〈改善後〉
創造植栽區，改善景觀
次要道路
（保育園前庭）
（町屋後側）
移動後的道路位置
既有道路位置
〈改善前〉
次要道路
（保育園前庭）
（町屋後側）

斷面圖

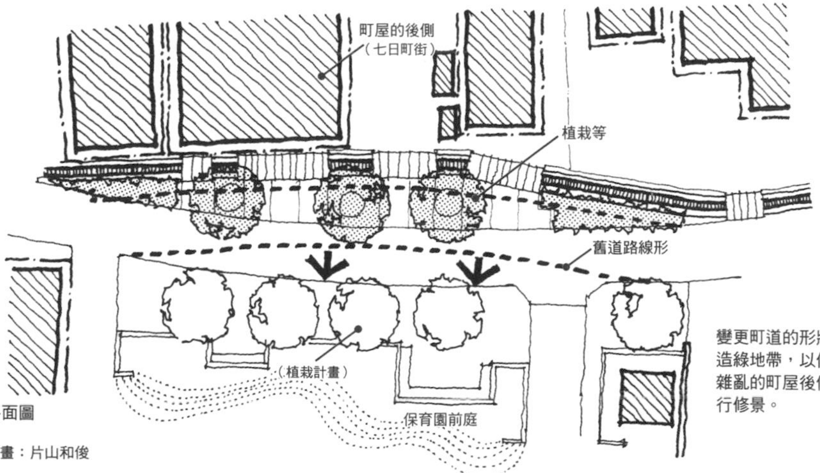
町屋的後側
（七日町街）
植栽等
舊道路線形
（植栽計畫）
保育園前庭

變更町道的形狀製造綠地帶，以便幫雜亂的町屋後側進行修景。

平面圖

計畫：片山和俊

展示街道據點整頓後的模樣

訂定道路計畫・2

除了藉著主要計畫將道路體系分門別類，也要展示道路與通路的現狀及改善後的狀態，以獲得町民的理解。國道13號大幅彎曲的部分，計畫栽種行道樹（楓樹）與植栽，以保護沿線的建築物與行人（⑤縣府已施工完畢）。屬於地區內幹線道路的七日町街與十日町街為單一斷面，寬度約10公尺，兩側為水溝（U字形排雪溝，寬約75公分）並加上溝蓋，而這裡計畫實施高品質鋪面以及電纜地下化，以符合町內具象徵性的道路景觀（①②未施工）。

後側的生活道路（次要街道）為羽州街道的古道，線形呈和緩的蛇行狀，打造感覺得到水與綠意的街道空間，採取的方針為以天然石堆砌路旁的水渠（③施工完畢，參考P.46），並且積極進行沿線宅地的綠化。寬約1.8公尺的穿越通路，則修整成鋪上石板的小巷空間（④2處）。

展示街道據點整頓後的模樣——金山町據點位置與效果圖

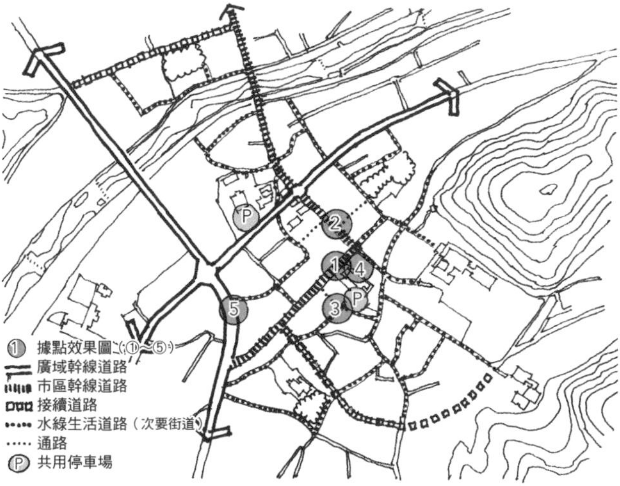
①據點效果圖（①～⑤）
廣域幹線道路
市區幹線道路
接續道路
水線生活道路（次要街道）
通路
Ⓟ共用停車場

①七日町街（修景改善後）

電線桿地下化、鋪面改善等（未施工）

①七日町街（原本）

②十日町街（修景改善後）

電線桿地下化、鋪面改善等（未施工）

②十日町街（原本）

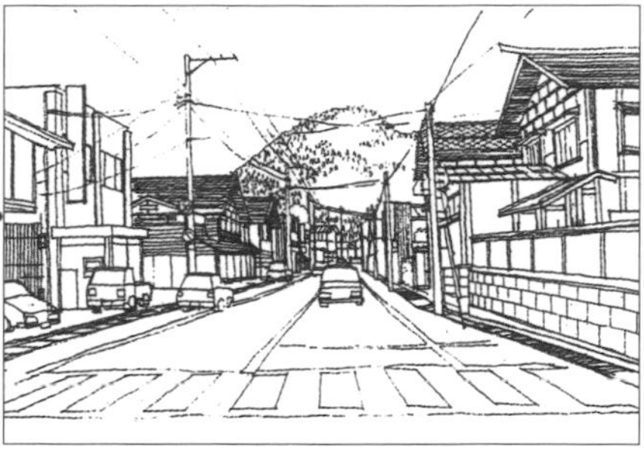

③生活／服務道路、次要街道（修景改善後）

鋪面、水渠修整等（施工完畢）

③生活／服務道路、次要街道（原本）

④通路、小路（修景改善後）

鋪面、水渠修整、綠化等（施工完畢）

④通路、小路（原本）

⑤國道13號（修景改善後）

施作植栽（楓樹）（施工完畢）

⑤國道13號（原本）

整頓中心地區的街景

景觀形成基準（街景與建築物指導方針）

在金山町的各種沿路景觀當中，就屬傳統建築物櫛比鱗次的中心地區七日町街與十日町街最為重要。另外，國道13號是從上台峠通往中心地區的交通路線，沿路景觀（山崎地區）會影響城鎮的印象，因此同樣是重要的骨架道路。尤其最近，13號沿線有超商等店家進駐，形態不符合條例規定的建築物，以及建築物前面保留的寬敞停車空間打斷了房屋景觀的連續性。在維護沿路景觀這點上，房屋景觀的連續性很重要，因此沿線建築物的規模與牆面線要一致，而且必須採用懸山式屋頂。

整頓金山町中心街道時參考的街景與建築物指導方針
（面向七日町街、十日町街、國道13號的房屋）

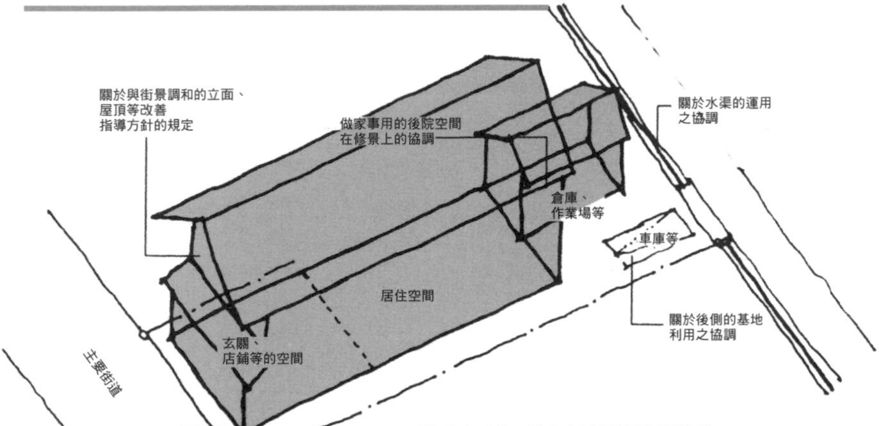

圖為基本形式，懸山式屋頂與下屋頂的後側，有倉庫、車庫、庭院、停車空間。具體的指導方針請參考下一頁上半部。

七日町街立面圖（東半部）

在維護沿路景觀這點上，房屋景觀的連續性很重要，因此沿線建築物的規模與牆面線要一致，而且必須採用懸山式屋頂。

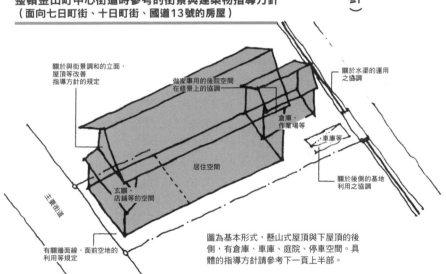

街景與建築物指導方針（位置與形態、屋頂、外牆、結構、歷史、庭院等）

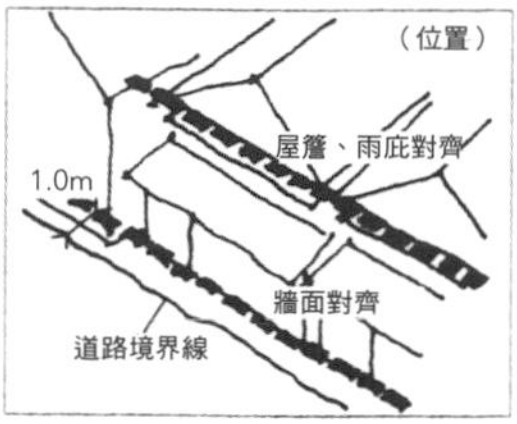
（位置）
屋簷、雨庇對齊
1.0m
牆面對齊
道路境界線

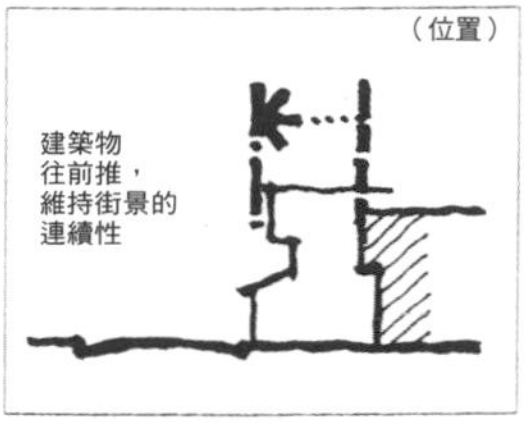
（位置）
建築物
往前推，
維持街景的
連續性

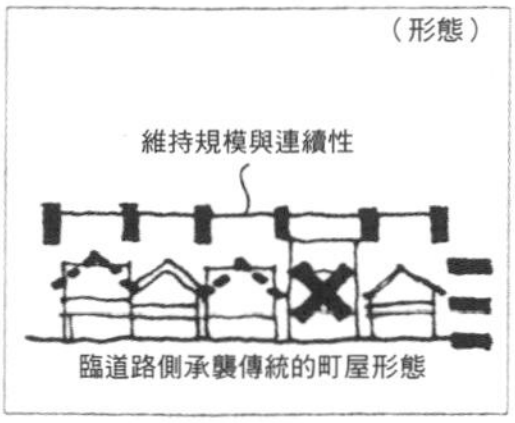
（形態）
維持規模與連續性
臨道路側承襲傳統的町屋形態

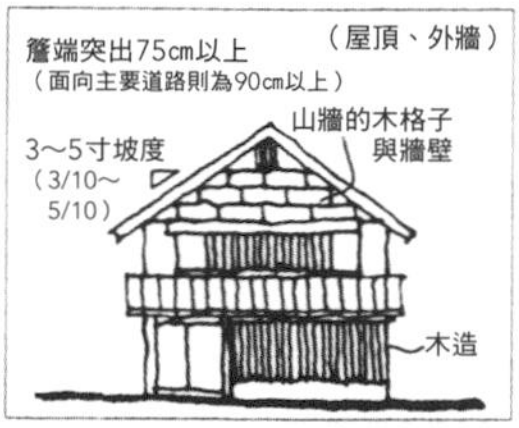
（屋頂、外牆）
簷端突出75cm以上
（面向主要道路則為90cm以上）
山牆的木格子
與牆壁
3～5寸坡度
（3/10～
5/10）
木造

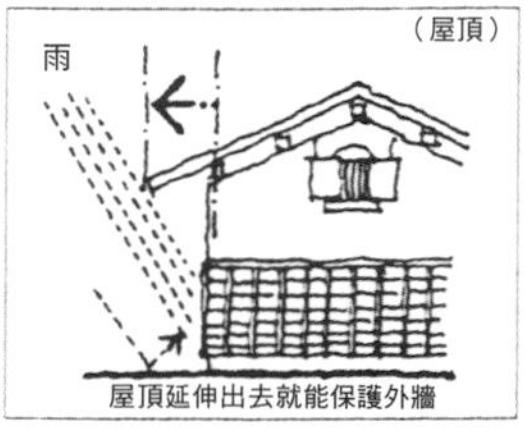
（屋頂）
雨
屋頂延伸出去就能保護外牆

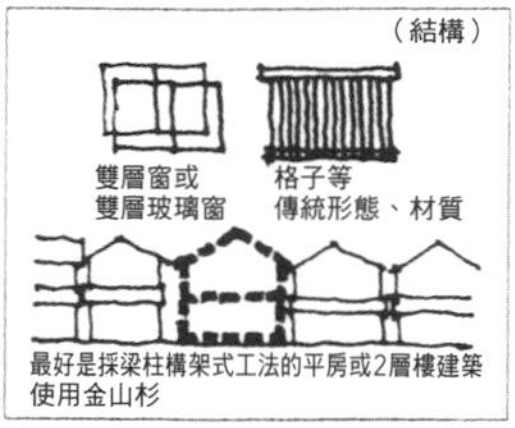
（結構）
雙層窗或
雙層玻璃窗
格子等
傳統形態、材質
最好是採梁柱構架式工法的平房或2層樓建築
使用金山杉

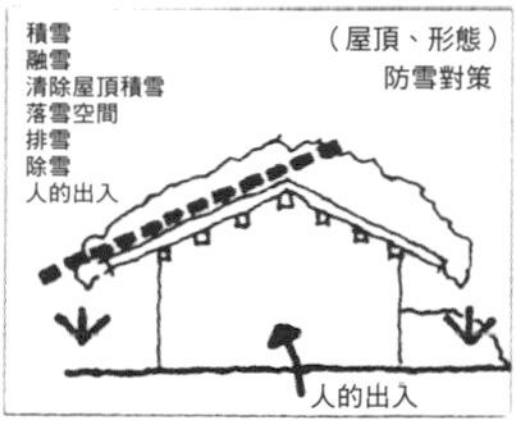
積雪
融雪
清除屋頂積雪
落雪空間
排雪
除雪
人的出入
（屋頂、形態）
防雪對策
人的出入

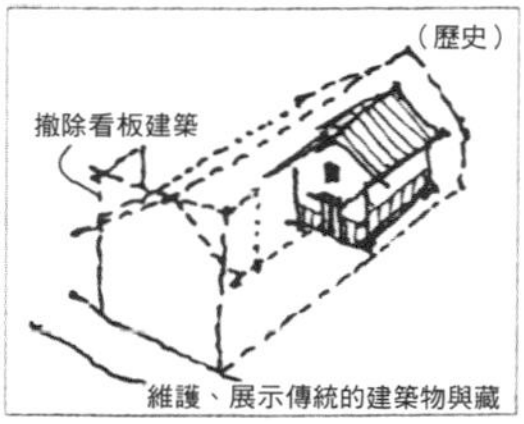
（歷史）
撤除看板建築
維護、展示傳統的建築物與藏

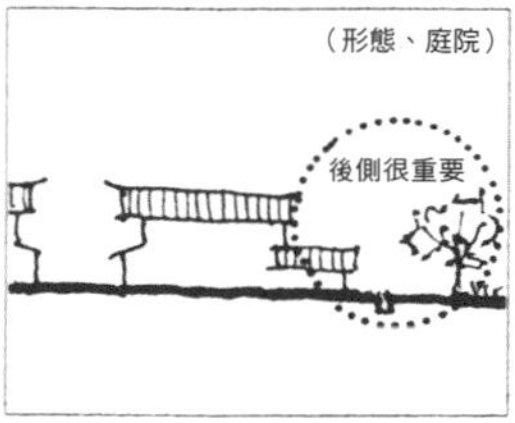
（形態、庭院）
後側很重要

整頓中心街道的街景——七日町街

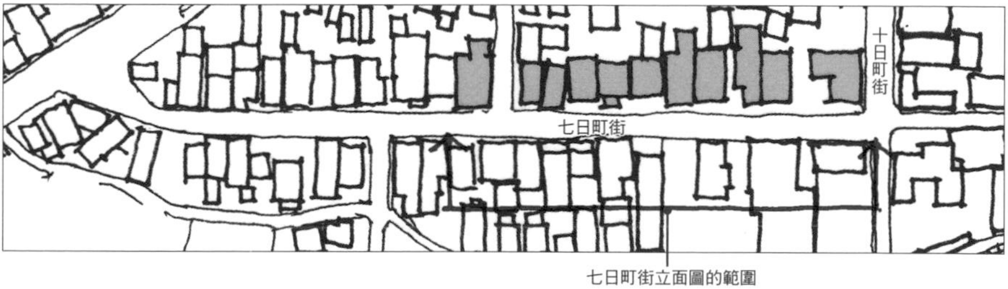
十日町街
七日町街
七日町街立面圖的範圍

七日町街立面圖（西半部）

雖然大幅改善後已所剩不多，不過仍有些看板建築等著改回原本的懸山式屋頂外觀。

安兵衛
0
5
10
20m

維護與運用老屋

小型公共設施的網絡化

隨著時代變遷、世代交替或移居，老屋越來越難以保存，因而陸續遭到拆除。這是每座城鎮都會發生的問題，而這種時候採取的處理方式，對於城鎮日後的模樣有很大的影響。保護歷史資產當然要緊，不過保護方式並非千篇一律。將之轉變成有魅力的新設施亦是一種很重要的方法。

位在金山町重要位置的舊西田家，便是重生成廣場。2棟土藏改建成賣場與社區營造資料館，已拆除的

西田家土藏變成丸小藏

這裡的2樓是町民展示室，1樓則當作賣場使用。

岸家土藏變成藏史館

後藏變成小型町民廳，當作音樂會等活動場地使用。

中心市區與維護及運用的老屋位置

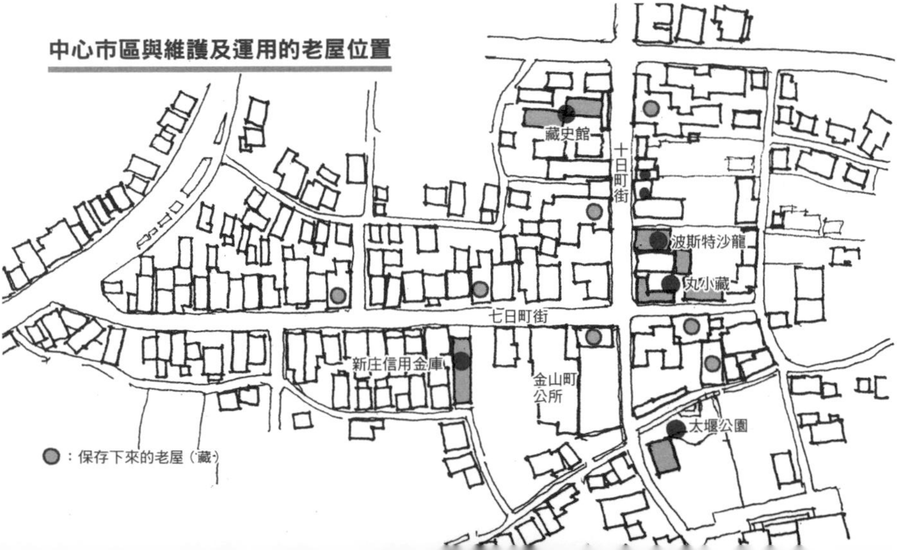
藏史館
十日町街
波斯特沙龍
丸小藏
七日町街
新庄信用金庫
金山町公所
太堰公園
●：保存下來的老屋（藏）

主屋舊址則興建木造迴廊包圍廣場，整座廣場設施以丸小藏之名重新出發。

另外，岸家的2棟土藏改建成商工會事務所，以及包含小型町民廳的藏史館，舊農協倉庫轉而作為新庄信用金庫。十日町街保留下來的西洋風格舊郵局，後來根據實測圖重建成波斯特交流沙龍，供各種婦女團體共同使用。

至於大堰東側一帶原本有3間房屋的住宅地，則蛻變成連接小學與大堰的公園，其中的舊農舍（藤兵衛分家）變成附設公共廁所的休憩所，舊嶋醫院的松樹與竹林也保留下來並擴大水池，重新做為公園的親水空間。總之就是希望能藉由這種方式，傳承町民的生活文化。

舊農協倉庫變成新庄信用金庫

舊金山郵局變成波斯特交流沙龍

2樓當作婦女團體的活動據點，每個社團使用不同顏色的隔間。

舊農舍變成大堰公園休憩所

在重生的休憩所與園內享受戶外茶會。

由內開始

水綠小徑網絡

以全町為對象的「與風景調和的市容景觀條例」順利推動後，過了一陣子便面臨「創造中心地區的魅力」這項課題。因此，平成8年（1996年）便根據「生活社區營造調查」訂定主要計畫。具體畫出中心地區的未來藍圖後，首先嘗試將十日町街與七日町街的電纜地下化。然而當時未能得到東北電力的協助，於是決定改從內側進行，以大堰旁邊的道路為起點，配合下水道工程改善生活道路，此外也著手運用未利用的空地與傳統房屋。當時想到在各項計畫中加入「水綠小徑」，然後將這些小徑連接起來的點子，於是分布在中心地區的「水綠小徑網絡」就這樣誕生了。

鳥瞰金山町中心地區

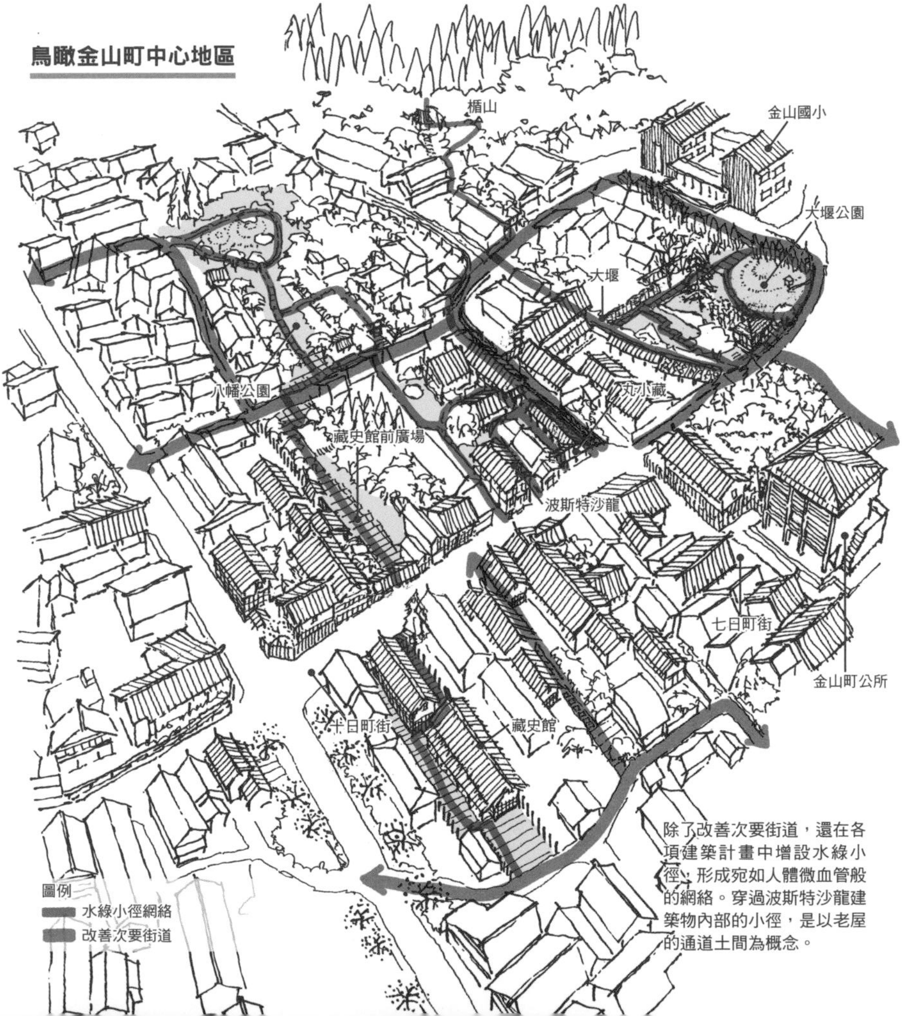
楯山
金山國小
大堰公園
大堰
八幡公園
丸小藏
藏史館前廣場
波斯特沙龍
七日町街
金山町公所
十日町街
藏史館
圖例
水綠小徑網絡
改善次要街道

除了改善次要街道，還在各項建築計畫中增設水綠小徑，形成宛如人體微血管般的網絡。穿過波斯特沙龍建築物內部的小徑，是以老屋的通道土間為概念。

聽說從前，面向十日町街與七日町街的傳統房屋，都會讓附近鄰居的小孩自由穿梭通道土間。我們認為往來於城鎮內側的小徑網絡，就是由通道土間蛻變而成的。

利用小徑連接個別計畫，在中心地區形成水綠網絡

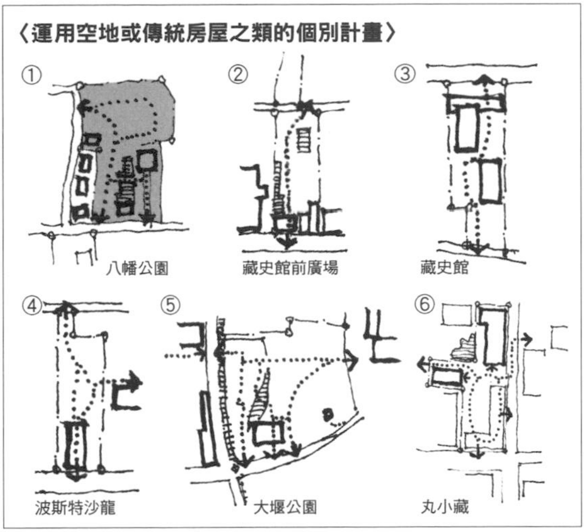
〈運用空地或傳統房屋之類的個別計畫〉
①
②
③
八幡公園
藏史館前廣場
藏史館
④
⑤
⑥
波斯特沙龍
大堰公園
丸小藏

在改善城鎮內側的生活道路、運用空地與各個傳統房屋的計畫中，加入水綠小徑，然後將這些小徑連接起來。（←⋯⋯ 是小徑）

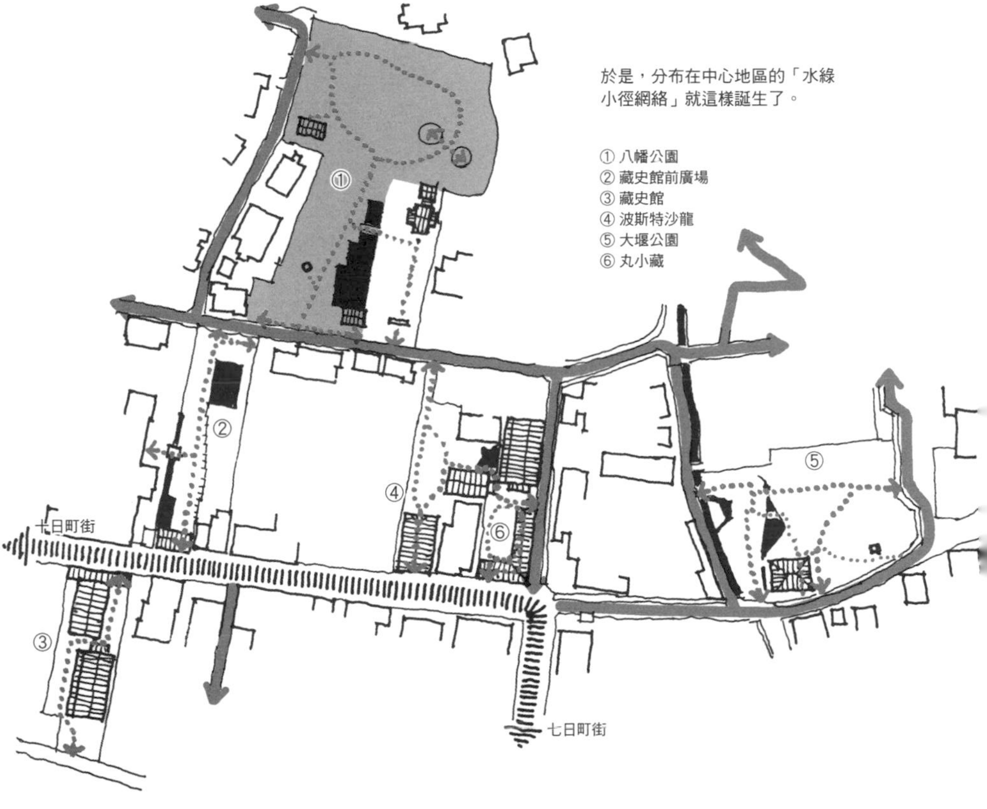
① 八幡公園
② 藏史館前廣場
③ 藏史館
④ 波斯特沙龍
⑤ 大堰公園
⑥ 丸小藏
①
②
③
④
⑤
⑥
七日町街
七日町街

於是，分布在中心地區的「水綠小徑網絡」就這樣誕生了。

建設八幡公園

「水綠小徑」網絡的起點 ［2005年］

這項計畫是將位在深處，幾乎無人使用的兒童公園，與八幡神社旁邊的空地連接起來，建設一座有水池的公園。為了讓人能夠從生活道路看到裡面的寬敞土地，於是設置起伏和緩的草坪，臨接生活道路的部分則作為「水綠小徑」的起點，讓人可以欣賞水池，或休息或漫步，然後經由草坪抵達後面的地區。公園與神社之間，設置使用農業用水的池子分隔兩者。要前往神社可走小小的太鼓橋。亭子配合神社，請町內的工程行使用粗壯的金山杉木材搭建而成。為避免將園內布置得過於花俏，這項計畫便以打造町內的理想綠地為目標。

建設水綠公園——八幡公園配置圖

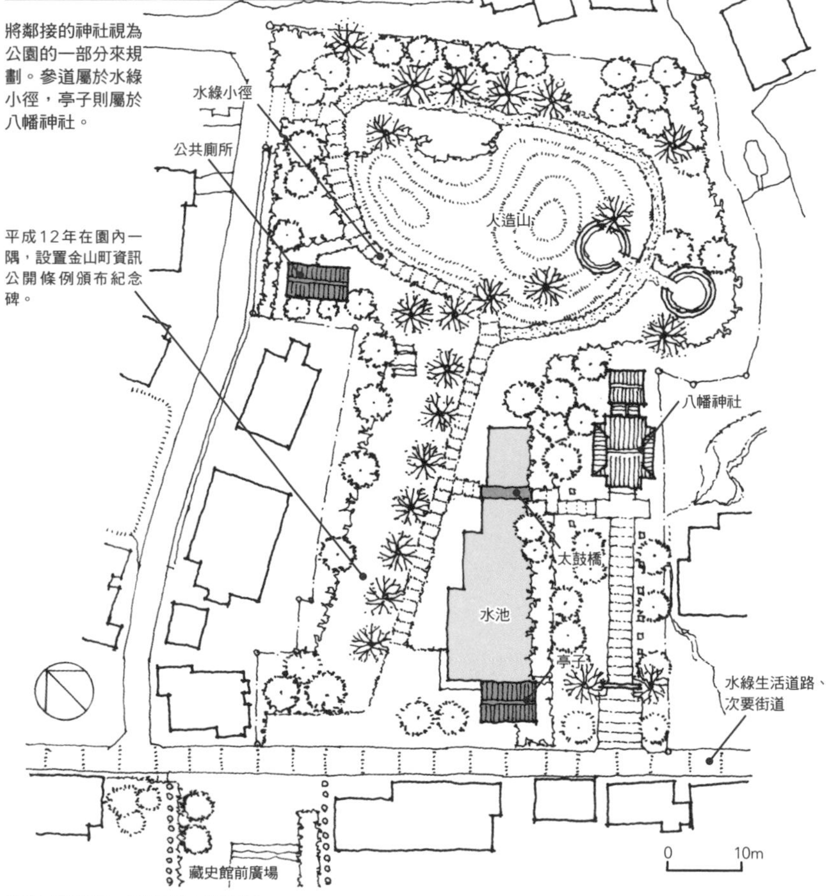
將鄰接的神社視為公園的一部分來規劃。參道屬於水綠小徑，亭子則屬於八幡神社。
水綠小徑
公共廁所
平成12年在園內一隅，設置金山町資訊公開條例頒布紀念碑。
人造山
八幡神社
太鼓橋
水池
亭子
水綠生活道路、次要街道
藏史館前廣場
0
10m

設計：片山和俊　橋的結構：柏原和子

從八幡公園的亭子欣賞水池

太鼓橋
為了讓水池看起來寬廣且豐富，水邊的擋土牆製作成低緩的階梯狀。

連接八幡公園與八幡神社的木製太鼓橋立面圖

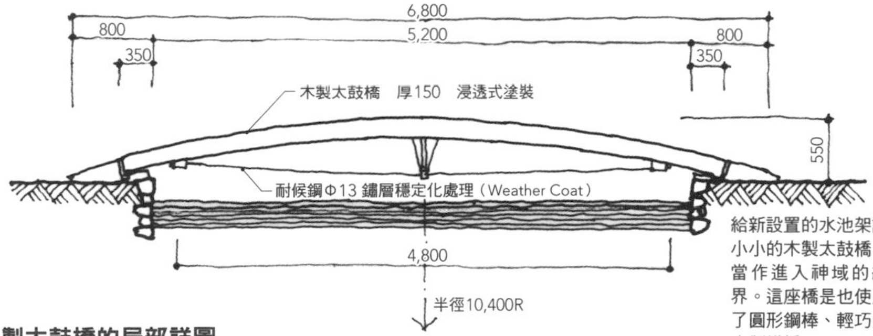
6,800
800
5,200
800
350
350
木製太鼓橋　厚150　浸透式塗裝
550
耐候鋼Φ13 鏽層穩定化處理（Weather Coat）
4,800
半徑10,400R

給新設置的水池架設小小的木製太鼓橋，當作進入神域的結界。這座橋是也使用了圓形鋼棒、輕巧的木製拱橋。

木製太鼓橋的局部詳圖

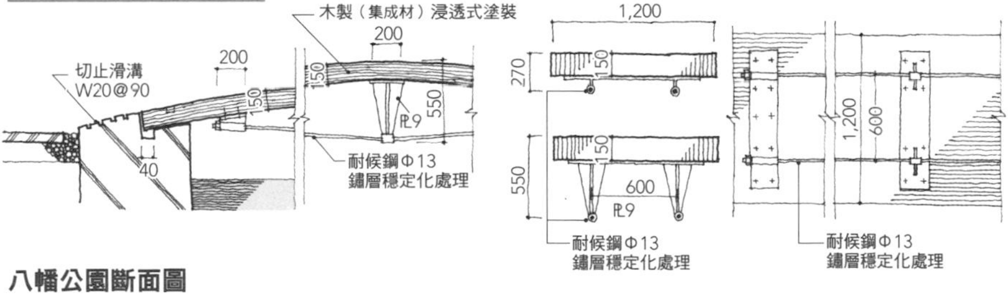
木製（集成材）浸透式塗裝
200
200
切止滑溝
W20@90
150
150
550
PL9
40
耐候鋼Φ13
鏽層穩定化處理
1,200
270
150
550
150
600
PL9
耐候鋼Φ13
鏽層穩定化處理
1,200
600
耐候鋼Φ13
鏽層穩定化處理

八幡公園斷面圖

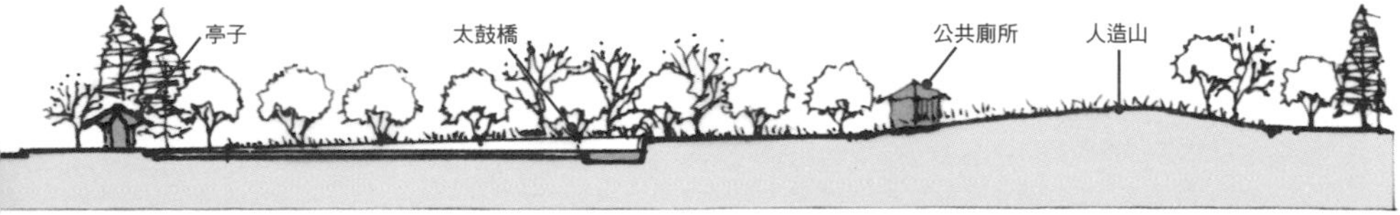
亭子
太鼓橋
公共廁所
人造山

將老屋土藏改建成商工會事務所與展演廳

藏史館［1995年］

隔著十日町街相望的2棟土藏（前藏與後藏），本來是丸井岸家的雜物倉庫，後來由金山町接管改建。土藏分別建於明治30年代（前藏）與大正中期（後藏），位在路旁的前藏變成金山町商工會事務所，後藏則變成可舉辦會議、音樂會、演講會、展示會等多用途的小展演廳。這是老屋改建的第一例，之後也陸續改建其他老屋。前藏原本是天花板很高、有採光窗的平房，當時處於陷在地裡的狀態。後來基礎改用RC並抬高1公尺，1樓當作商工會事務所，2樓為會議室與資料室。後藏因為町公所要求改建成市容營造的集會所與展演廳，於是設計成多用途的簡素挑空展演廳。

藏史館展演廳（後藏）的內部

後藏的藏史館展演廳用途很多，可舉辦音樂會、展示、會議、聚會等等，因此最常使用。

從正面看藏史館

前藏的前面設置下屋頂，防止十日町街的房屋景觀被打斷。概念跟藏史館前廣場的亭子一樣。

前面是面向十日町街的藏史館前藏正面，現為最上北部商工會金山分部事務所。後面看得到作為藏史館展演廳的後藏。

藏史館配置圖・1樓平面圖與立面圖

木構件等有關結構的部位，除非需要補強，否則都要當成當地木匠師傅前輩們的遺產好好保留下來，這是土藏改建的基本方針。這裡不像古民房常見的那樣，展現粗大雄偉的梁柱，而是設法保留樸素的地方、地區之特性。

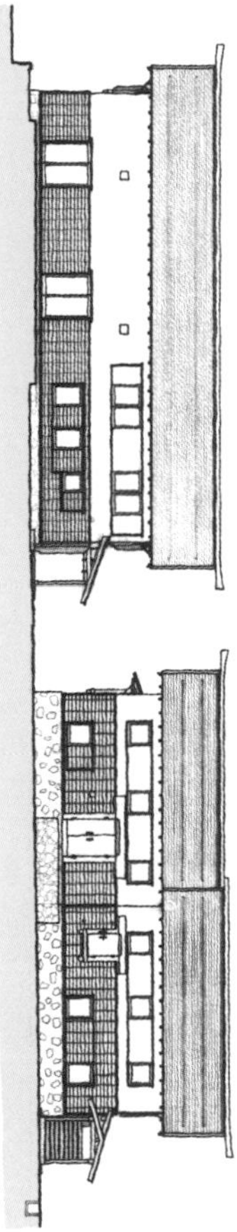

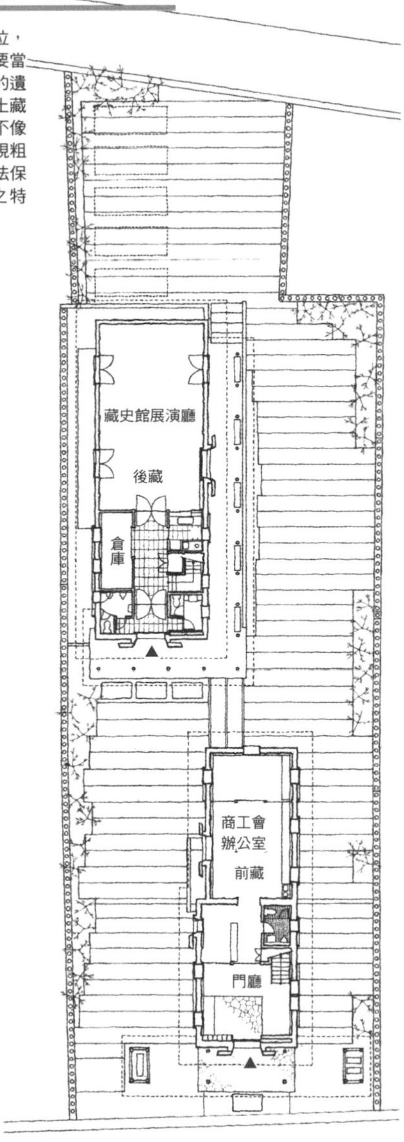

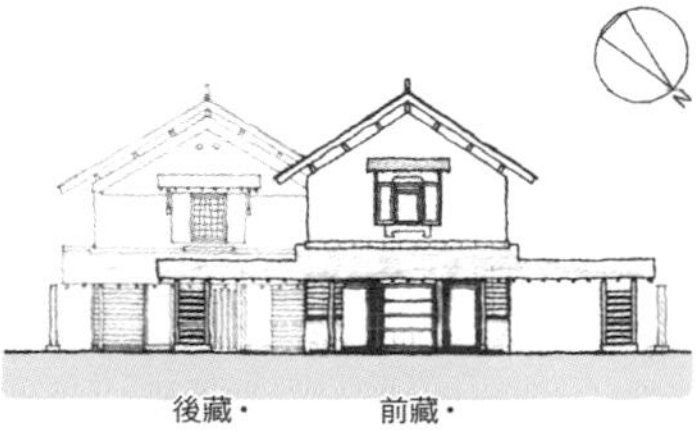

後藏・
藏史館展演廳　前藏・
商工會事務所

設計：林寬治＋林哲也

藏史館2樓平面圖與斷面圖

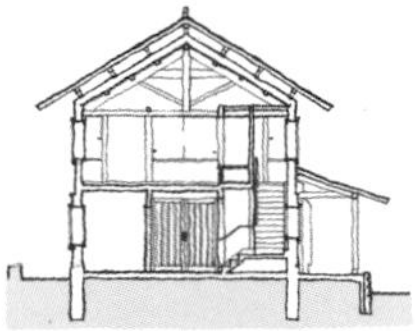

後藏外圍裝設下屋頂作為開放式走廊，保護底部。

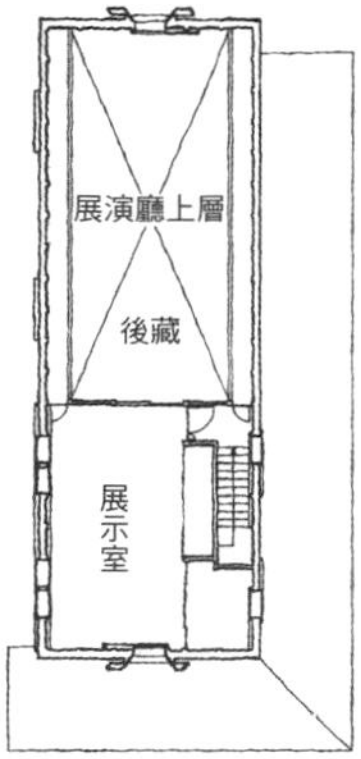

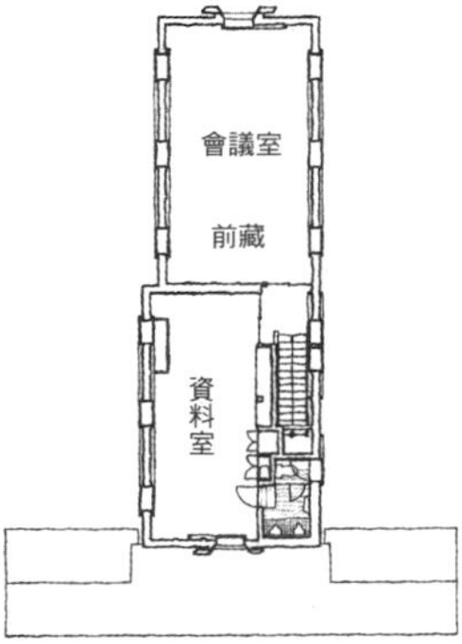

前藏為了消除抬高基礎後的不協調感，設置橫長形的下屋頂來代替街門。

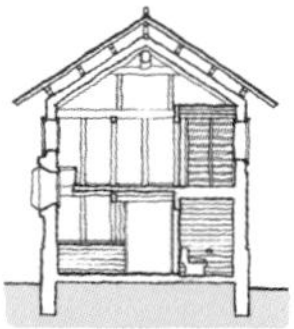

前藏・商工會事務所

維持街景的連續性並連接八幡公園

藏史館前廣場（街景交流廣場）

這項廣場計畫是利用老屋拆除後留下的空地。在藏史館與八幡公園之間，設置兼作公車站的休憩所來連接兩者，避免打斷廣場面向的十日町街景觀連續性。另外因為鄰近十日町街這個城鎮的中心，為了讓人感覺到水，於是經由親水池（A池）從八幡公園引水到旁邊的B池。同時也在與隔壁房舍丸井相接的水渠邊，設置砌石、木圍籬與門。廣場的鋪面範圍很大，其餘則採用草坪。跟丸小藏一同作為中心部的多用途空間，可作為供生產者與消費者交流的「市集」或跳蚤市場，以及活動會場等等。到了冬季則成為寶貴的置雪場。

從十日町街看藏史館前廣場

考量到主要街道可能因重建等緣故，導致建築物的牆面線不整齊，於是給休憩所加上屋頂維持房屋景觀。

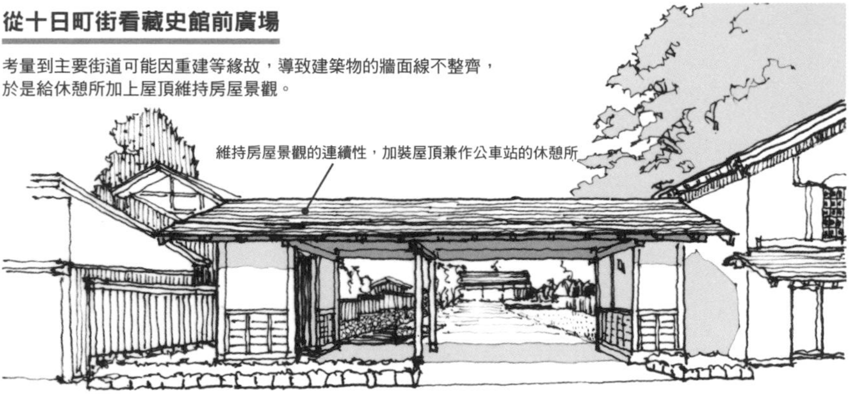
維持房屋景觀的連續性，加裝屋頂兼作公車站的休憩所

藏史館前廣場平面圖

面向十日町街的前側，為呼應斜對面的藏史館而設置了亭子，後側則考量與後方八幡公園之間的連續性，於東西兩側配合鄰家的狀態使用砌石、木圍籬與圓木圍牆，布置廣場的外圍。

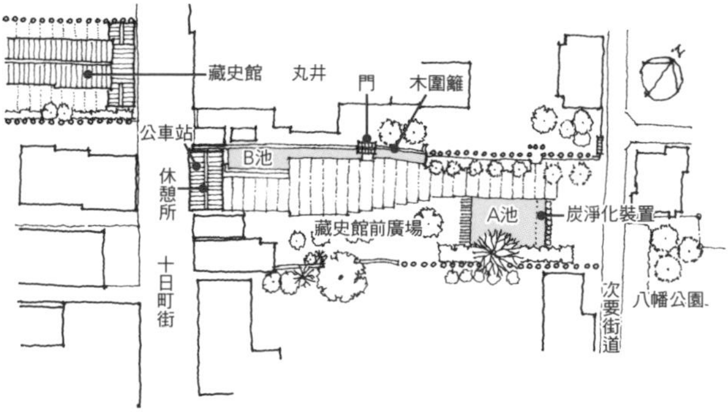
藏史館
丸井
門
木圍籬
公車站
休憩所
B池
A池
炭淨化裝置
藏史館前廣場
十日町街
次要街道
八幡公園

藏史館前廣場斷面圖

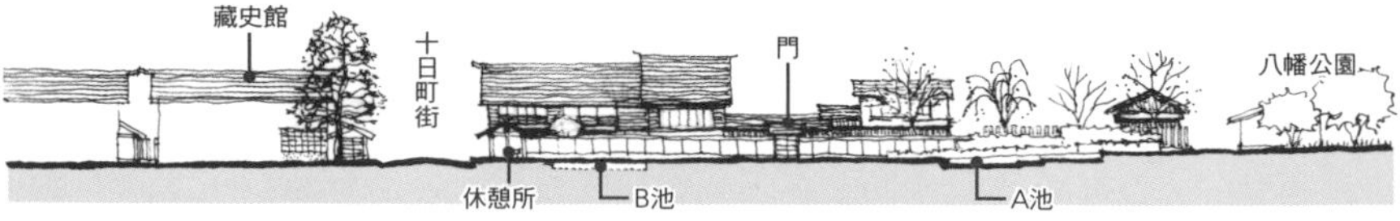
藏史館
十日町街
門
八幡公園
休憩所
B池
A池

設計：片山和俊

休憩所平面圖

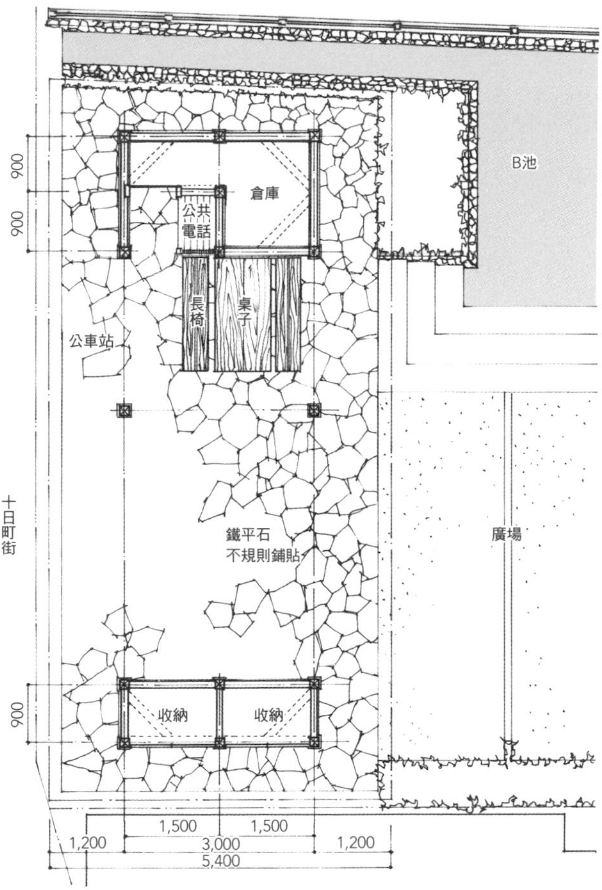
丸井
B池
倉庫
公共電話
長椅
桌子
公車站
十日町街
鐵平石
不規則鋪貼
廣場
收納
收納
900
900
900
1,500
1,500
1,200
3,000
1,200
5,400

藏史館前廣場計畫的概念

●構成道路以外的網絡

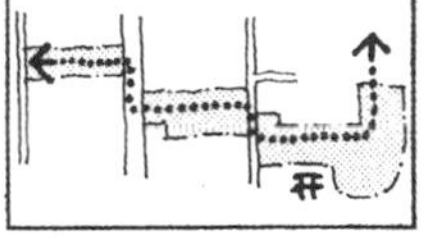

●連接藏史館與八幡公園的廣場

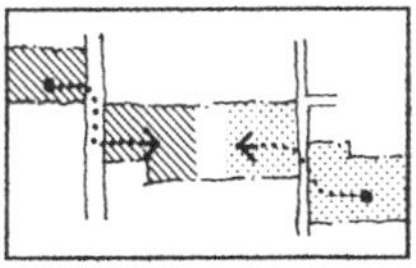

●構造受左右鄰地影響

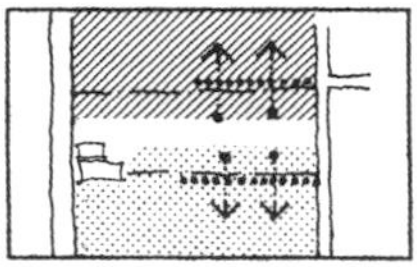

●構造受左右鄰地影響

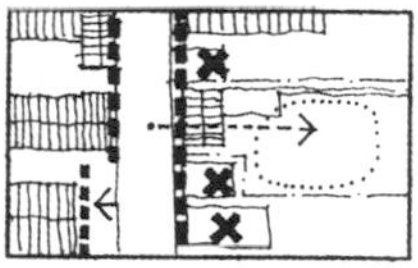

●維持十日町街房屋景觀連續性的休憩所

休憩所斷面圖

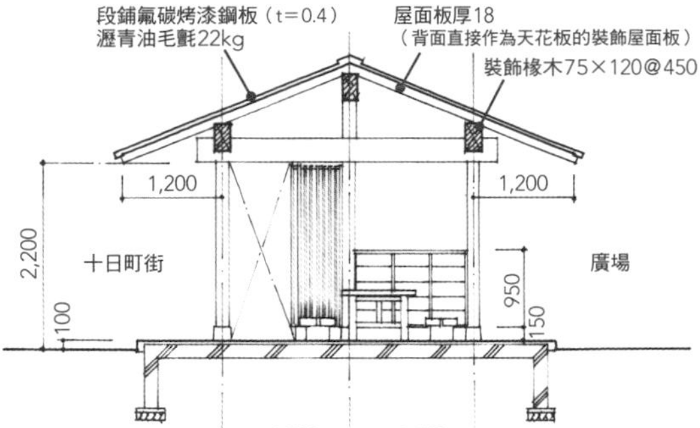
段鋪氟碳烤漆鋼板（t=0.4）
瀝青油毛氈22kg
屋面板厚18
（背面直接作為天花板的裝飾屋面板）
裝飾椽木75×120@450
1,200
1,200
2,200
100
十日町街
廣場
950
150
1,500
1,500

雖然第一目的是穿越廣場，不過旁邊還設置了兼作公車站可供人休息一下的桌椅。兩邊的收納空間放置了使用廣場時會用到的工具。

A池的炭淨化裝置詳圖

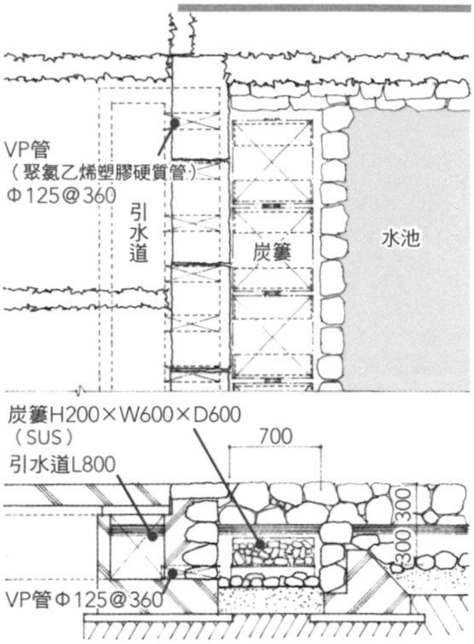
VP管
（聚氯乙烯塑膠硬質管）
Φ125@360
引水道
炭簍
水池
炭簍H200×W600×D600
（SUS）
700
引水道L800
300
300
VP管Φ125@360

舊郵局保留外觀，改建成交流沙龍

金山町街景交流沙龍波斯特（舊金山郵局）[2002年]

金山町僅存的擬洋風建築，是由當地的木工師傅於1932年（昭和7年）興建，直到1978年（昭和53年）為止，46年來都當作郵局使用。之後的23年都用來存放雜物，但在風雪侵襲下逐漸朽壞。金山町將這棟建築視為街景形成的見證者之一，以保存外觀為前提買下，時隔70年後重新改建成町內婦女團體的活動場所，以及供造訪該町的旅客諮詢與休息的地方。

舊郵局只有1樓的郵政事務室是鋪木地板，後側的休息室、值宿室等房間全是鋪榻榻米的和室。改建時，地板材料全都選用在地木材金山杉。

從七日町街與十日町街的交會處觀察波斯特交流沙龍

外觀乍看跟舊郵局沒兩樣，平面尺寸不變，不過立斷面尺寸整體約調降30㎝。這是為了讓內部與鄰近住宅的比例協調所做的修改。

設施配置圖

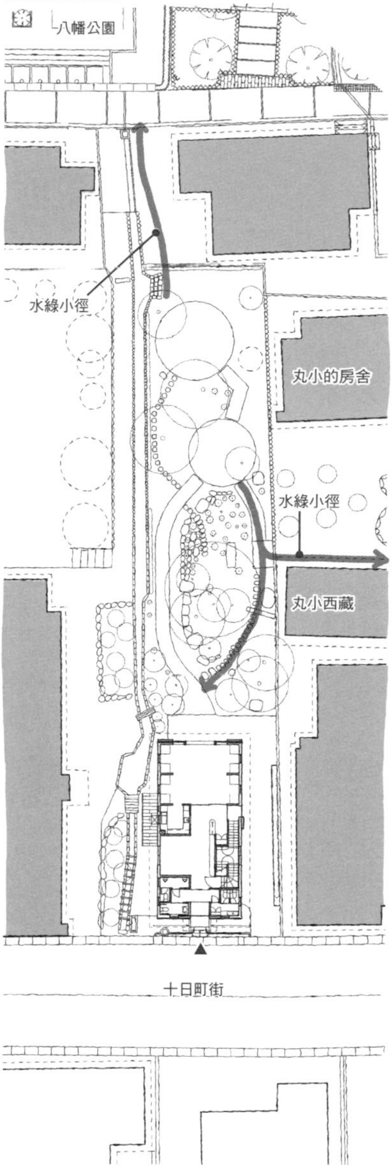
八幡公園
水綠小徑
丸小的房舍
水綠小徑
丸小西藏
十日町街

舊郵局供町民使用的空間，為2坪（6.6㎡）的公眾室大廳，加上1張榻榻米大的電話室。現在的波斯特沙龍，則是將1、2樓合計共68坪（225㎡）的空間，全開放給町民使用。

設計：林寬治

社區營造工坊（2樓）

婦女團體用的隔間

媽媽們的社區營造工坊，是以隔間代替包廂。

波斯特交流沙龍新舊平面圖

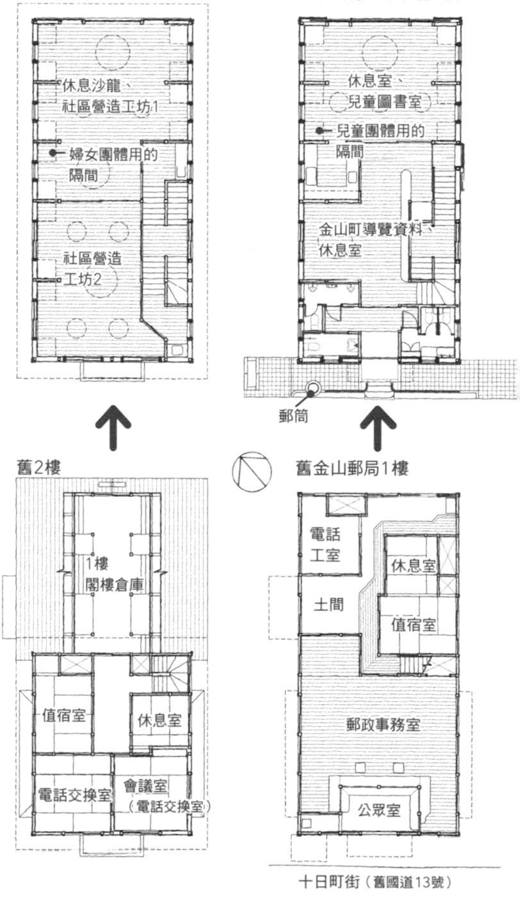
新2樓
休息沙龍、
社區營造工坊1
婦女團體用的
隔間
社區營造
工坊2
新波斯特交流沙龍1樓
休息室、
兒童圖書室
兒童團體用的
隔間
金山町導覽資料、
休息室
郵筒
舊2樓
1樓
閣樓倉庫
值宿室
休息室
電話交換室
會議室
（電話交換室）
舊金山郵局1樓
電話
工室
休息室
土間
值宿室
郵政事務室
公眾室
十日町街（舊國道13號）

利用大堰公園連接中心部與小學

大堰・大堰公園［2007年］

大堰是前人們從金山川取水的農業引水道。鄰接的大堰公園，是金山町接管3棟既有房屋後，將之規劃成連接大堰、金山國小與中心地區，周邊居民與旅行者都能方便利用的休憩場所。休憩所使用了原有的農家住宅（藤兵衛分家）中可利用的構件，而為了給同樣位在這裡的嶋醫院留下回憶，便將庭院裡的赤松與竹林保留下來，水池也擴大加以運用。大堰旁邊設置了鯉魚池，英國女性探險家伊莎貝拉・博兒來訪百年紀念碑，也從小學前庭移過來這裡。應金山國小校友的要求，園內種了7棵枝垂櫻。

建設可追憶原有房屋的公園

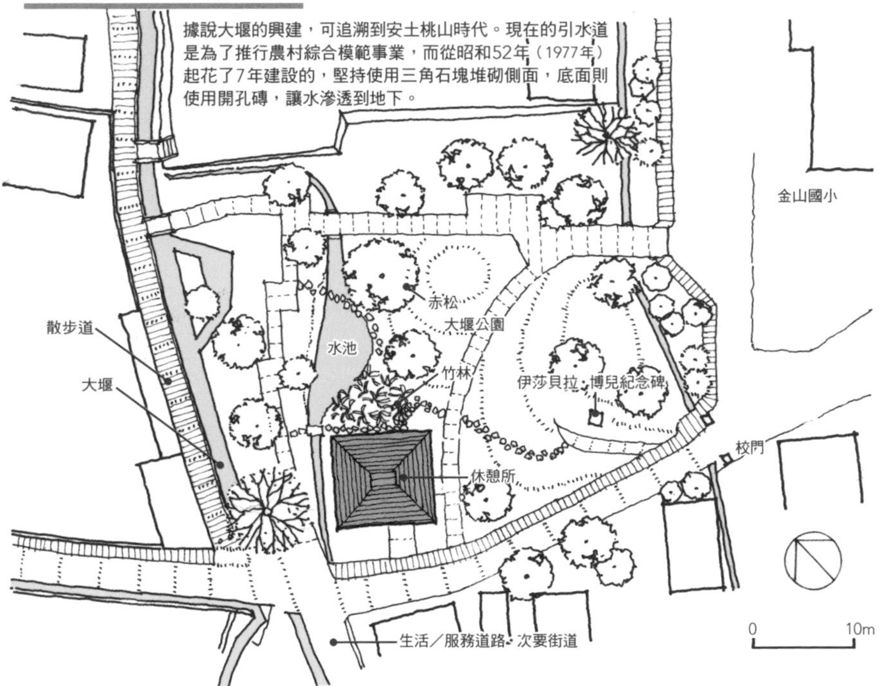
據說大堰的興建，可追溯到安土桃山時代。現在的引水道是為了推行農村綜合模範事業，而從昭和52年（1977年）起花了7年建設的，堅持使用三角石塊堆砌側面，底面則使用開孔磚，讓水滲透到地下。
金山國小
赤松
大堰公園
散步道
水池
竹林
伊莎貝拉・博兒紀念碑
大堰
校門
休憩所
生活／服務道路・次要街道
0
10m

大堰公園斷面圖

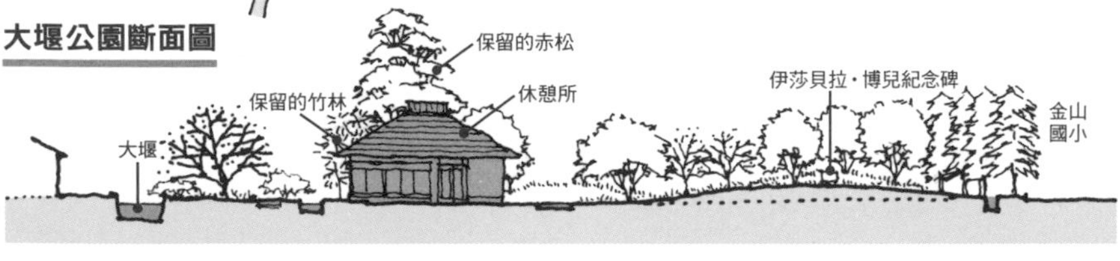
保留的赤松
休憩所
保留的竹林
伊莎貝拉・博兒紀念碑
金山國小
大堰

從金山國小觀察大堰公園

赤松
藥師山
休憩所
竹林
←伊莎貝拉・博兒紀念碑

公園位在小學的放學路上，左邊是伊莎貝拉・博兒紀念碑，旁邊則是重建的休憩所、竹林、水池、赤松、沿著大堰築成的圍牆與藏。放眼望去，可以看到遠方的藥師山。為了將源自町民的生活文化與歷史的風景傳承給孩子，才興建了這座公園。

利用農家住宅一部分的休憩所

（既有農家住宅的平面圖）

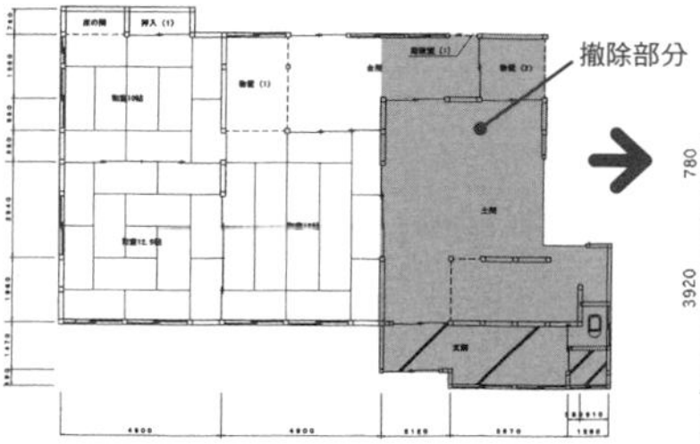
撤除部分

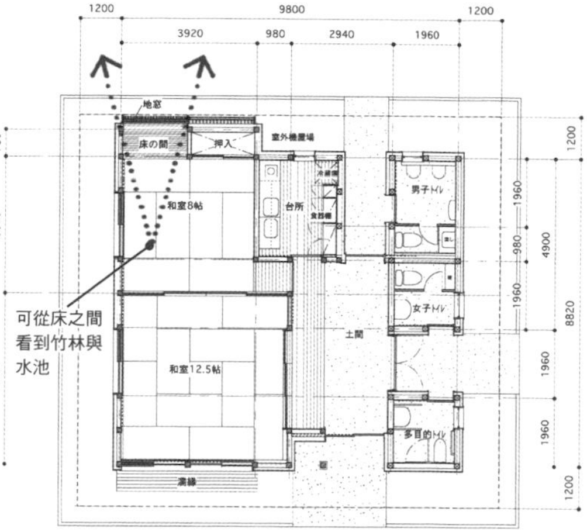
1200
9800
1200
3920
980
2940
1960
地窓
床の間
押入
室外機置場
台所
和室8帖
男子トイレ
女子トイレ
土間
和室12.5帖
多目的トイレ
濡縁
可從床之間
看到竹林與
水池
780
3920
4900
1200
1960
980
1960
1960
1960
1200
4900
8820

（休憩所床之間地窗詳圖）

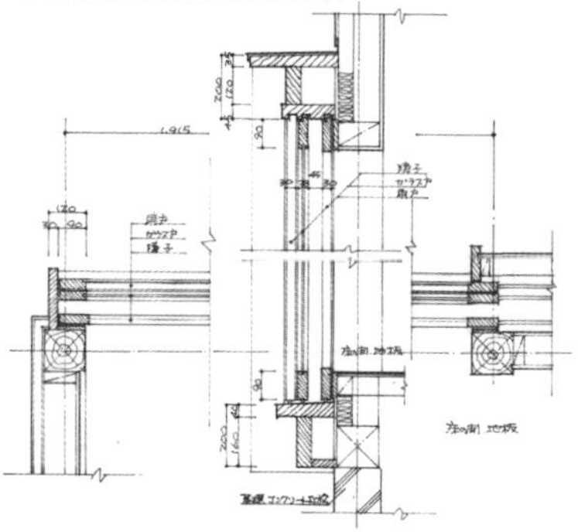

（休憩所斷面圖）

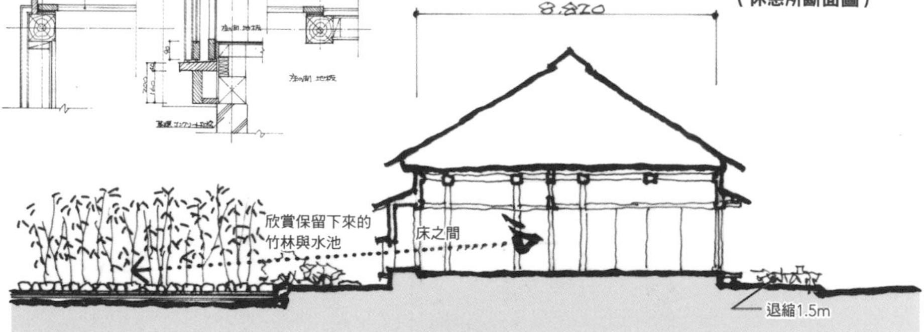
8,820
欣賞保留下來的
竹林與水池
床之間
退縮1.5m

設計：片山和俊

譯註：床之間為和室裡的內凹小空間，通常會用掛軸、花等物品裝飾。

改建老屋土藏與打造廣場的嘗試

丸小藏・1

這項計畫是，利用老屋的2棟土藏與主屋拆除後留下的空地，打造作為金山町中心的廣場。地點位在構成中心地區的2大道路——十日町街與七日町街的L字形交會處。直到大約40年前為止，這裡原本是有著懸山式大屋頂的西田家，入口設置在山牆面且直接朝向道路，房屋正面寬8間（約14.5公尺）。計畫名稱中的「丸小」是西田家的商號（參考P.29下圖）。

主屋拆除後留下的空地，原本轉作為家庭菜園，由於地處金山町的中心，町公所便徵借這塊土地移植山毛櫸當作休憩場所。幾年前家主去世，2棟土藏捐贈給金山町，町公所便趁此機會買下用地，實現這項計畫。

丸小藏的動線

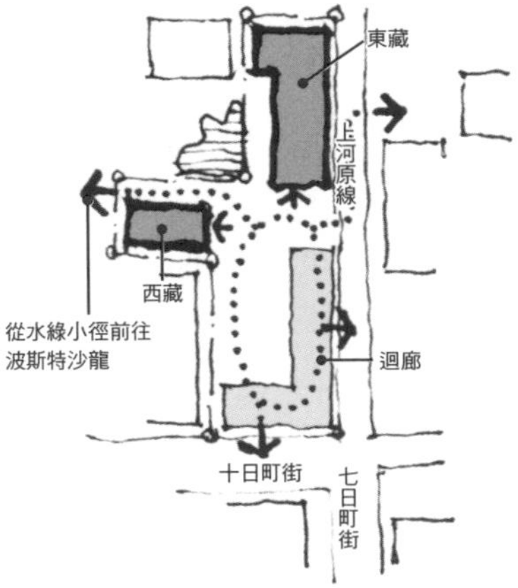
東藏
上河原線
西藏
從水線小徑前往
波斯特沙龍
迴廊
十日町街
七日町街

丸小藏的等角圖

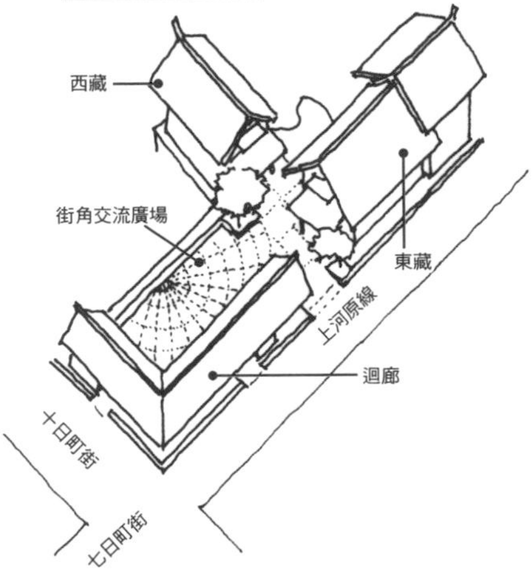
西藏
街角交流廣場
東藏
上河原線
迴廊
十日町街
七日町街

從迴廊看東藏

東藏
迴廊
街角交流廣場

丸小藏的配置圖與平面圖

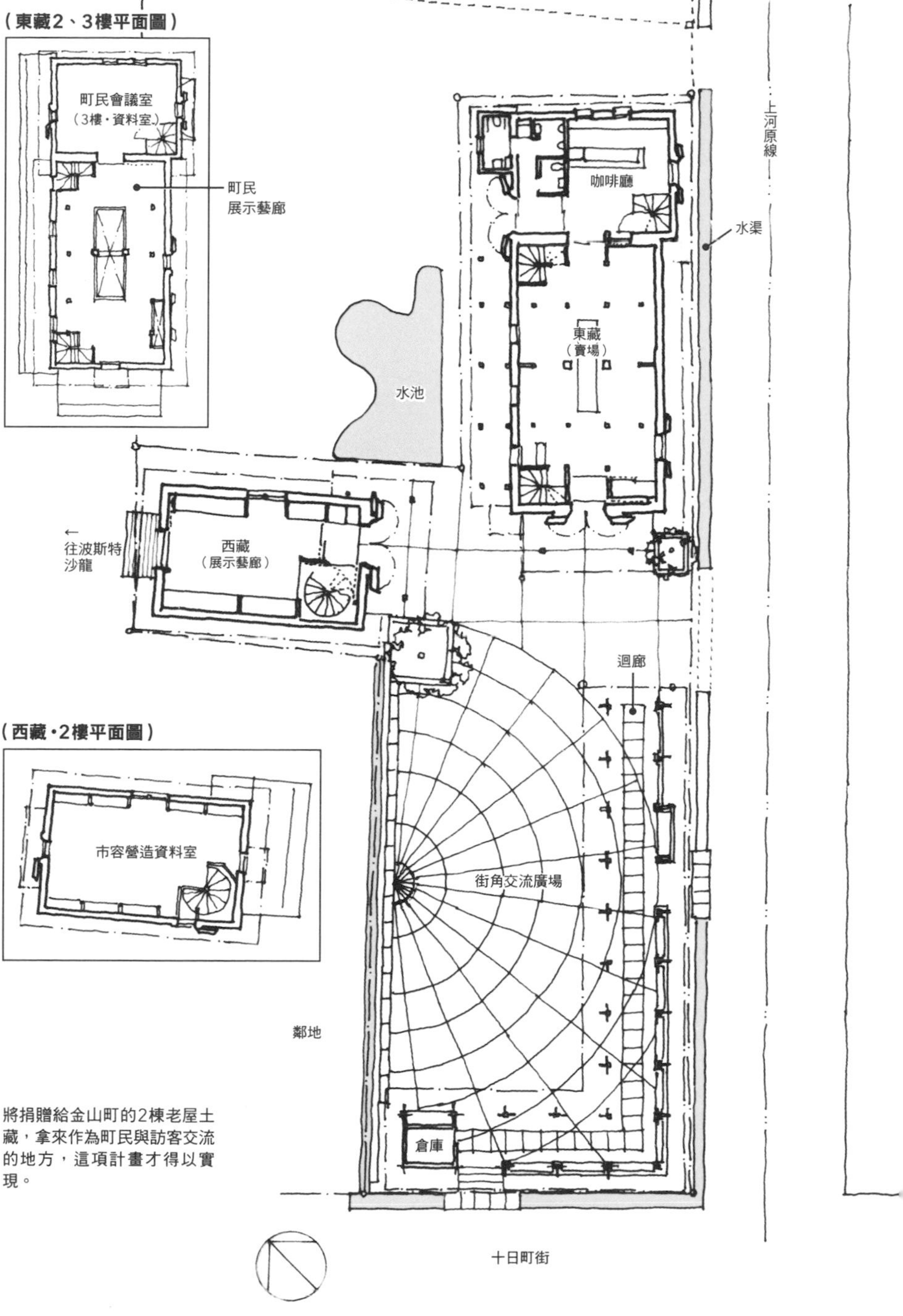
（東藏2、3樓平面圖）
町民會議室
（3樓・資料室）
町民
展示藝廊
上河原線
水渠
咖啡廳
東藏
（賣場）
水池
←
往波斯特
沙龍
西藏
（展示藝廊）
迴廊
（西藏・2樓平面圖）
市容營造資料室
街角交流廣場
鄰地
倉庫
十日町街

將捐贈給金山町的2棟老屋土藏，拿來作為町民與訪客交流的地方，這項計畫才得以實現。

設計：林寬治＋片山和俊

打造迴廊與廣場

丸小藏・2

為了打造廣場，這裡新設了一座木造迴廊。沿著道路旁邊的堰築成的鋼筋混凝土擋土牆，不僅用來區隔廣場與面前道路，也可承受除雪車作業時雪所造成的壓力。單邊架在擋土牆上的迴廊，是由長邊與短邊跨距皆為2.4公尺、以金山杉木材製成的列柱構成，圍著廣場呈L字形。列柱上的弧形梁，是將杉木的圓木縱向切成幾段後彎曲，再以硬木木栓銜接組合而成。迴廊的臨道路側擋土牆邊設置了長椅，讓町民與訪客隨時都可以休息，目光集中在廣場上。另外也發揮基地與波斯特沙龍相接的位置條件，從東、西藏後面的池邊延伸出一條通往波斯特沙龍後庭的「水綠小徑」。

迴廊與廣場——觀察東藏

架在短邊上弧度和緩的弧形梁，採用容易親和迴廊個性的樣式。廣場採用混凝土地面，並以小小的花崗岩方形石塊從排水口鋪排成放射狀，直接疏導雨水與雪。

迴廊・西立面圖

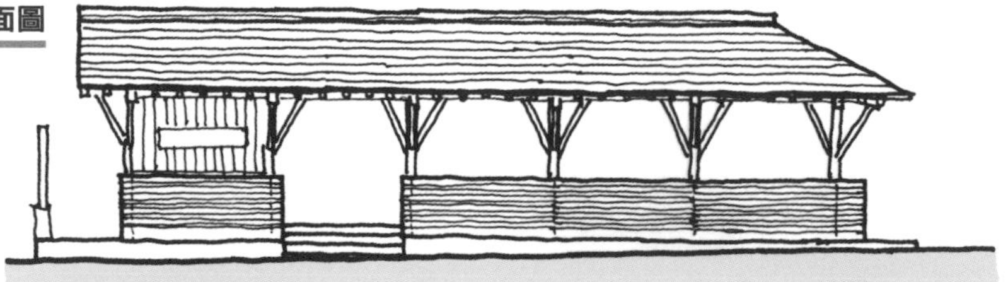

迴廊・局部斷面詳圖

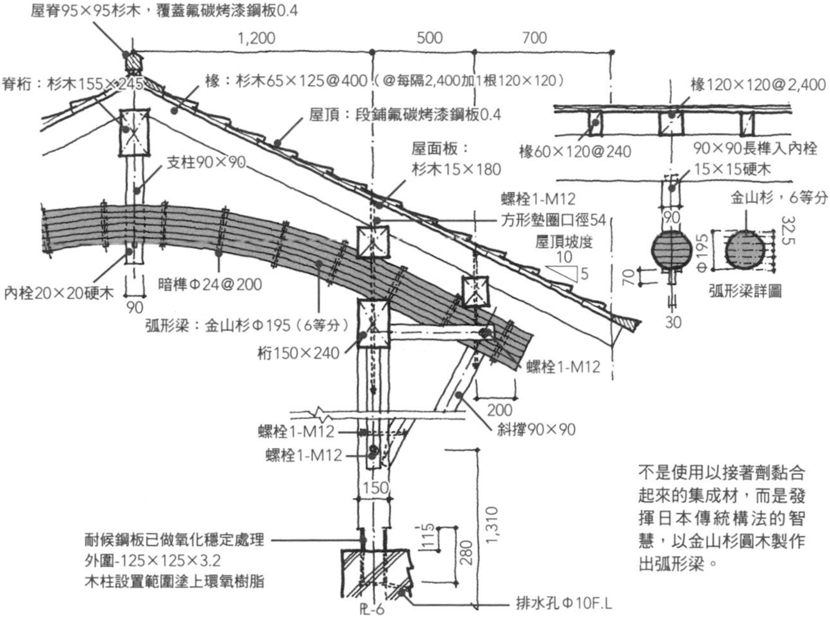
屋脊95×95杉木，覆蓋氟碳烤漆鋼板0.4
1,200
500
700
脊桁：杉木155×245
椽：杉木65×125@400（@每隔2,400加1根120×120）
屋頂：段鋪氟碳烤漆鋼板0.4
支柱90×90
屋面板：
杉木15×180
椽120×120@2,400
椽60×120@240
90×90長榫入內栓
15×15硬木
螺栓1-M12
方形墊圈口徑54
屋頂坡度
10
5
金山杉，6等分
90
Φ195
32.5
70
30
弧形梁詳圖
內栓20×20硬木
90
暗榫Φ24@200
弧形梁：金山杉Φ195（6等分）
桁150×240
螺栓1-M12
200
斜撐90×90
螺栓1-M12
螺栓1-M12
150
1,310
115
280
耐候鋼板已做氧化穩定處理
外圍-125×125×3.2
木柱設置範圍塗上環氧樹脂
PL-6
排水孔Φ10F.L

不是使用以接著劑黏合起來的集成材，而是發揮日本傳統構法的智慧，以金山杉圓木製作出弧形梁。

迴廊・長椅部分斷面詳圖

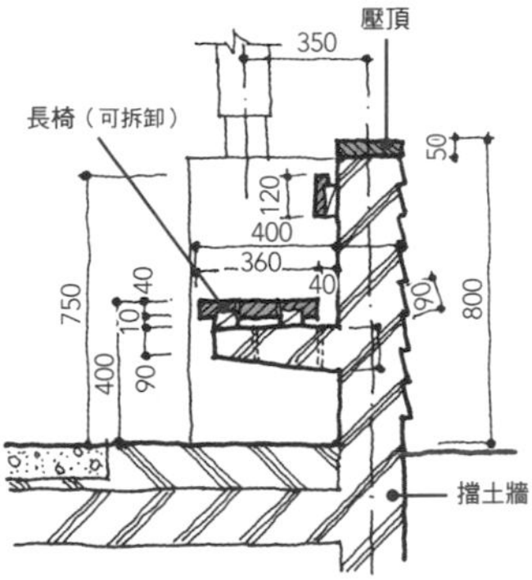
壓頂
350
長椅（可拆卸）
50
120
400
360
40
40
750
10
90
400
90
800
擋土牆

彎曲的組合圓木製作方法

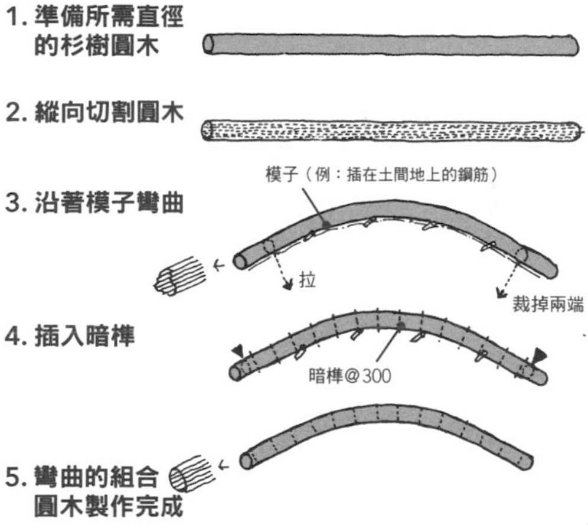
1. 準備所需直徑的杉樹圓木
2. 縱向切割圓木
模子（例：插在土間地上的鋼筋）
3. 沿著模子彎曲
拉
裁掉兩端
4. 插入暗榫
暗榫@300
5. 彎曲的組合圓木製作完成

迴廊・長邊斷面圖

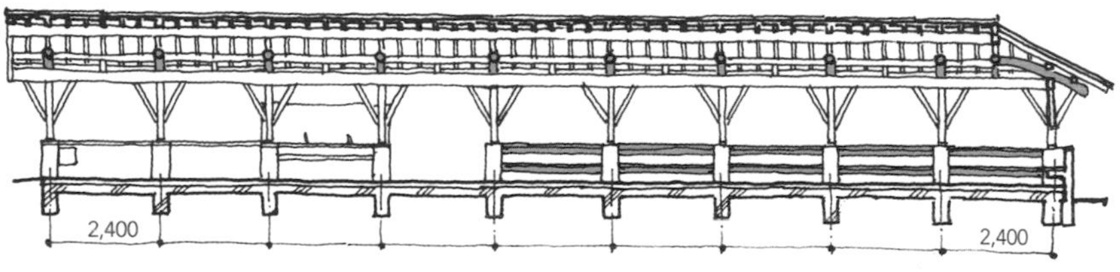
2,400
2,400

設計：林寬治＋片山和俊　結構：增田一真

整修東藏

丸小藏・3

關於丸小藏建築的基本方針，土藏原則上要重視過去在山谷裡從事建築工作，不斷試錯摸索的木匠師傅們的心血結晶，所以不動外觀與屋架盡可能保留原貌，換句話說就是尊重前人們的成果。東藏原本是收納藏，因此2樓樓高很低，為了確保牆面的展示空間，降低2樓的樓板高度，並在1樓外牆內側加裝柱子補強，支撐2樓樓板。

整修之後，1樓變成展示與販售町民製作物品的賣場，內側是可隨意過去坐坐的咖啡廳，2樓則設置陳列町民的畫作或相片等作品的展示室與會議室。

此外還加上不可或缺的廁所、樓梯、採光窗，至於受損的置放式屋頂則是調整外觀重新製作。

東藏內觀——從挑空的位置俯瞰1樓的大桌子

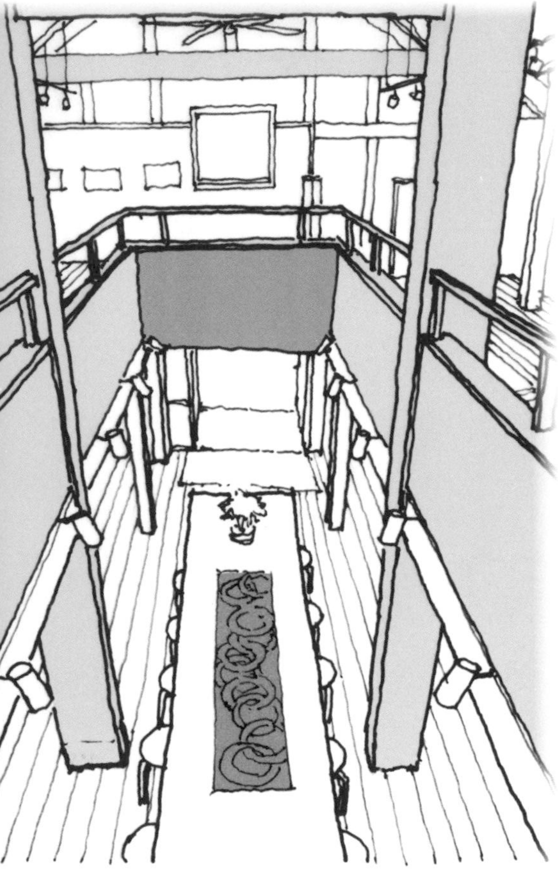

整修東藏——降低2樓的樓板高度，補強結構

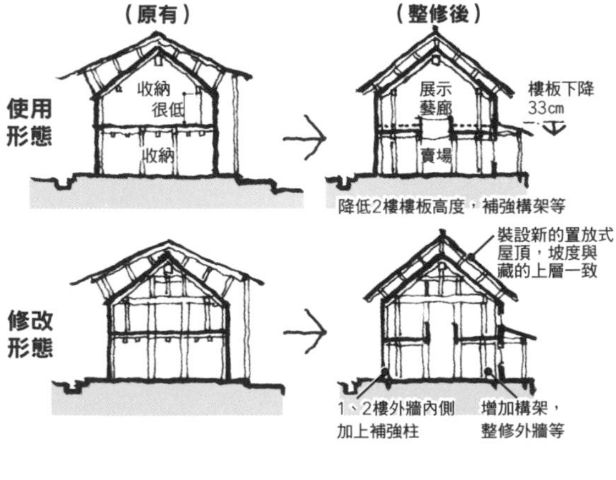
（原有）
（整修後）
使用形態
收納
很低
收納
展示藝廊
賣場
樓板下降33cm
降低2樓樓板高度，補強構架等
修改形態
裝設新的置放式屋頂，坡度與藏的上層一致
1、2樓外牆內側加上補強柱
增加構架，整修外牆等

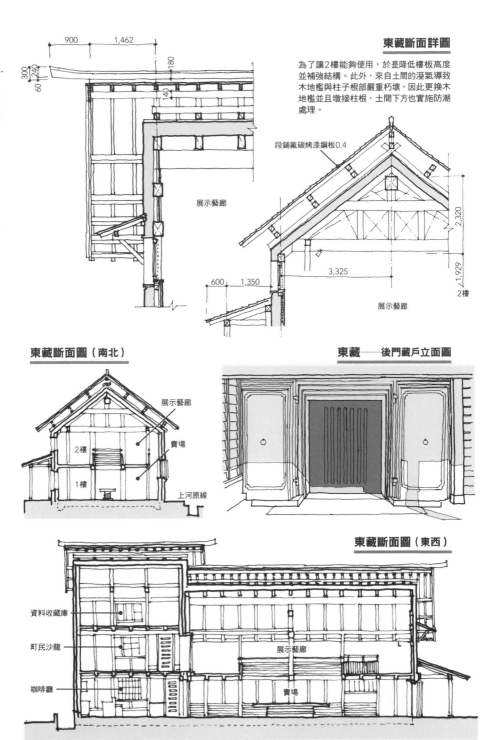

東藏斷面詳圖

為了讓2樓能夠使用，於是降低樓板高度並補強結構。此外，來自土間的溼氣導致木地檻與柱子根部嚴重朽壞，因此更換木地檻並且墩接柱根，土間下方也實施防潮處理。

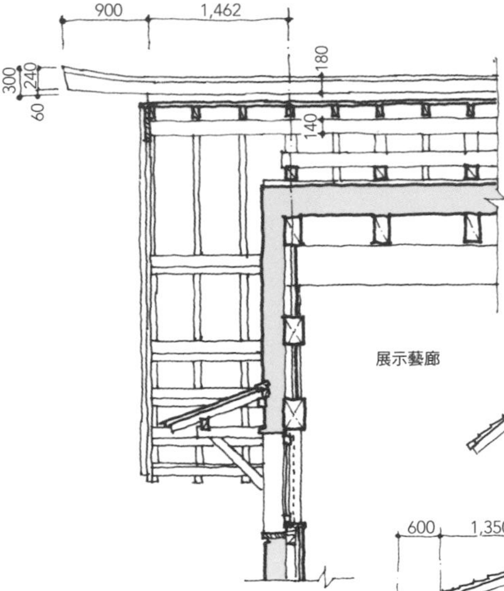
900
1,462
300
240
60
180
140
展示藝廊

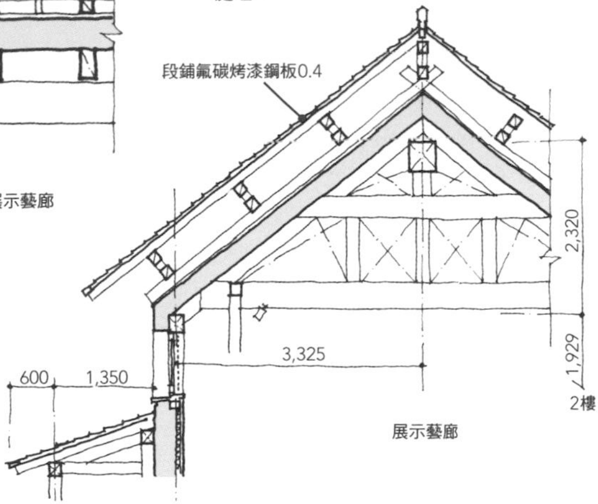
段鋪氟碳烤漆鋼板0.4
2,320
3,325
1,929
600
1,350
2樓
展示藝廊

東藏斷面圖（南北）

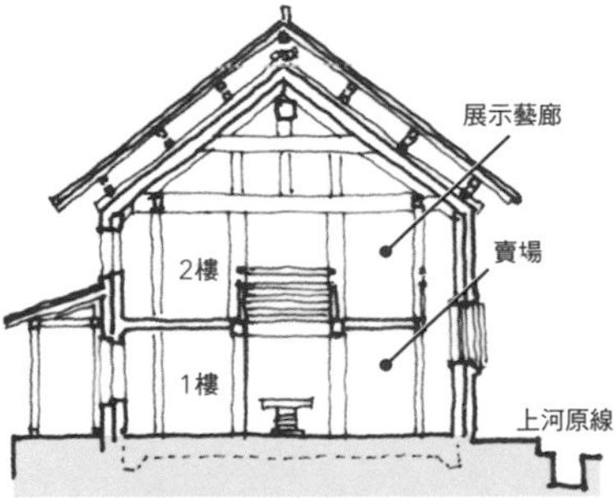
展示藝廊
賣場
2樓
1樓
上河原線

東藏——後門藏戶立面圖

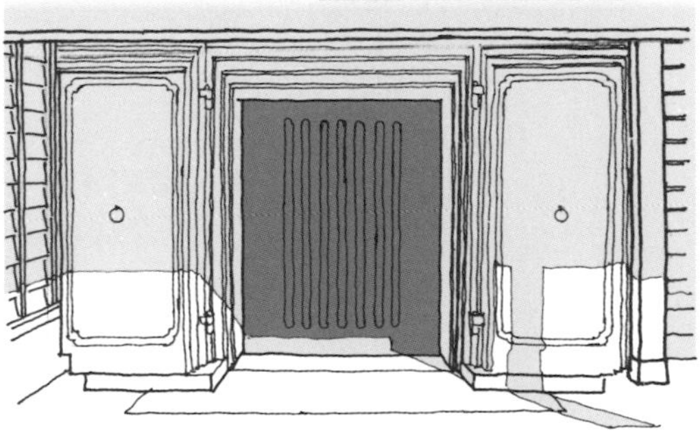

東藏斷面圖（東西）

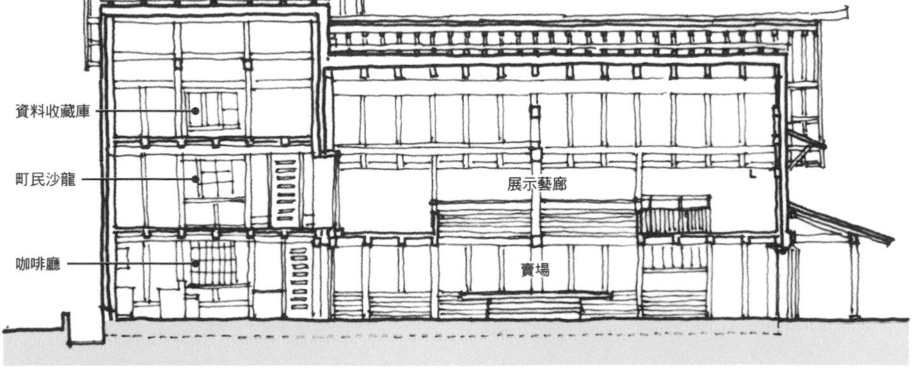
資料收藏庫
町民沙龍
咖啡廳
展示藝廊
賣場

設計：林寬治＋片山和俊

整修西藏

丸小藏・4

整修西藏的基本方針跟東藏一樣。1樓當作展示金山町民生活文化歷史資料的空間，2樓則是展示至今的社區營造活動與成果，以及舉辦人數不多的說明會或演講會的空間。入口旁邊略大的圓梯是要方便人前往2樓。另外，因為藏的後側面向波斯特沙龍的後庭，於是發揮這點在1樓展示室後側的開口部設置露臺。

由於西藏跟東藏一樣都是收納藏，整修時為了確保牆面的展示空間，降低2樓的樓板高度，並在1樓外牆內側加裝柱子補強，支撐2樓樓板。

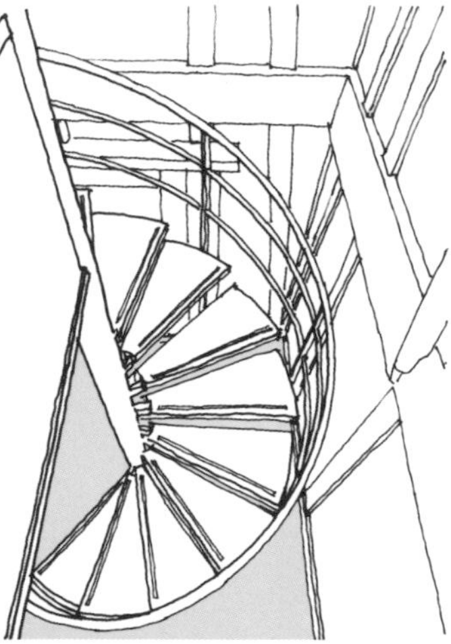

丸小藏・西藏
——通往社區營造展示室的圓梯

觀察丸小藏・西藏

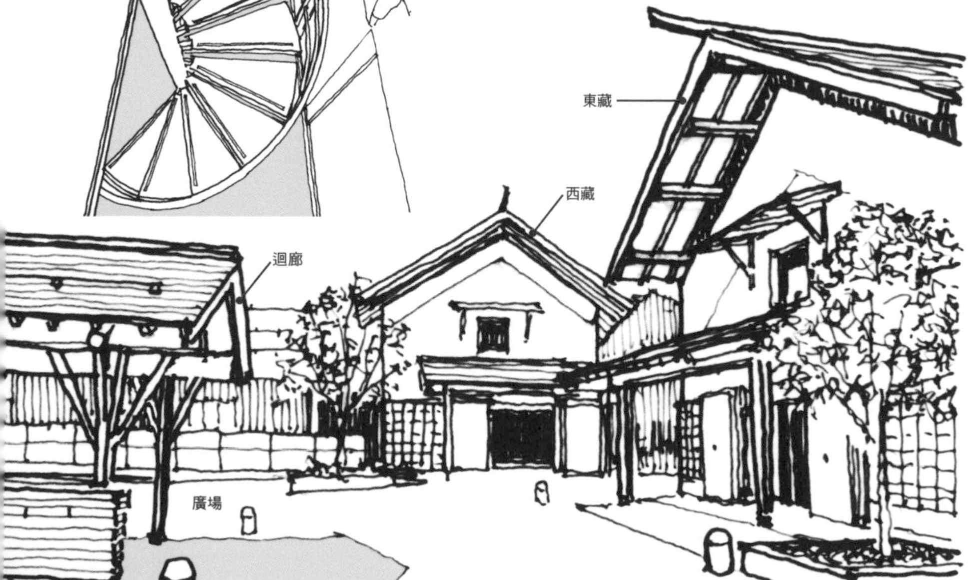

整修西藏——降低2樓的樓板高度，補強結構

（原有）　　（改修後）

使用形態

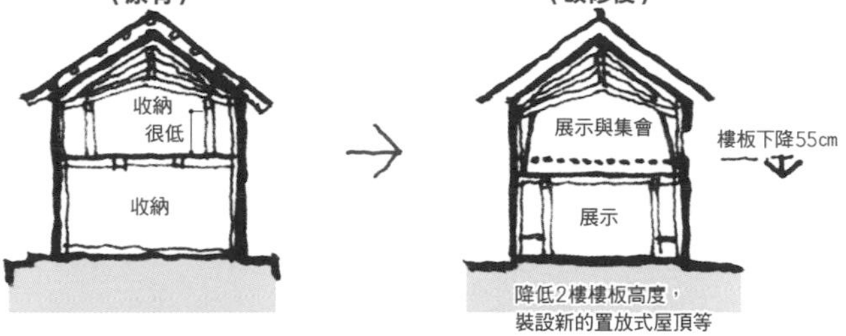
收納
很低
收納
展示與集會
展示
樓板下降55cm
降低2樓樓板高度，
裝設新的置放式屋頂等

修改形態

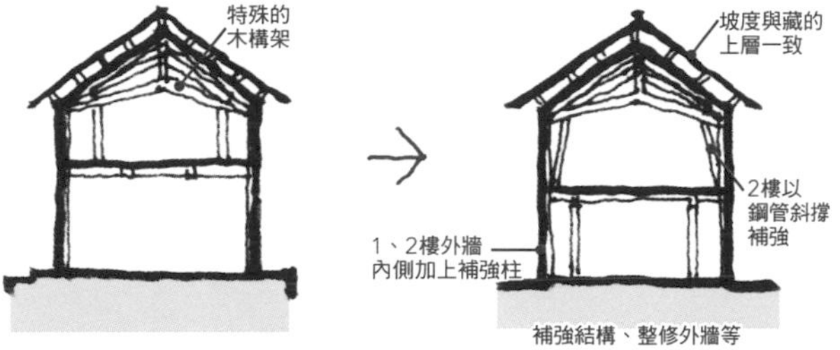
特殊的
木構架
坡度與藏的
上層一致
2樓以
鋼管斜撐
補強
1、2樓外牆
內側加上補強柱
補強結構、整修外牆等

由於撤除2樓兩側的收納空間，這邊使用圓形鋼管補強（下圖）。雖然溼氣與木地檻、柱根的腐朽情況不如東藏嚴重，不過西藏同樣在土間下方實施防潮處理，以及裝設新的置放式屋頂。

丸小藏・西藏斷面圖

（西藏東西斷面圖）

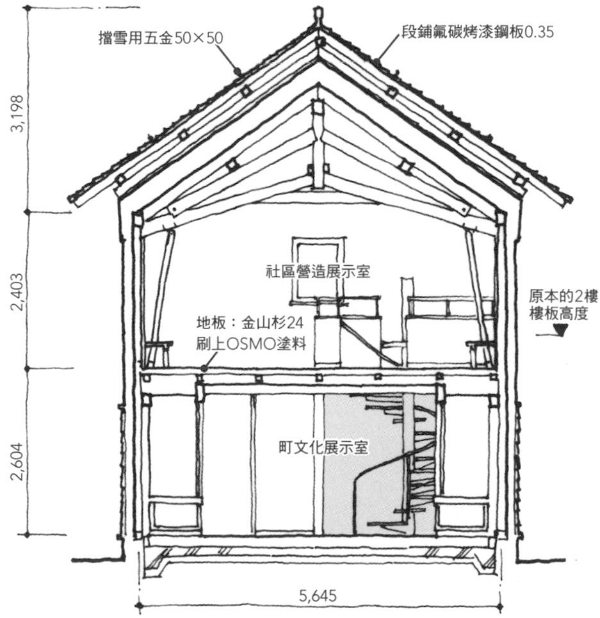
擋雪用五金50×50
段鋪氟碳烤漆鋼板0.35
3,198
2,403
2,604
社區營造展示室
地板：金山杉24
刷上OSMO塗料
原本的2樓
樓板高度
町文化展示室
5,645

（西藏2樓補強詳圖）

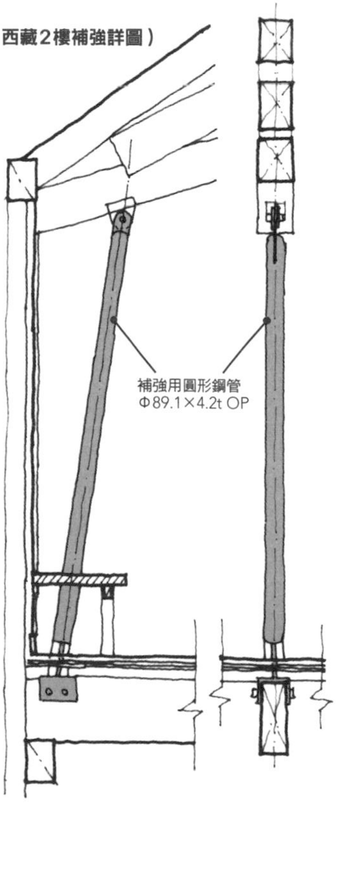
補強用圓形鋼管
Φ89.1×4.2t OP

設計：林寬治＋片山和俊　西藏結構：西村和雄

連接郊外的木造廊橋

木心橋・1［2004年］

金山町的中心市區，被金山川分成2個地區。原有的金山橋為羽州街道・舊國道13號的一部分，連接中心地區與羽場地區，在歷史上也扮演了重要角色，現在的國道13號開通以後依然作為通往中心部的交通路線。1977年改建成現在的橋，後來因車輛大型化以及通行量增加，要求設置人行道的聲浪隨之高漲。此外，由於小學併校或廢校，羽場地區的孩童改為就讀中心地區的金山國小。於是，最後決定在原有的橋旁邊架設一座平行的人行道橋。新設的人行道橋命名為「木心橋（きごころ橋）」，期盼能成為一座感受得到木頭的溫暖，以及促進人與人交流的橋梁。

從國道13號的方向眺望木心橋

木心橋是朝著「無論哪個季節皆可安全舒適地通行，景觀與金山的大自然調和，發揮金山杉與金山木匠、工匠的技術」這個方向規劃而成。

設計：片山和俊

木心橋・平面圖

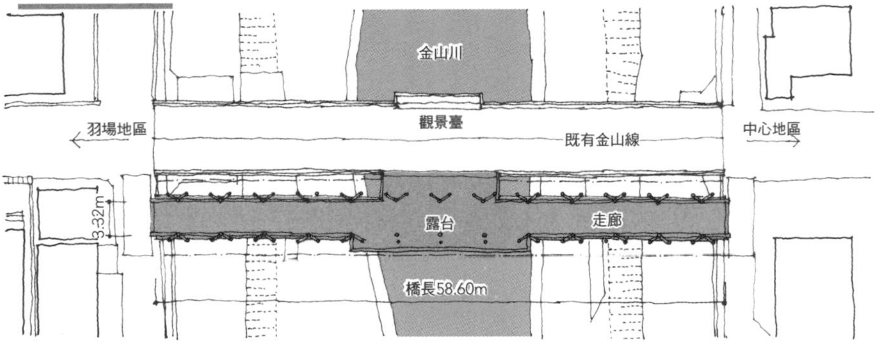
金山川
觀景臺
羽場地區
中心地區
既有金山線
3.32m
露台
走廊
橋長58.60m

木心橋・立面圖

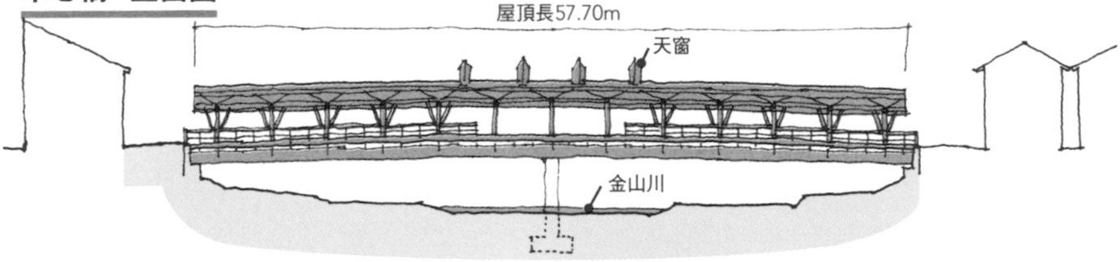
屋頂長57.70m
天窗
金山川

橋的局部詳圖

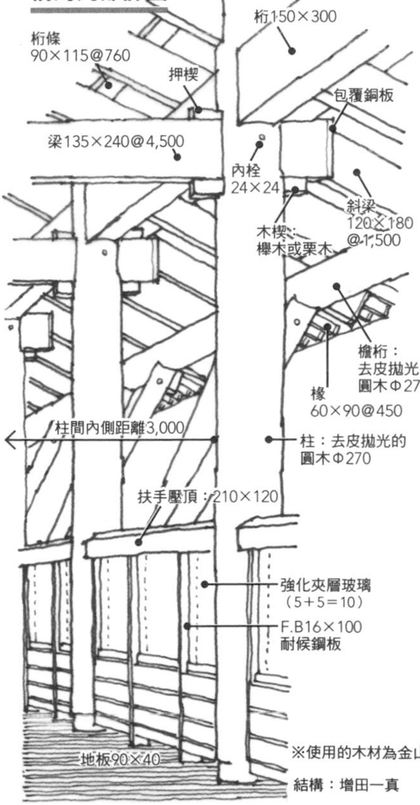
桁150×300
桁條
90×115@760
押楔
包覆銅板
梁135×240@4,500
內栓
24×24
木楔：
櫸木或栗木
斜梁
120×180
@1,500
檐桁：
去皮拋光的
圓木Φ270
椽
60×90@450
柱間內側距離3,000
柱：去皮拋光的
圓木Φ270
扶手壓頂：210×120
強化夾層玻璃
（5+5=10）
F.B16×100
耐候鋼板
地板90×40

※使用的木材為金山杉

結構：增田一真

木心橋的位置

木心橋
擴大後的主要計畫範圍
（羽場地區）
金山川
之前的主要計畫範圍
（中心地區）

因架設了木心橋，主要計畫的範圍隨之擴大。

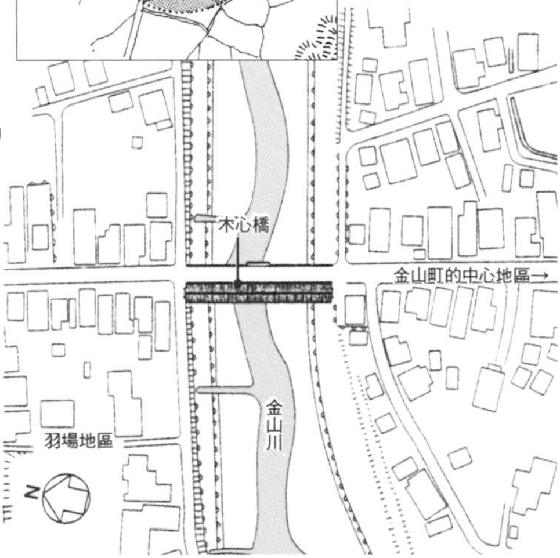
木心橋
金山町的中心地區→
金山川
羽場地區
N

展示金山杉與金山木匠的技術

木心橋・2

長 這座長58.6公尺、寬3公尺的木造廊橋，起初一直在研究與討論，包括橋桁在內全都要採用木造。但是，要架設跨距30公尺的木構橋相當困難，就算解決結構方面的問題，也無法擁有融入景色的外觀，以及不影響從橋上望去的自然風光、美麗遠景的形態。而且採用木結構的話，可以想見維修保養費用會逐年增加，所以最後將橋桁變更為耐候鋼。考量到仰望這座橋時鋼梁與木結構的視覺一體感，鋼桁部分加上維修保養時所需的構件，藉此增添陰影。木結構部分則運用傳統構法的智慧組裝，例如在梁柱部分使用木楔與內栓等等。

木心橋・天窗部分詳圖

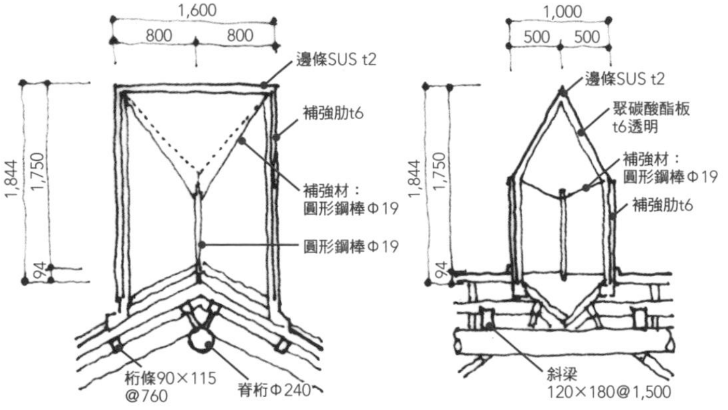
1,600
800
800
邊條SUS t2
補強肋t6
1,844
1,750
94
補強材：
圓形鋼棒Φ19
圓形鋼棒Φ19
桁條90×115
@760
脊桁Φ240
1,000
500
500
邊條SUS t2
聚碳酸酯板
t6透明
補強材：
圓形鋼棒Φ19
補強肋t6
1,844
1,750
94
斜梁
120×180@1,500

木心橋・斷面圖

橋的中段設置了4個天窗，除了補充橋內部的亮度，夜間也會如燈塔的燈室般於黑暗中發亮。這是為了減輕前往對岸的不安而設置的。

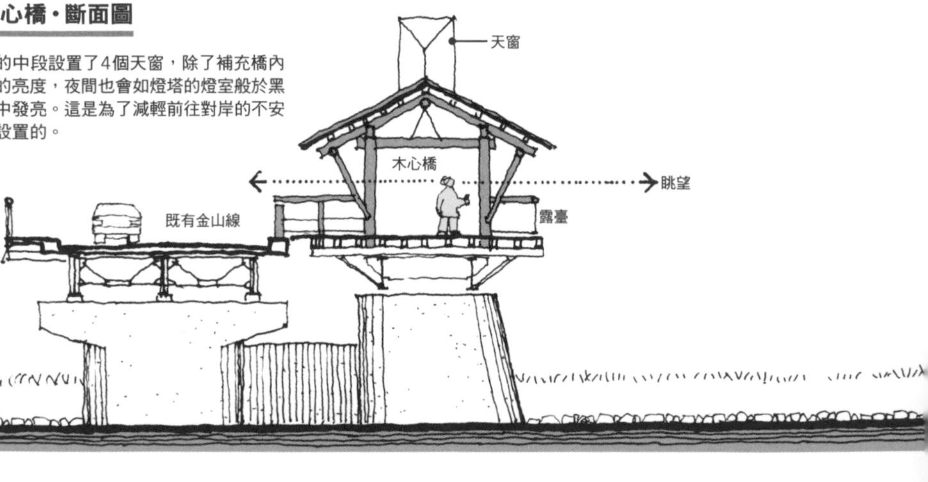
天窗
木心橋
眺望
既有金山線
露臺

木心橋・脊桁支撐用五金詳圖

加上屋頂的木結構部分是運用傳統構法的智慧組裝，例如在梁柱部分使用木楔與內栓等等。另外，承受脊桁的斜撐採用細鋼管構架，好讓人感受到屋頂內側的連續性。

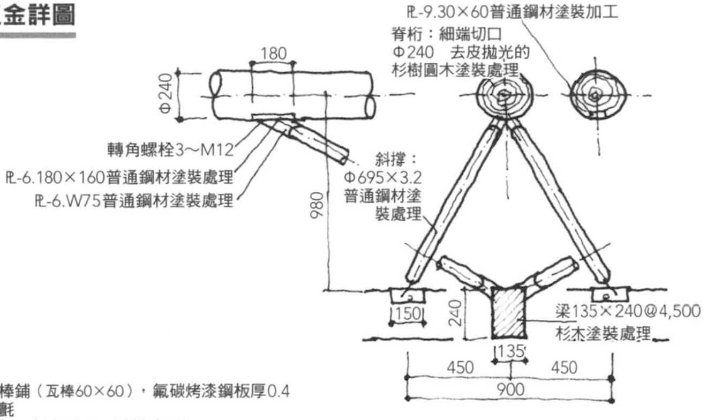

PL-9.30×60普通鋼材塗裝加工
脊桁：細端切口
Φ240　去皮拋光的
杉樹圓木塗裝處理
180
Φ240
轉角螺栓3～M12
PL-6.180×160普通鋼材塗裝處理
PL-6.W75普通鋼材塗裝處理
斜撐：
Φ695×3.2
普通鋼材塗
裝處理
980
150
240
135
梁135×240@4,500
杉木塗裝處理
450
450
900

木心橋・斷面詳圖

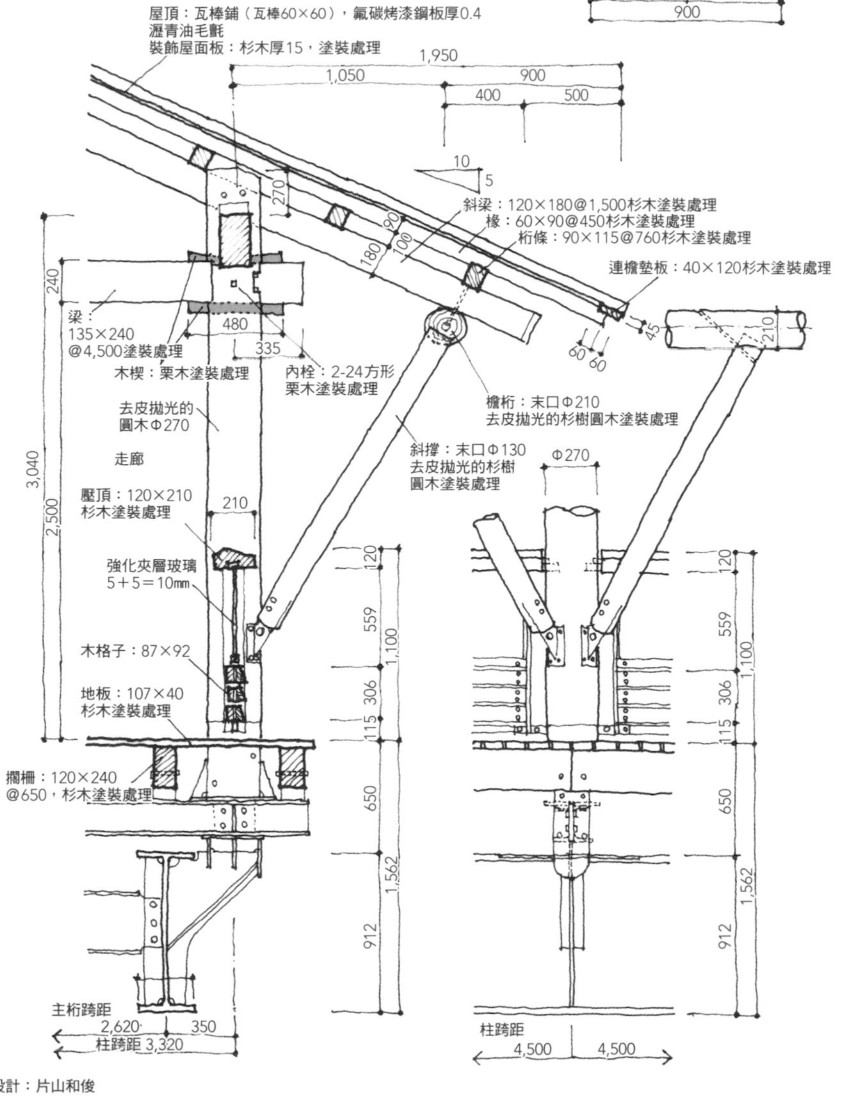

屋頂：瓦棒鋪（瓦棒60×60），氟碳烤漆鋼板厚0.4
瀝青油毛氈
裝飾屋面板：杉木厚15，塗裝處理
1,950
1,050
900
400
500
10
5
270
斜梁：120×180@1,500杉木塗裝處理
椽：60×90@450杉木塗裝處理
桁條：90×115@760杉木塗裝處理
90
100
180
連檐墊板：40×120杉木塗裝處理
240
梁：
135×240
@4,500塗裝處理
480
335
木楔：栗木塗裝處理
內栓：2-24方形
栗木塗裝處理
45
210
60
60
簷桁：末口Φ210
去皮拋光的杉樹圓木塗裝處理
去皮拋光的
圓木Φ270
走廊
斜撐：末口Φ130
去皮拋光的杉樹
圓木塗裝處理
Φ270
3,040
2,500
壓頂：120×210
杉木塗裝處理
210
強化夾層玻璃
5＋5＝10mm
木格子：87×92
地板：107×40
杉木塗裝處理
120
559
306
115
1,100
650
1,562
912
擱柵：120×240
@650，杉木塗裝處理
主桁跨距
2,620
350
柱跨距 3,320
柱跨距
4,500
4,500

設計：片山和俊

延伸水綠小徑的連結

羽場兒童公園（2015年）

這項計畫是整修原有的兒童公園，主要內容為提高運動廣場的地面排水功能、新設休憩所、重建公共廁所、新增遊具等等。此計畫是將過了木心橋後的河岸道路，至橫越公園、位在西邊位置較高的町道這一條通路，視為「水綠小徑」的延長。

休憩所與小徑盡可能保留既有樹木，而休憩所與公共廁所則配置在聚落的起點位置，於小徑的兩側相望。休憩所所建在可眺望運動公園的位置上，算是小型版的丸小藏迴廊，能使人意識到公園與城鎮中心部的連結。

羽場兒童公園——小徑經由休憩所繞行

延伸水綠小徑網絡

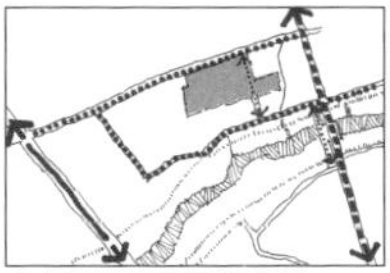
●小徑橫穿公園的意義

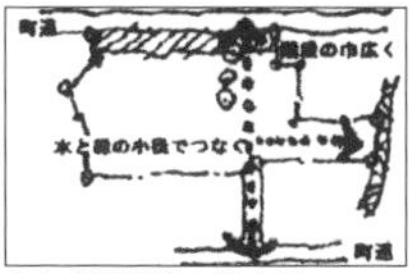
●在公園保留水綠小徑

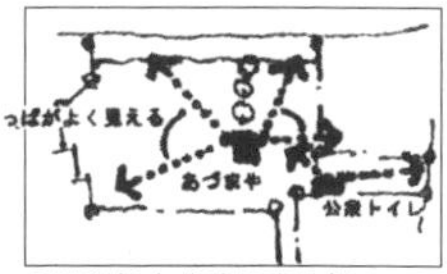
●以自然方式確保安全性

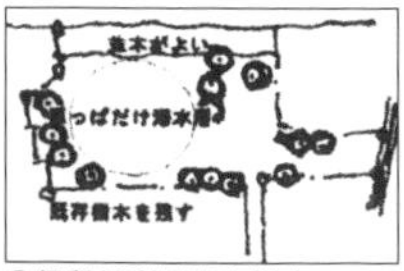
●保留並利用既有樹木

●發揮公園斷面的特徵

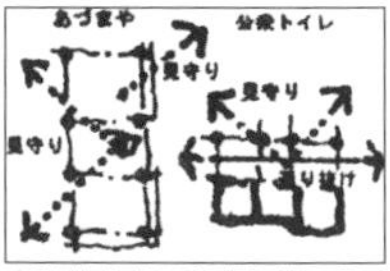
●設施是公園與小徑的一部分

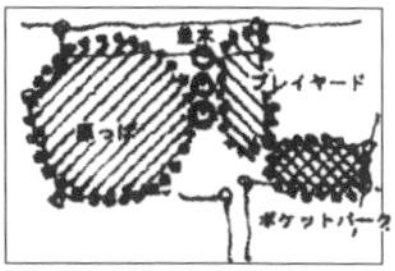
●發揮3塊區域的特徵

從公共廁所看向休憩所

公共廁所
休憩所

公共廁所是設定有條小徑穿過屋頂下方連接東邊的水渠，人可以走這條小徑繞過去休息。

羽場兒童公園的配置圖

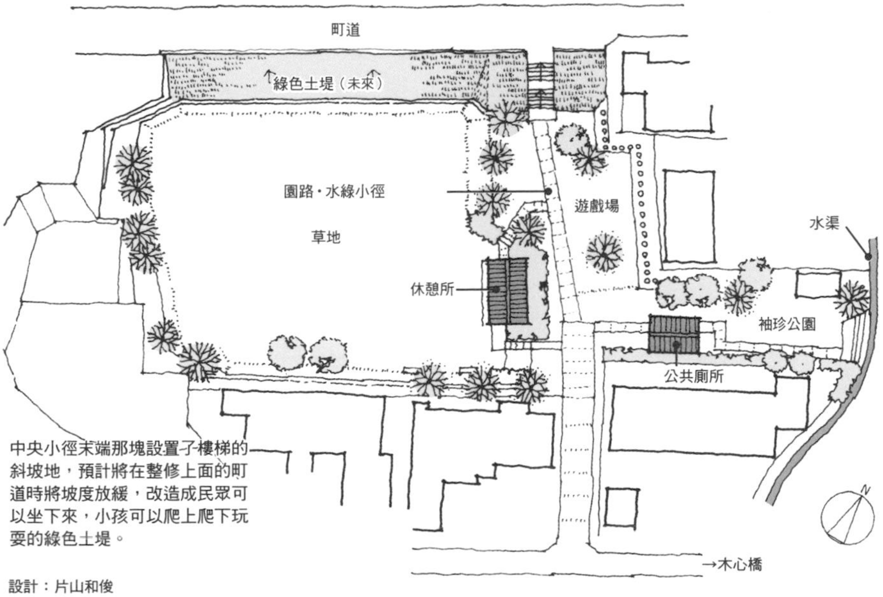
町道
綠色土堤（未來）
園路・水綠小徑
草地
遊戲場
休憩所
水渠
袖珍公園
公共廁所
→木心橋
N

中央小徑末端那塊設置了樓梯的斜坡地，預計將在整修上面的町道時將坡度放緩，改造成民眾可以坐下來，小孩可以爬上爬下玩耍的綠色土堤。

設計：片山和俊

設計：片山和俊

COLUMN

展示町民製作的水車

金山社福公園

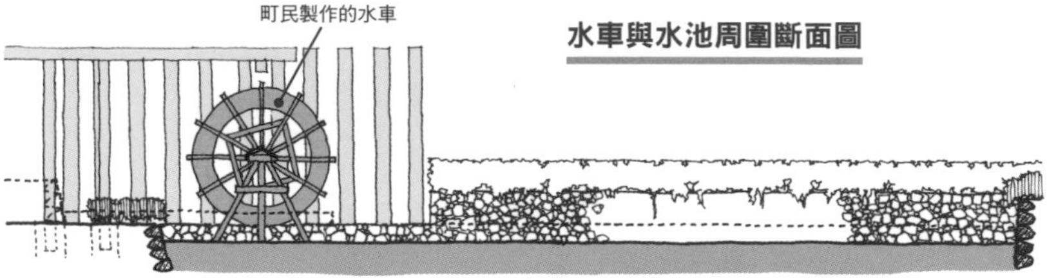

町民製作的水車

水車與水池周圍斷面圖

金山社福公園配置圖

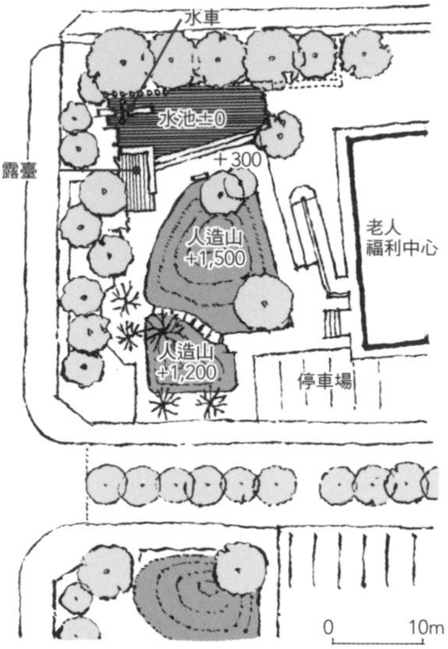

水車
水池±0
露臺
+300
人造山
+1,500
人造山
+1,200
老人
福利中心
停車場
0
10m

水池露臺部分詳圖

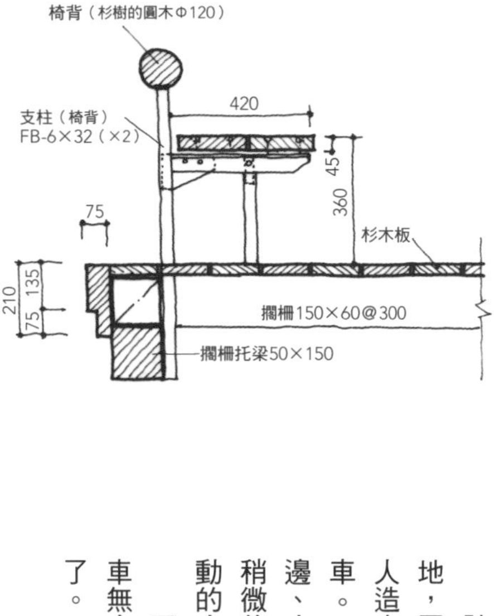

椅背（杉樹的圓木Φ120）
支柱（椅背）
FB-6×32（×2）
420
45
360
75
杉木板
210
135
75
擱柵150×60@300
擱柵托梁50×150

金山町中心地區的南邊，有個集合老人福利中心與醫院等機構的社福區。金山社福公園，便是建置在其中一隅的小型公園計畫。

考量到區域的門戶性，小公園的位置橫跨社福區的入口道路。當初擬定這項計畫時就規劃，要在這裡展示町民製作的水車。

計畫地原本是平坦的平凡土地，因此在前面打造一大一小的人造山，最內側則設置水池與水車。這樣的安排能讓人從水池邊、水池上的露臺木製長椅，或稍微後面的人造山，欣賞緩慢轉動的水車。

可惜製作的町民去世後，水車無人保養修繕，現在已經撤掉了。

第4章

設計有魅力的建築物

建築物不會單獨存在。建築與周圍或環境的關係很重要。此外，最好還要能讓使用者用得舒適，不會覺得膩。金山町的各項設施雖然不豪華，但以呼應自然環境為基本原則，目標是打造能令町民引以自豪的設施。而這些設施皆刻意展現金山杉的美與金山木匠的技術。

3/4尋：玄關的寬度

打造以金山杉山林為背景的幼稚園

舊・芽生幼稚園［1976年］、現・可愛寶貝芽生之森［2018年］

總部位在千葉縣我孫子市的芽生幼稚園，是井上園長應金山町的邀請，共同挑戰在山間村鎮興辦幼兒教育所獲得的成果。基地是町議會議員號召聚落各組長推薦候選地，最後從中選出接近金山町中心部，交通方面的危險也少，自然環境豐富，日照又好的最佳地點。設計的基本方針是，冬季不會直迎從日本海這邊吹來的西北風，採使用金山杉的木造平房形式，而且因為降雪期長，要設置多用途的遊戲與運動空間。為避免積雪期發生落雪的危險，整個園舍的雨庇都加深，選用粗壯的結構材，並且設置許多雪擋。

畫上彩虹的多用途遊戲室

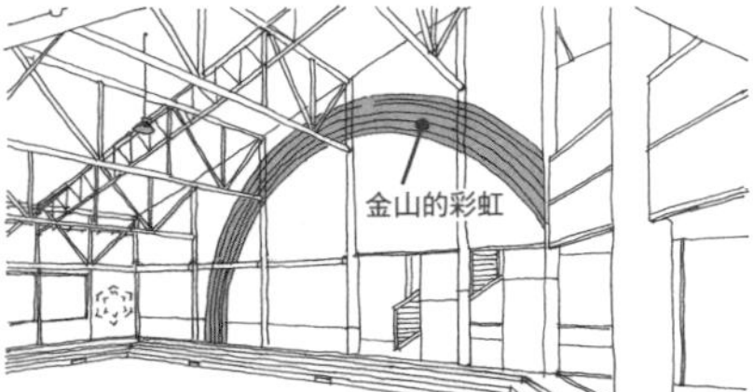
金山的彩虹

畫在牆面上的金山彩虹，是孩子們在雨後常見的自然現象，亦是小時候對故鄉的美好回憶。

芽生幼稚園設施配置圖

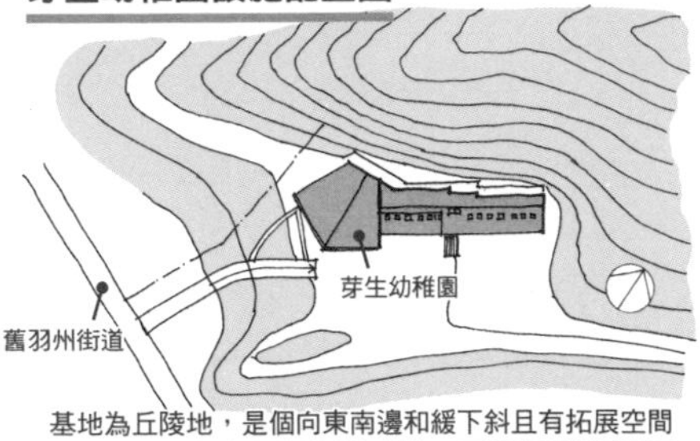
芽生幼稚園
舊羽州街道

基地為丘陵地，是個向東南邊和緩下斜且有拓展空間的環境。北邊略陡的斜坡為杉林，西邊的町道是舊羽州街道。

芽生幼稚園平面圖與立面圖

小班教室靠近多用途遊戲室與廁所。已適應幼稚園生活的大班教室，則位在斜度和緩的樓梯後面。考量當地年雨量有2,000㎜，嘗試在各教室之間設置室內沙場。

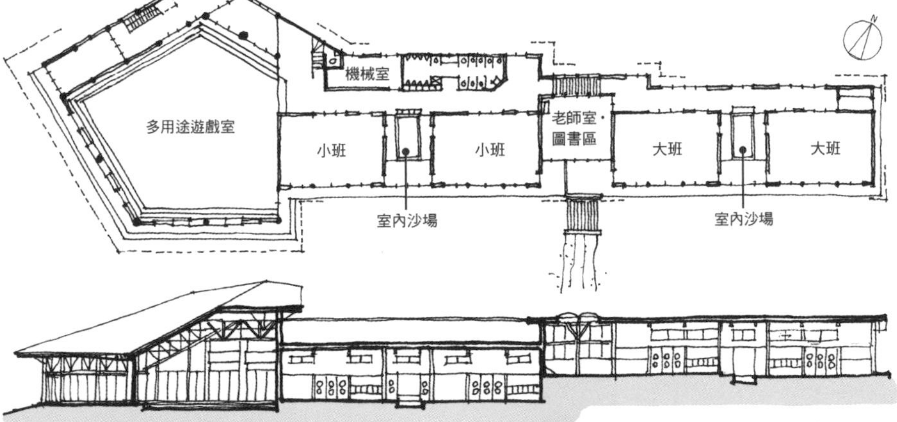
機械室
多用途遊戲室
小班
小班
老師室・圖書區
大班
大班
室內沙場
室內沙場

沒有設置防雪籬，冬季會在主入口架設木造防雪通道。

遊戲室與所有房間都面向南邊。可隨意從中庭出入外部。

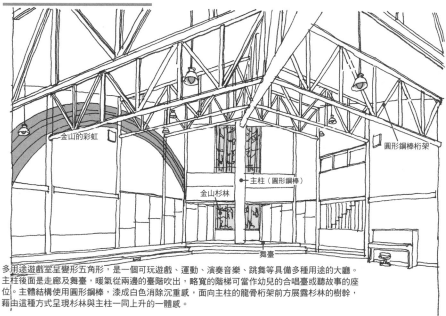

以金山的杉林為背景建設

北邊為杉林，朝東南方傾斜的緩坡前方是一片田地，這樣的環境堪稱是幼兒們的樂園。外牆面使用經過燒杉處理的金山杉木材。竣工時，金山町當局相關人士開心表示，終於能讓所有孩子接受幼兒保育了。

呈變形五角形的多用途遊戲室

金山的彩虹
圓形鋼棒桁架
主柱（圓形鋼棒）
金山杉林
舞臺

多用途遊戲室呈變形五角形，是一個可玩遊戲、運動、演奏音樂、跳舞等具備多種用途的大廳。主柱後面是走廊及舞臺，暖氣從兩邊的臺階吹出，略寬的階梯可當作幼兒的合唱臺或聽故事的座位。主體結構使用圓形鋼棒，漆成白色消除沉重感，面向主柱的龍骨桁架前方展露杉林的樹幹，藉由這種方式呈現杉林與主柱一同上升的一體感。

設計：林寬治

增改建負責地區幼兒保育的舊保育園

舊・金山町保育園［1977年］、現・金山之家（支援設施）［2019年］

金山町保育園在戰後不久的1949年開設，一手包辦町內的幼兒保育，但過了將近30年後已不符合現狀。設施本身也逐漸老化，因此需要大規模翻修。另外，芽生幼稚園在前一年（1976年）開設，所以必須建立體制讓町內所有孩童都能接受幼兒保育，並講求兩者環境的調和。保育園可讓0歲以上的幼兒入園，保育與供餐的動線則按區塊規劃，方便因應孩童的行動分開或合作。遊戲室夾在中間，廚房與餐廳區以及零歲幼兒保育室、小班與大班教室、辦公室全都面向南邊。

金山町保育園平面・立面・斷面圖

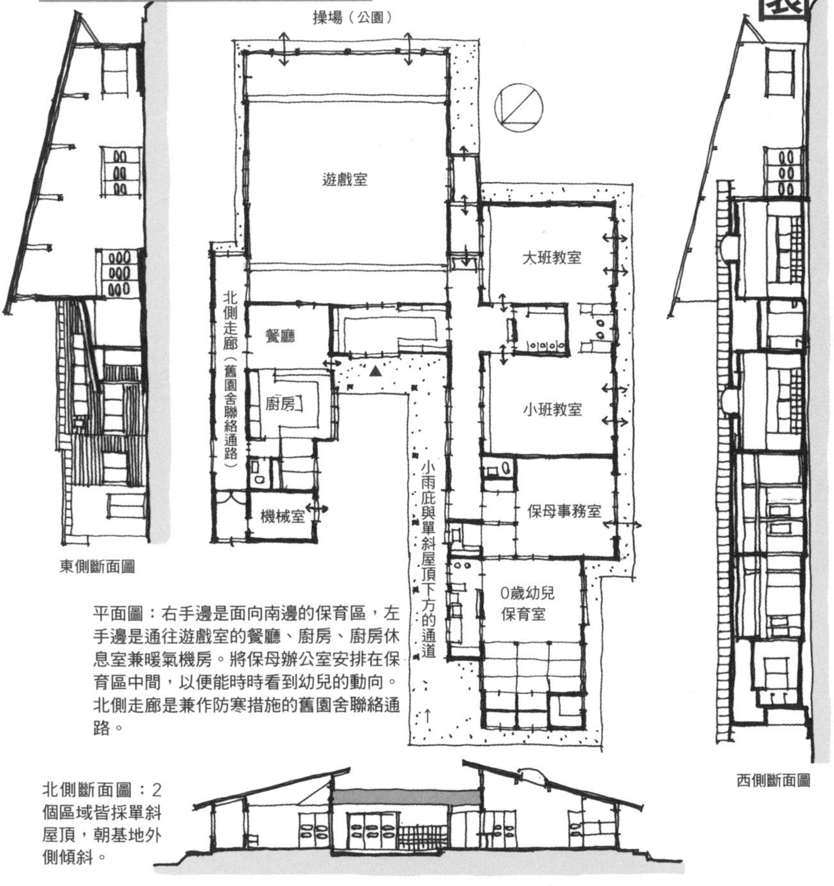
操場（公園）
遊戲室
大班教室
北側走廊（舊園舍聯絡通路）
餐廳
廚房
小班教室
機械室
保母事務室
小雨庇與單斜屋頂下方的通道
0歲幼兒
保育室

東側斷面圖

平面圖：右手邊是面向南邊的保育區，左手邊是通往遊戲室的餐廳、廚房、廚房休息室兼暖氣機房。將保母辦公室安排在保育區中間，以便能時時看到幼兒的動向。北側走廊是兼作防寒措施的舊園舍聯絡通路。

北側斷面圖：2個區域皆採單斜屋頂，朝基地外側傾斜。

西側斷面圖

以寺山為背景興建的園舍

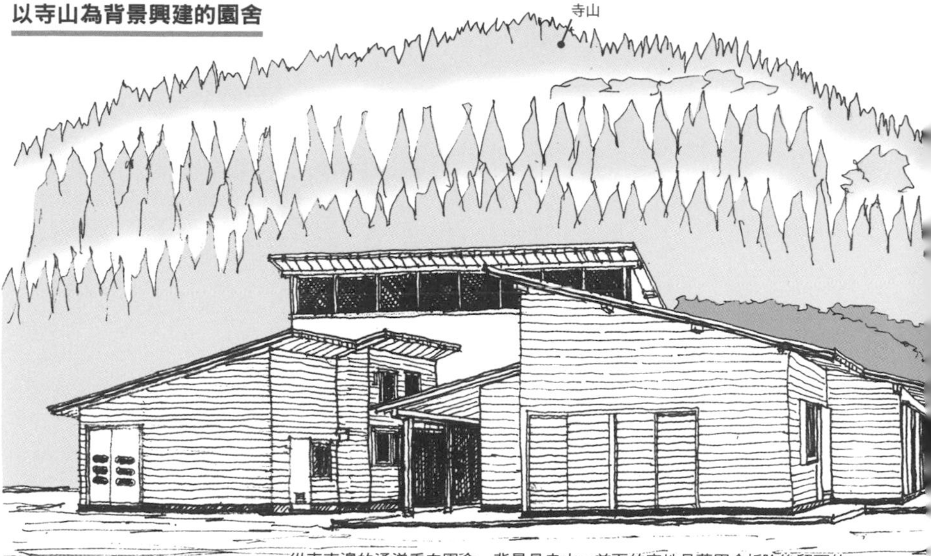
寺山

從東南邊的通道看向園舍。背景是寺山。前面的空地是舊園舍拆除後留下的土地，亦是與鄰接的七日町公民館共用的冬季堆雪空間。

因應積雪寒冷期的全天候型遊戲室

木造夾梁桁架為跨距10.0m×1.5mh，斜材與防晃橫木以16Φ及19Φ鋼棒補強。
畫了各種動物的壁畫
暖氣從階梯豎板吹出，再回到窗戶下方地板的網面回風口。

設計：林寛治

北國的漫長冬季也能開朗元氣地學習的小學校舍

町立金山國小校舍［1978年］、町立金山國小室內運動場（兼作成人教育設施）［1979年］

金山國小是中央小學，位在距離金山町中心非常近的楯山南麓。這所小學曾在明治末期與昭和19年（1944年）1月遭逢火災，兩次都使校舍付之一炬，因此後來改建時，町教育委員會從一開始就決定興建RC結構校舍。考量朝南的基地形狀，決定配合楯山的東西線使軸線並行，然後將室內運動場與學校游泳池等，各種設施與設備安排在合理的位置上。採取小巧緊湊的平面計畫。考量冬季天空時常烏雲密布，所有的普通教室都面向南邊，呈H型的校舍兩翼分別是2層樓的低年級棟，以及3層樓的中高年級棟，後者中廊下方的南側是普通教室，北側則是特殊教室群。

設施配置圖

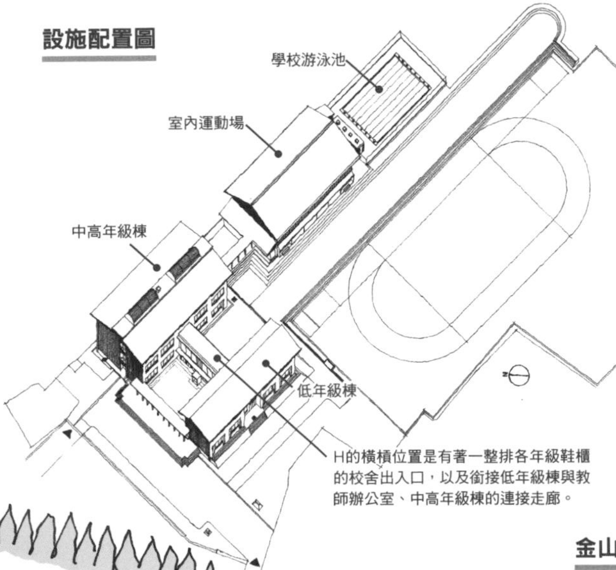
學校游泳池
室內運動場
中高年級棟
低年級棟
H的橫楨位置是有著一整排各年級鞋櫃的校舍出入口，以及銜接低年級棟與教師辦公室、中高年級棟的連接走廊。

金山國小正面

1樓平面圖

室內運動場使用暖氣鍋爐，透過上方的環狀風管將暖氣吹向地板，再從地板下面回到鍋爐，以這種方式循環。我們認為這是社會教育設施該有的裝置。

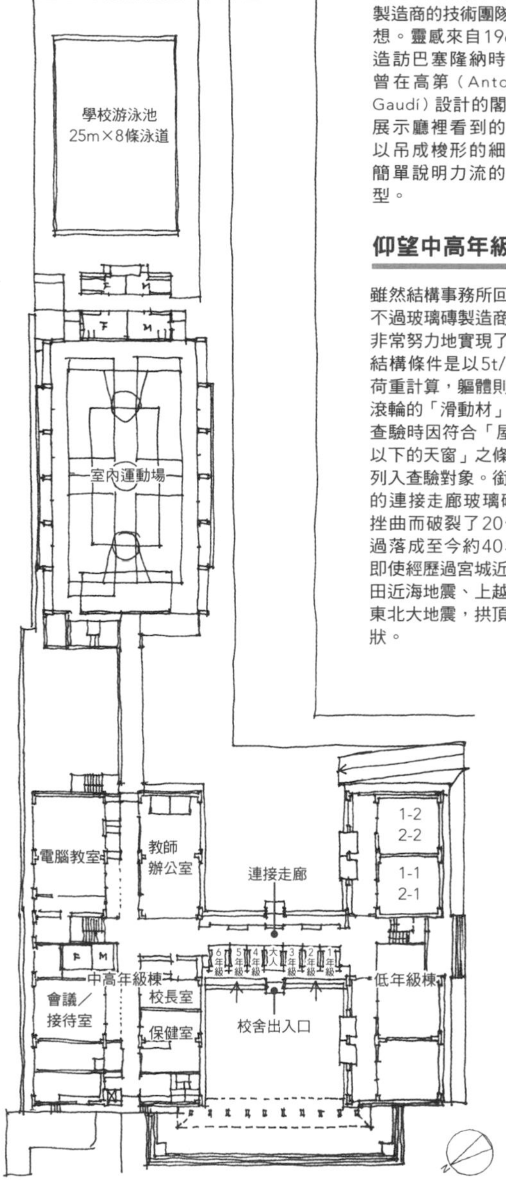

校舍兩翼各個房間的暖氣，採用中央供油的強制排氣型暖氣機，一直使用到現在。由於地處寒冷地區，原本沒裝設冷氣，之後為因應地球暖化問題，而在2019年給教室加裝了冷氣機。

設計：林寬治

採光天花板——玻璃拱頂

我們考慮以玻璃磚打造拱頂，來解決中高年級棟2、3樓中廊光線不足的問題，於是向負責此案的結構事務所及玻璃磚製造商的技術團隊提出這個構想。靈感來自1964年跟朋友造訪巴塞隆納時，曾在高第（Antoni Gaudí）設計的閣樓展示廳裡看到的、以吊成梭形的細繩簡單說明力流的模型。

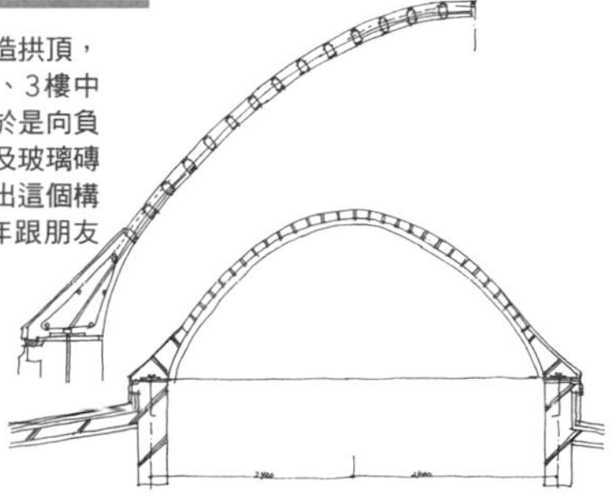

仰望中高年級棟的拱頂

雖然結構事務所回絕了我們，不過玻璃磚製造商的技術團隊非常努力地實現了這個構想。結構條件是以5t/㎡的耐積雪荷重計算，軀體則以應該稱為滾輪的「滑動材」連接。竣工查驗時因符合「屋頂面積1/8以下的天窗」之條件，所以不列入查驗對象。銜接校舍兩翼的連接走廊玻璃磚牆2mh因挫曲而破裂了20個左右，不過落成至今約40年的期間，即使經歷過宮城近海地震、秋田近海地震、上越近海地震與東北大地震，拱頂依然保持原狀。

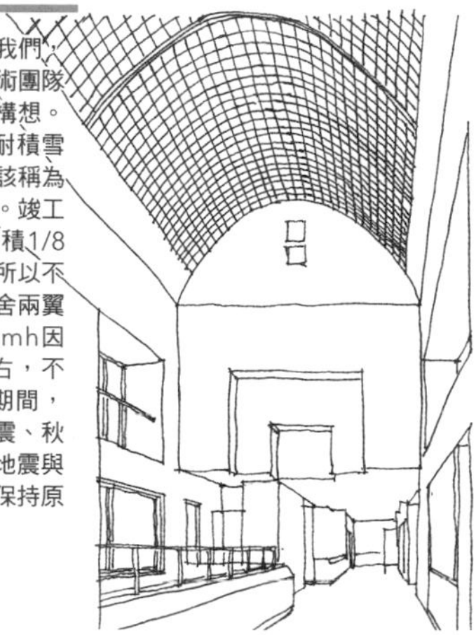

中高年級棟拱頂等角圖

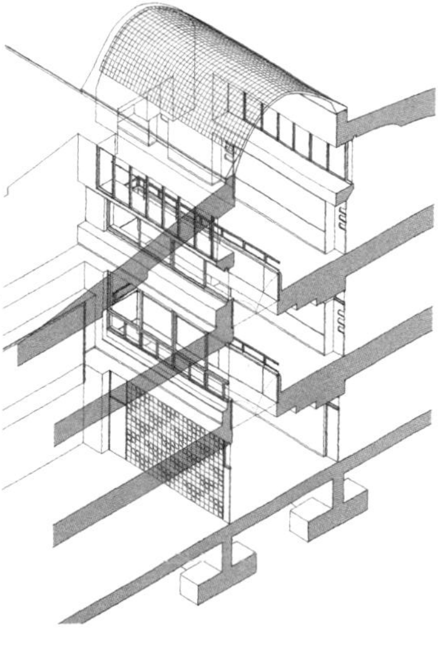

具備多用途町民廳的公所辦公廳舍

金山町公所辦公廳舍［1980年］

從前是把1891年（明治24年）興建的民事法院宿舍（木造平房）當作辦公室，而第二次世界大戰時蓋的平房部分，則當成兼作會議室的議場及町長室使用。

新建辦公廳舍時，因原址位在金山町中心部的旗竿地內側，無法就地重建，於是買下鄰接的町屋，這才符合基地條件，讓公所建築物得以在七日町街露出正面。

有別於教育設施與醫療設施，金山町的前提方針是不將費用花在行政設施上，因此我們先請町公所告知各部課所需的面積，然後決定將町議會議場納入建築物內，而町公所也同意設置多用途町民廳這個自由空間的構想。

這是提高町民與行政機關連帶感的舞臺與策略，再加上公所職員的精彩表現，相信可以發揮很大的運用效果。高度超過10公尺的變形四坡屋頂，原本的構想是要讓屋頂積雪自然落下，但直到今日都被認為很冒險而未獲得贊同。

面向七日町街的辦公廳舍正面

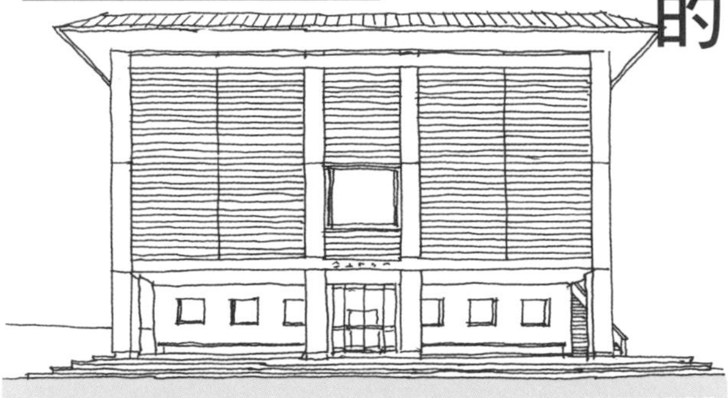

RC結構清水模軀體，配合金山國小以環氧樹脂塗料及聚氨酯塗料粉刷成淺芥黃色，正面柱子之間鋪設金山杉21t橫向壁板，消除忍受嚴冬的緊繃感與嚴肅感。另外，前幾年在前面的上下車門廊裝設了下屋頂。

2樓・町民廳（15m×12m×6.2mch）

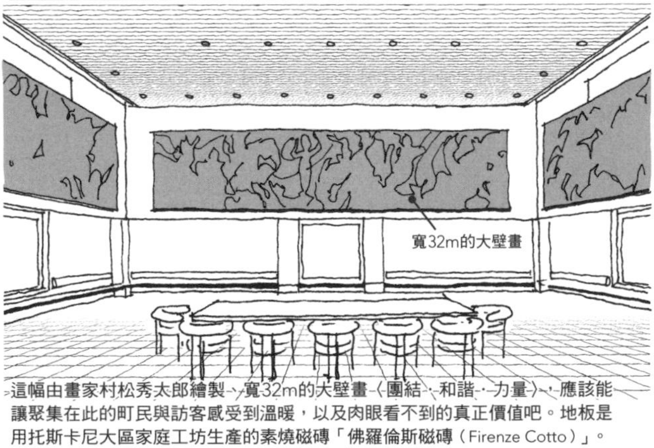

這幅由畫家村松秀太郎繪製、寬32m的大壁畫〈團結・和諧・力量〉，應該能讓聚集在此的町民與訪客感受到溫暖，以及肉眼看不到的真正價值吧。地板是用托斯卡尼大區家庭工坊生產的素燒磁磚「佛羅倫斯磁磚（Firenze Cotto）」。

設計：林寬治

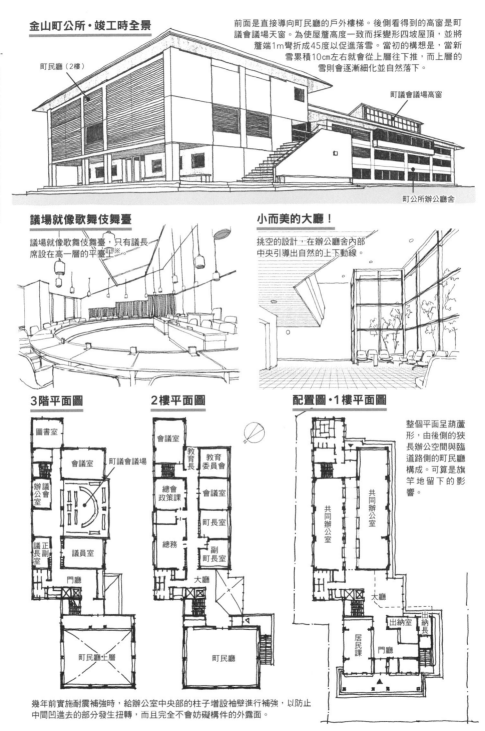

金山町公所・竣工時全景

前面是直接導向町民廳的戶外樓梯。後側看得到的高窗是町議會議場天窗。為使屋簷高度一致而採變形四坡屋頂，並將簷端1m彎折成45度以促進落雪。當初的構想是，當新雪累積10cm左右就會從上層往下推，而上層的雪則會逐漸細化並自然落下。

町民廳（2樓）
町議會議場高窗
町公所辦公廳舍

議場就像歌舞伎舞臺

議場就像歌舞伎舞臺，只有議長席設在高一層的平臺上※。

小而美的大廳！

挑空的設計，在辦公廳舍內部中央引導出自然的上下動線。

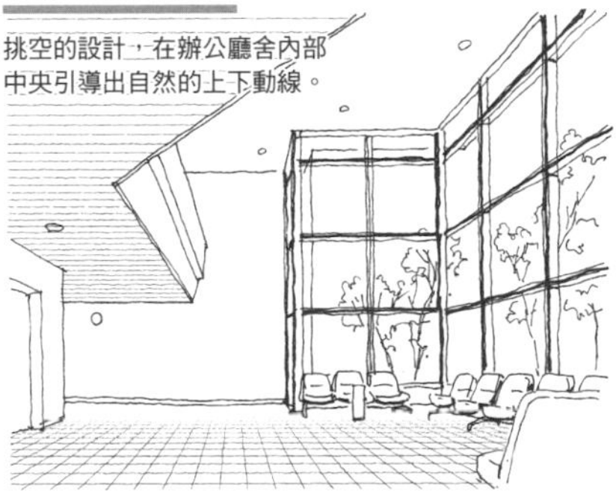

3階平面圖

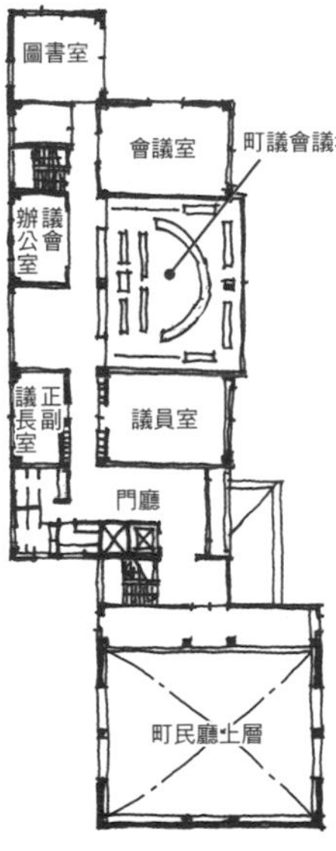
圖書室
會議室
町議會議場
辦公室
議會
議長室
正副
議員室
門廳
町民廳上層

2樓平面圖

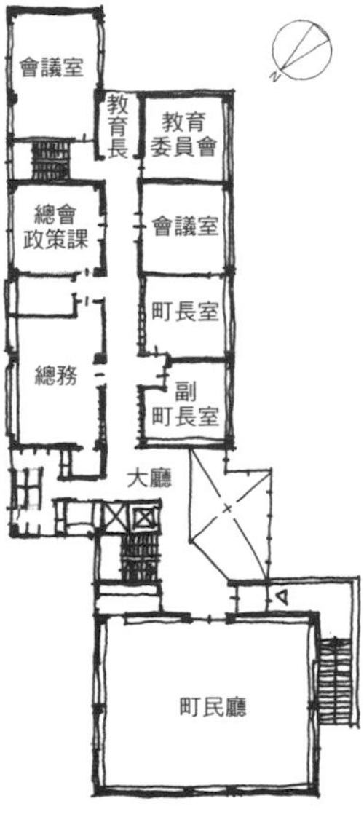
會議室
教育長
教育委員會
總會政策課
會議室
町長室
總務
副町長室
大廳
町民廳

配置圖・1樓平面圖

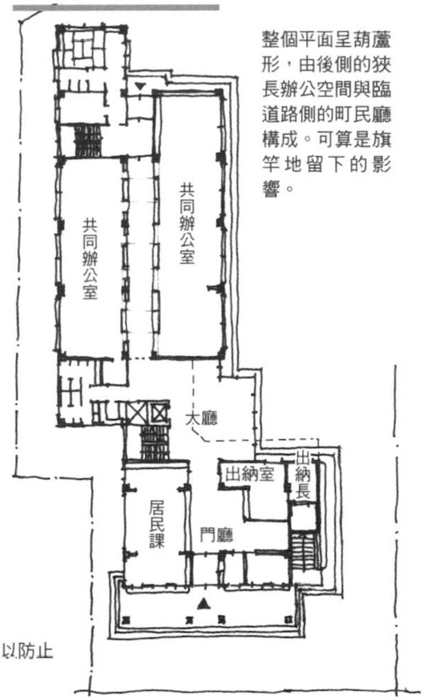
共同辦公室
共同辦公室
大廳
出納室
出納長
居民課
門廳

整個平面呈葫蘆形，由後側的狹長辦公空間與臨道路側的町民廳構成。可算是旗竿地留下的影響。

幾年前實施耐震補強時，給辦公室中央部的柱子增設袖壁進行補強，以防止中間凹進去的部分發生扭轉，而且完全不會妨礙構件的外露面。

※竣工時町議會議員名額為16名，自平成19年（2007年）起減為10名。議員席原本為半圓形，後來因為將桌子切斷而變成圓弧形，空間的沉穩感似乎也隨之減少了。個人覺得保留半圓形的桌子，將每位議員的位置拉寬會比較好。

增改建負責地區醫療的木造既有醫院

舊・金山町立醫院［1982年］、現・町立金山診所［2008年］

1 951年竣工並開業的舊町立醫院是2層樓的木造建築，規模雖小但對地區醫療貢獻良多。回顧1980年當時的町內醫療體制，金山町人口有8000多人，但除了町立醫院外，就只有一家預定歇業搬遷的產科診所。尤其冬季國道有可能因為下大雪而封閉，設置小兒科、內科、外科、婦產科的診療體制是必須解決的課題。況且設施也朽壞，有必要更新設備，因此從1980年起便開始討論整修這棟木造既有設施，1982年總算將31年前

從東側面前道路看向2樓正面入口

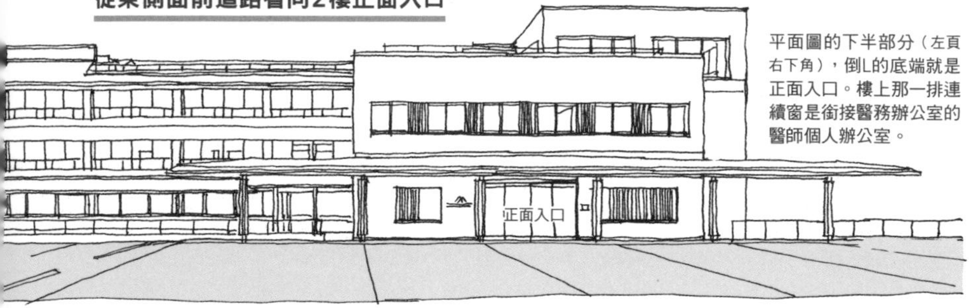

平面圖的下半部分（左頁右下角），倒L的底端就是正面入口。樓上那一排連續窗是銜接醫務辦公室的醫師個人辦公室。

看診室前的中央候診室大廳

為了讓候診室具備自由交流沙龍的功能，除了外圍的固定式長椅外，其他東西都可以自由配置。

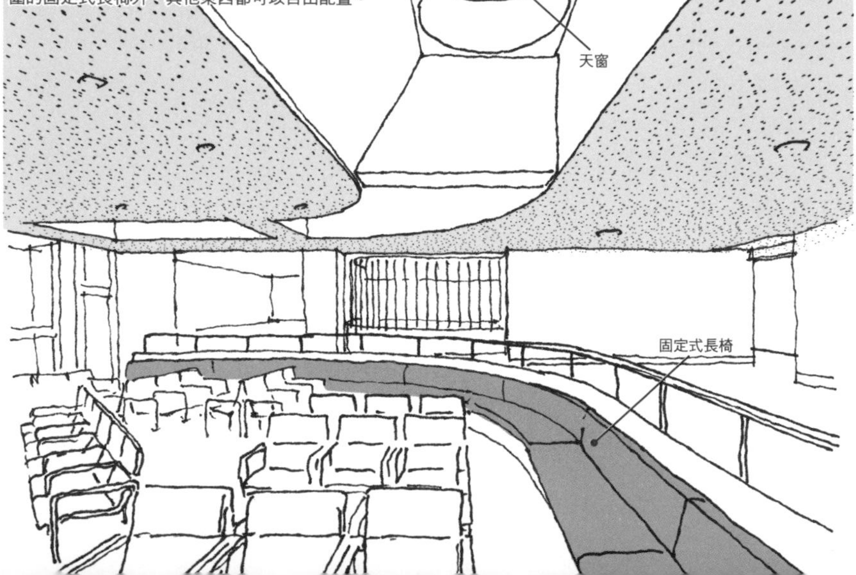

落成的建築改建完畢。

基地自東側面前道路退縮15公尺左右，每樓4公尺高，因1樓地勢低，正面入口設在2樓。2樓有看診室、候診室、檢查室、門診藥局、行政辦公室等等。3、4樓則有各可收容25名病患的病房，以及手術室、餐廳等共用空間。1樓則是放射線檢查室、復健室、機械室。設在地下室的機械室亦兼做小規模限定地區的暖氣試驗，由醫院供應暖氣用的熱水，給隔著一條路與醫院相對的農村環境改善中心與老人中心。

1982年新醫院開幕當時，聽說50床病房幾乎客滿，複診患者也有一定人數，但之後大約40年的期間人口銳減了25%左右。診療設施固然不可或缺，但因醫療費用成長率遠高於人口成長率，故減少1層樓的病床改制為町立診所。希望未來4樓也能當作高齡者療養設施運用。

東西斷面圖

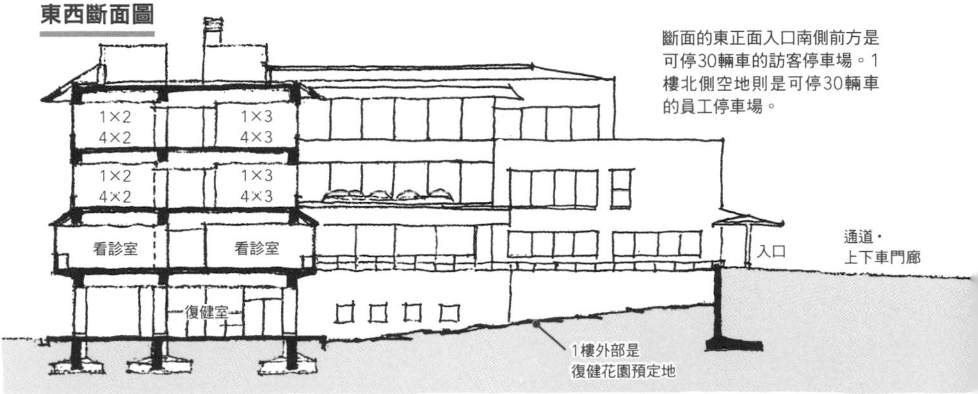
1×2
4×2
1×3
4×3
1×2
4×2
1×3
4×3
看診室
看診室
復健室
入口
通道・
上下車門廊
1樓外部是
復健花園預定地

斷面的東正面入口南側前方是可停30輛車的訪客停車場。1樓北側空地則是可停30輛車的員工停車場。

標準病房棟（3、4樓共通）的3樓平面圖

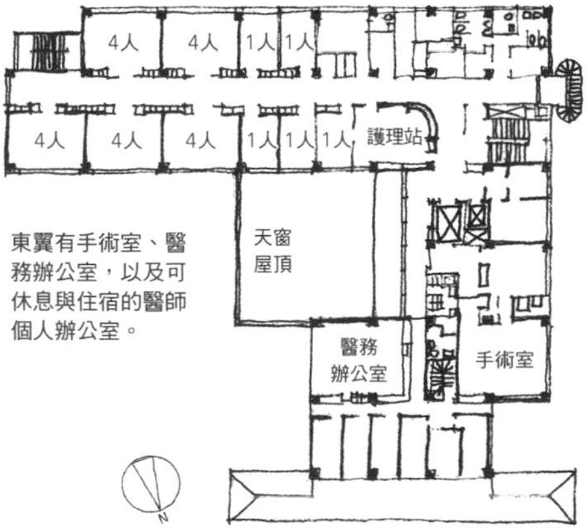
4人
4人
1人
1人
4人
4人
4人
1人
1人
1人
護理站
天窗
屋頂
醫務
辦公室
手術室
N

東翼有手術室、醫務辦公室，以及可休息與住宿的醫師個人辦公室。

面前道路層正面入口的2樓平面圖

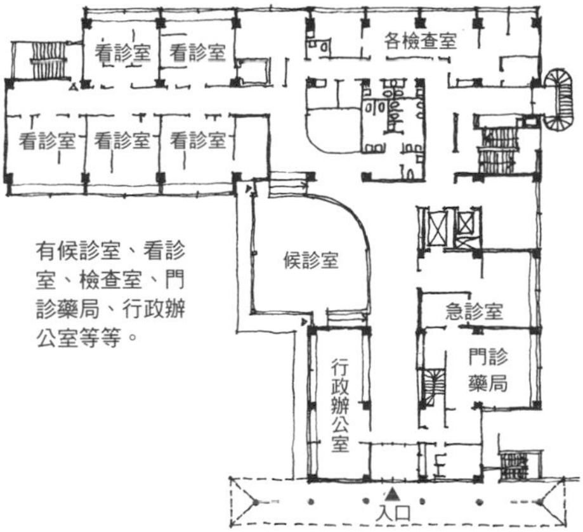
看診室
看診室
各檢查室
看診室
看診室
看診室
候診室
急診室
門診
藥局
行政辦公室
入口

有候診室、看診室、檢查室、門診藥局、行政辦公室等等。

設計：林寬治

使用金山杉的長屋型教職員住宅

金山町教職員住宅1・2［1983年・1988年］

春天油菜花盛開的時候，呈雁行排列的教職員住宅外牆，落著帶有韻律感的影子，看上去十分美麗。1983年這裡蓋了3棟12戶的單身住宅，1988年又在南澤地區蓋了1棟4戶的住宅。

這項計畫是從針對冬季深厚積雪的斷面計畫開始規劃，住宅為木造平房，設置在作為車庫的RC高基礎上。

此外根據「雪不會掉落在出入口方向」、「考量成本而採長屋形式」、「通風」等方針，住宅採1棟4戶之規劃，各戶錯開1間（約1.8公尺）的距離。如此一來不僅抹去了長屋形式的單調感，也賦予住宅出入時的獨立性。

從道路看向呈雁行排列的金山町教職員住宅1

最近前面的油菜花田蓋了建築物，破壞了景觀，不過因為各住棟呈雁行排列，建築物形成的陰影與油菜花景色的對比十分美麗。
1棟4戶，各戶錯開1間
底下是車庫的鋼筋混凝土高樓板

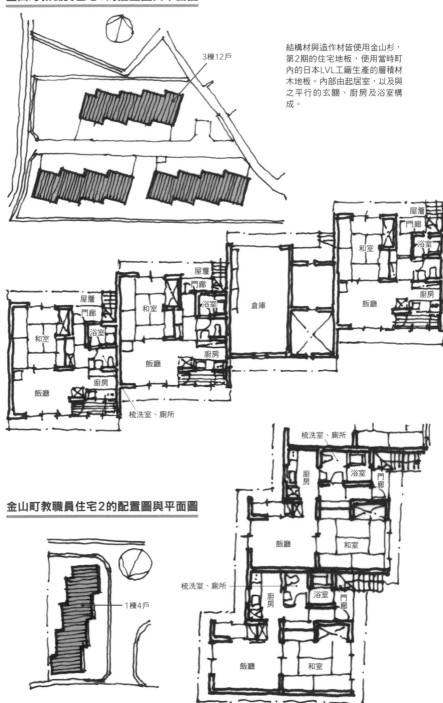

金山町教職員住宅1的配置圖與平面圖

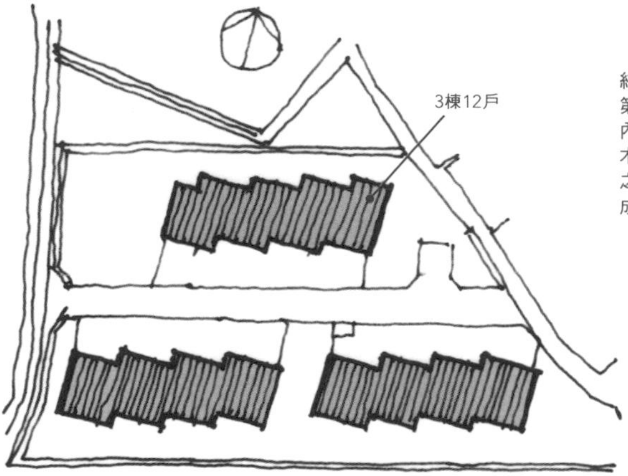
3棟12戶

結構材與造作材皆使用金山杉，第2期的住宅地板，使用當時町內的日本LVL工廠生產的層積材木地板。內部由起居室，以及與之平行的玄關、廚房及浴室構成。

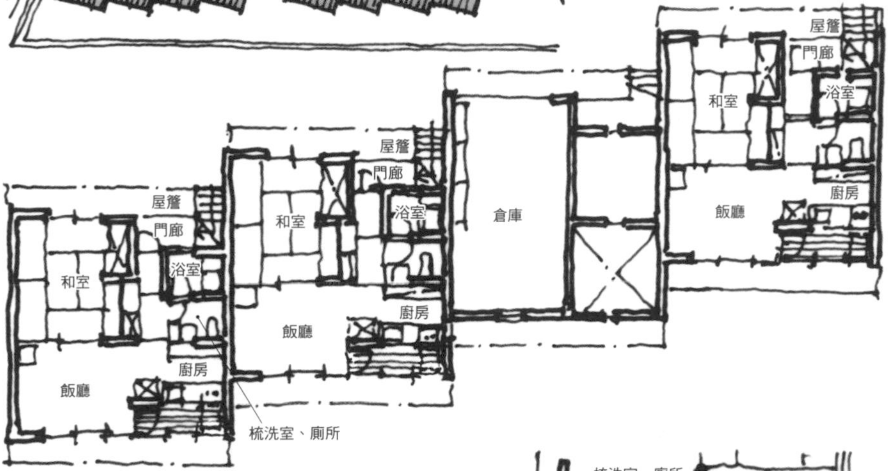
屋簷
門廊
浴室
和室
廚房
飯廳
倉庫
屋簷
門廊
浴室
和室
廚房
飯廳
屋簷
門廊
浴室
和室
廚房
飯廳
梳洗室、廁所

金山町教職員住宅2的配置圖與平面圖

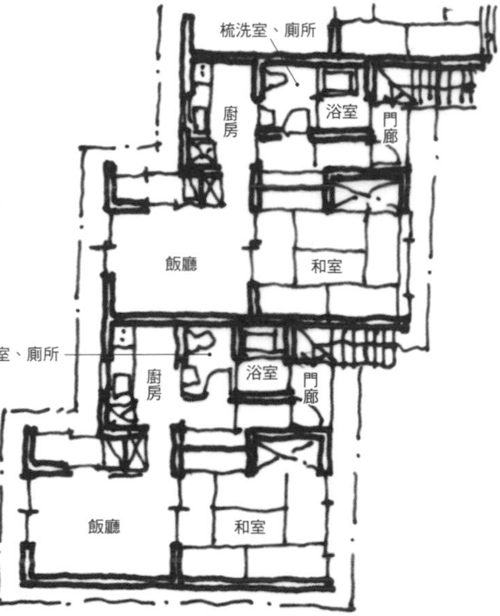
梳洗室、廁所
浴室
門廊
廚房
飯廳
和室
梳洗室、廁所
浴室
門廊
廚房
飯廳
和室

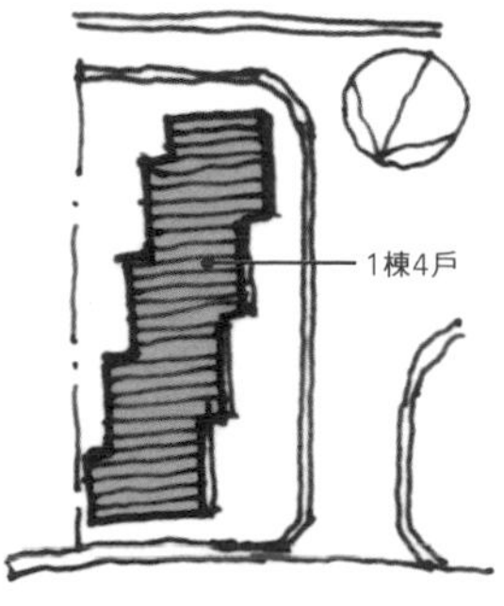
1棟4戶

設計：林哲也

面向金山國小校園的集體遷移住宅群

金山町南澤住宅［1987年］

金山町於1978年開辦「住宅建築競賽」，以期普及木造住宅與提升金山木匠的技術，1985年則制定「（與風景調和的）市容景觀條例」。這5棟集合住宅，就是在開始推廣以梁柱構架式工法建成的「金山住宅」之時期規劃的。該計畫是從郊外的後川地區集體遷移，地點選在鄰接金山國小的南澤地區。

要求的規模各不相同的住宅，從鄰接的國小校園這一側並排成一列。住宅為2層樓的木造建築，設置在當時已被接受的RC高基礎上。在設計階段，我們打算將高基礎拉長成牆狀，好讓5棟住宅的立面從小學這邊看去是連續的。金山杉不只用在結構及內部的擺設上，也作為直向鋪設的外牆板，並漆上接近紅酒色的護木漆。關於這個外牆與景觀條例規定的外牆色彩不同一事，木匠與町民紛紛發表意見與批評，由此可知町民有多麼在意色彩。

南澤住宅的住戶斷面圖與平面圖

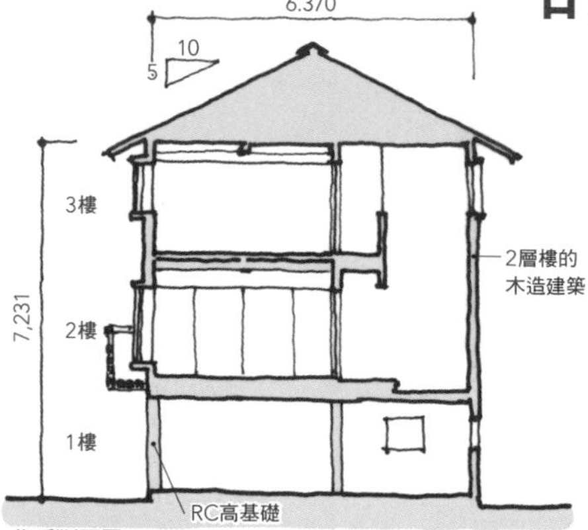
6.370
10
5
3樓
2樓
1樓
7,231
2層樓的
木造建築
RC高基礎
住戶斷面圖

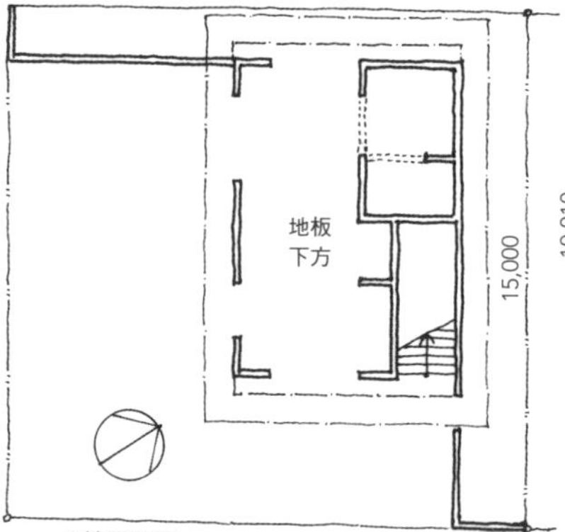
地板
下方
15,000
1樓平面圖

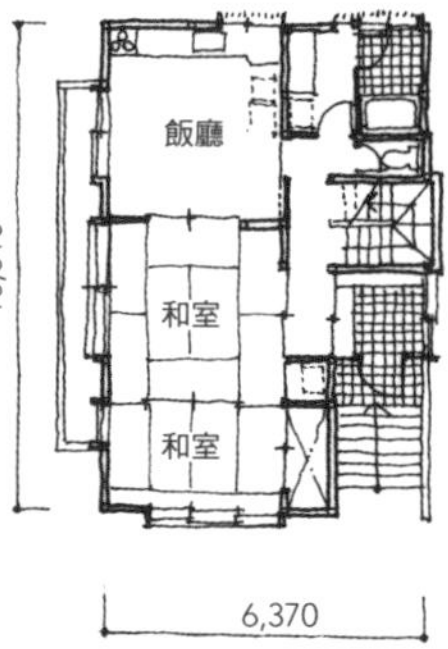
飯廳
和室
和室
10,010
6,370
2樓平面圖

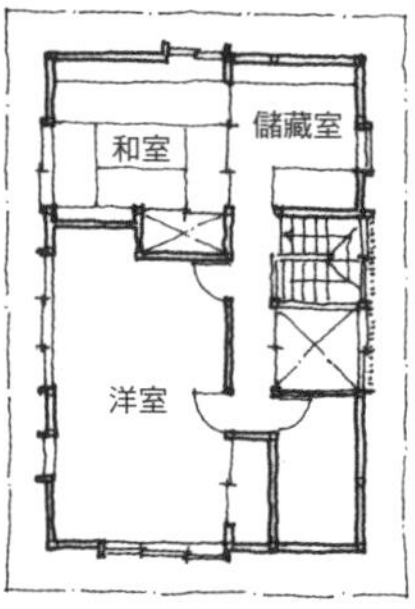
和室
儲藏室
洋室
3樓平面圖

從金山國小校園看向南澤住宅

要求的規模各不相同的5棟住宅，從鄰接的國小校園這一側並排成一列。如何使住宅這個小單位巧妙鄰接國小校園，是設計上的題目之一。本來考慮讓各住宅的RC高基礎看起來像連起來的一面牆，以對應校園這個廣大的規模，但因為超出預算，最終沒辦法如下圖那樣拉長基礎。

南澤住宅與金山國小配置圖

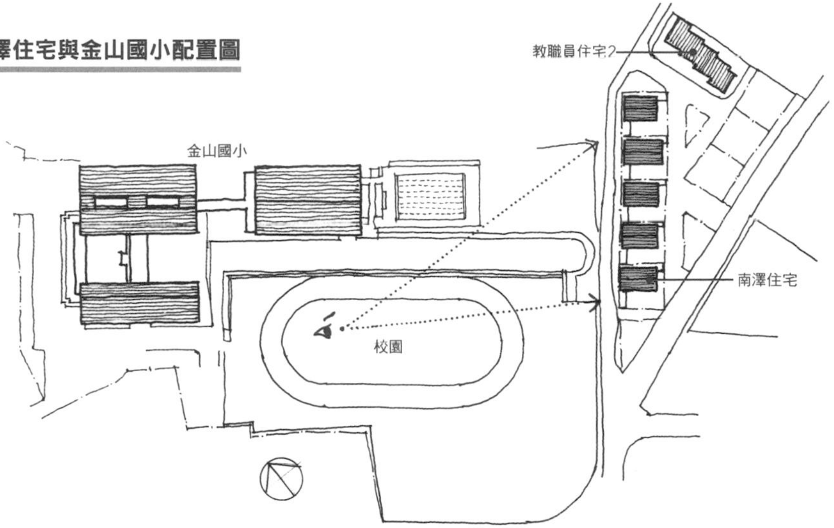
教職員住宅2
金山國小
南澤住宅
校園

南澤住宅的金山國小側整體立面圖（現狀與設計時）

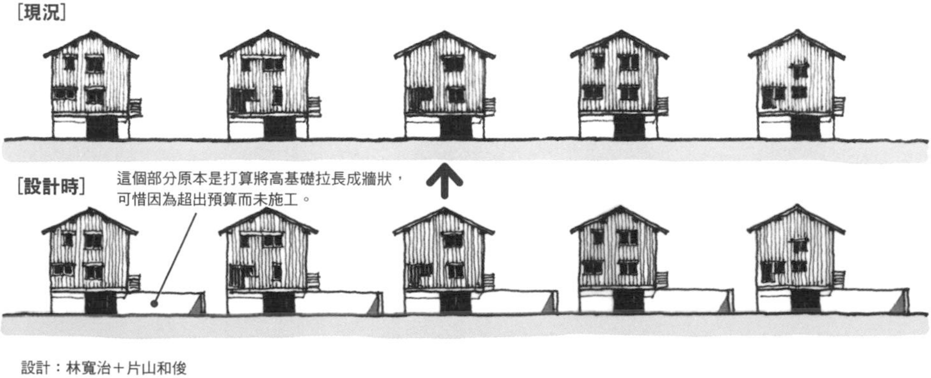
[現況]
[設計時]
這個部分原本是打算將高基礎拉長成牆狀，
可惜因為超出預算而未施工。

設計：林寬治＋片山和俊

考量到市容的形成與連續性的個人住宅

一十之家［1988年］

面向七日町街的「一十之家」西側正面外觀

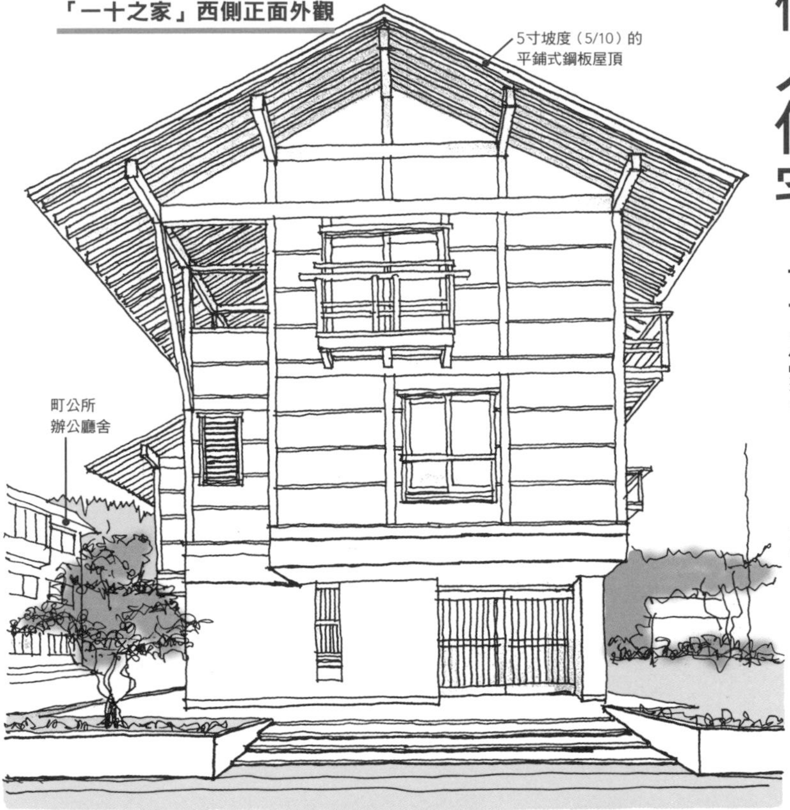

若採用5寸坡度的平鋪式鋼板屋頂，積雪就很容易自然落下，不過雪若能累積到10cm厚再落下是比較理想的。積雪寒冷地的屋頂滑度會逐年下降，因此若需要自然落雪，管理屋頂滑度就顯得很重要。

這棟房子建在町公所辦公廳舍與土藏改建而成的金融機構之間，可說是個人住宅的特殊案例。由於住宅與鄰地的建築規模及體積差距懸殊，要同時考量到市容的形成與房屋景觀的連續性並不容易。町公所辦公廳舍為了避免帶給街景壓迫感，外牆面從面前道路退縮8公尺左右，因此這棟住宅退縮6公尺，並且搭配5寸坡度的懸山式屋頂。由於人手不足，業主給定的條件是自然落雪與不設防雪籬，因此1樓必然採用RC結構建牢固，2、3樓則是木造的居住部分。房子面寬4間（約7.21公尺）×進深9間（約16.36公尺），不過中段削掉了1間的寬度，平面實際上只有3間（約5.45公尺）寬，因此將出簷加深至1500公釐，並且用粗壯的桁條與椽來彌補窄細的外觀。這麼做也是想提出相對於町公所辦公廳舍，猶如一筆畫就的墨畫般嶄新的町屋設計。

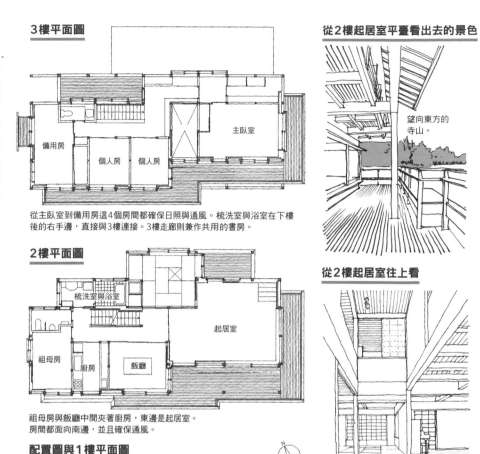

3樓平面圖

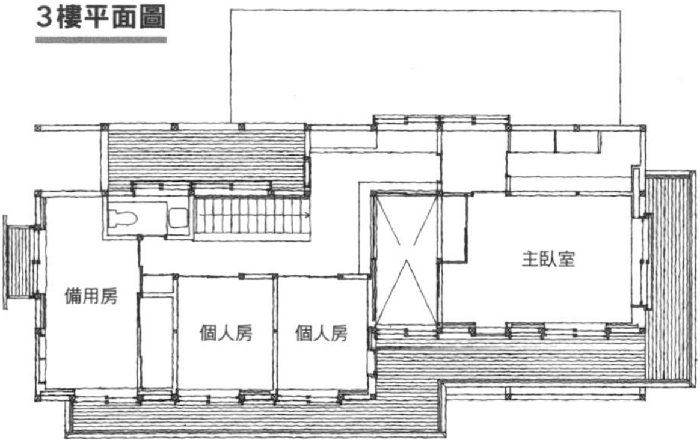
主臥室
備用房
個人房
個人房

從主臥室到備用房這4個房間都確保日照與通風。梳洗室與浴室在下樓後的右手邊，直接與3樓連接。3樓走廊則兼作共用的書房。

2樓平面圖

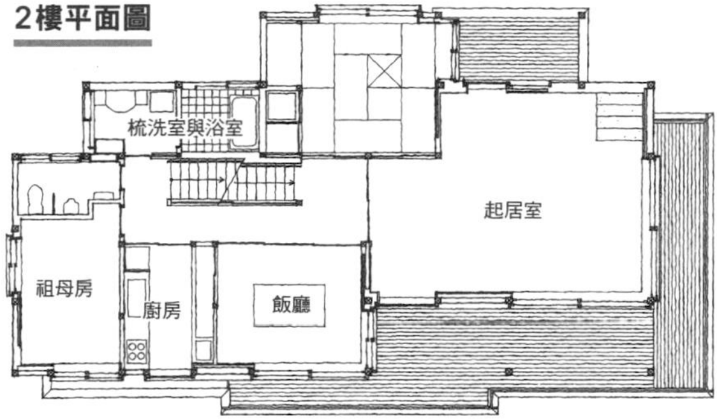
梳洗室與浴室
起居室
祖母房
廚房
飯廳

祖母房與飯廳中間夾著廚房，東邊是起居室。
房間都面向南邊，並且確保通風。

配置圖與1樓平面圖

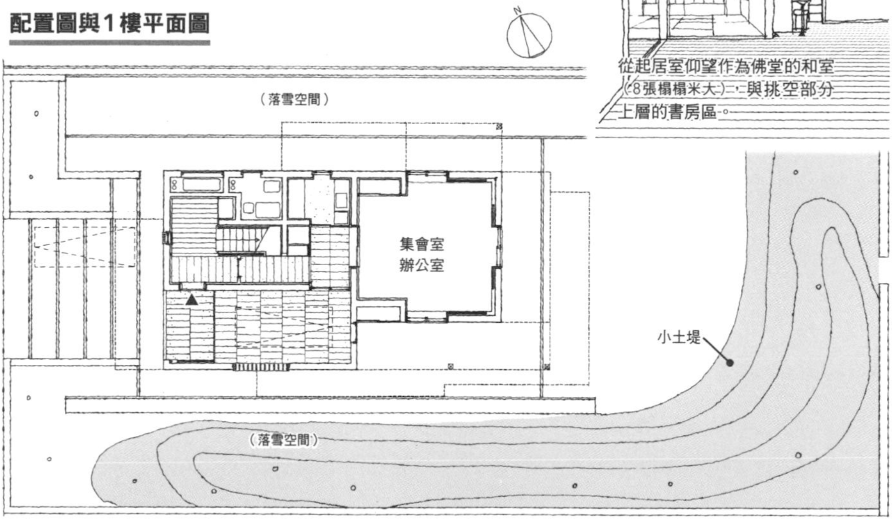
N
（落雪空間）
集會室
辦公室
小土堤
（落雪空間）

南側是公所停車場車道，因此在基地內填一座小土堤讓落雪掉落回來。
庭院的植栽是山林的自生樹，也就是所謂的雜木，能夠享受四季變化。

從2樓起居室平臺看出去的景色

望向東方的
寺山。

從2樓起居室往上看

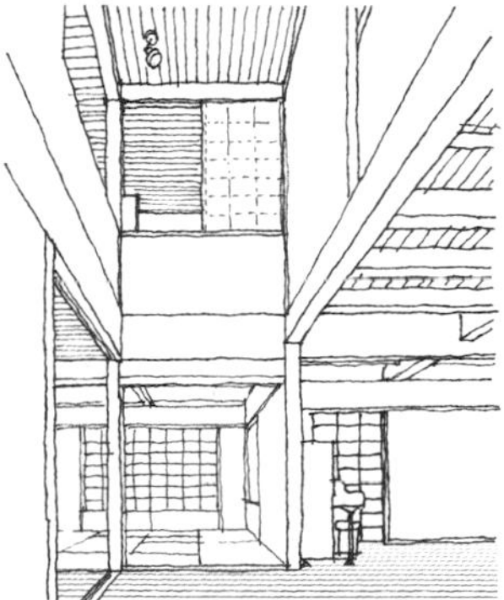

從起居室仰望作為佛堂的和室（8張榻榻米大）與挑空部分上層的書房區。

設計：林寬治

背對著藥師山，可遠眺金山町的住宅群

金山町營住宅羽場社區［1988年］

在開辦「住宅建築競賽」，並制定「（與風景調和的）市容景觀條例」後，為了普及以梁柱構架式工法建造的金山住宅，先是嘗試推出南澤住宅，接下來就設計了這個羽場社區，作為金山住宅的範本。地點位在西郊的藥師山前面，為求住宅與環境的調和，讓作為背景的山看起來很大一片，於是將住棟的山牆面朝前，另外平面與配置也規劃成可從各住宅的內部看到金山町的中心。

住宅是將木造平房設置在當時已被接受的RC高基礎上，目標則是使用金山杉實現舒適的居住性。

可從住戶眺望金山町的羽場社區住棟配置

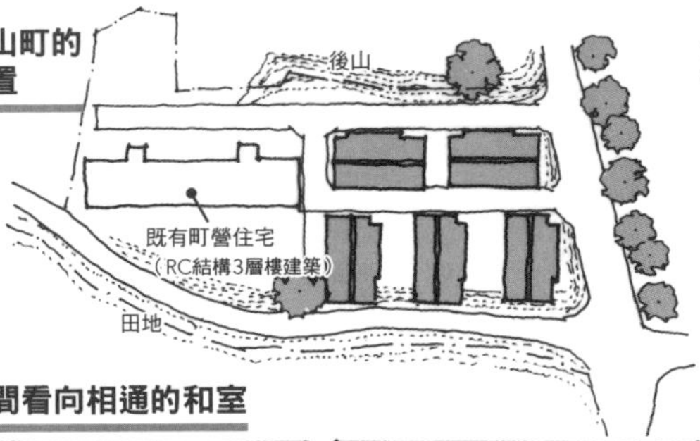
後山
既有町營住宅
（RC結構3層樓建築）
田地

從鋪木地板的房間看向相通的和室

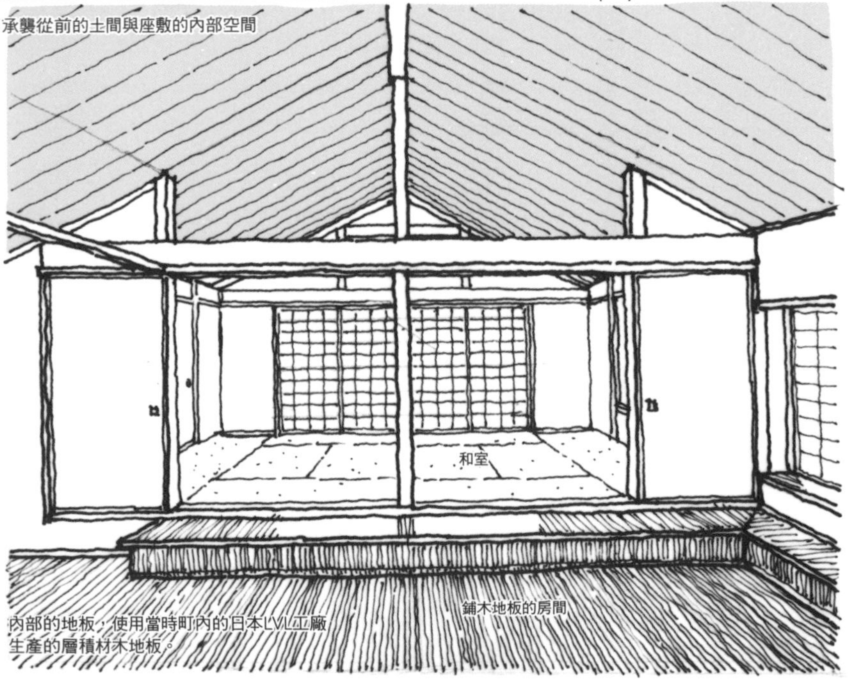
承襲從前的土間與座敷的內部空間
和室
鋪木地板的房間
內部的地板：使用當時町內的日本LVL工廠生產的層積材木地板。

眺望背對著藥師山的羽場社區

可從住戶的起居室眺望金山町的住棟配置

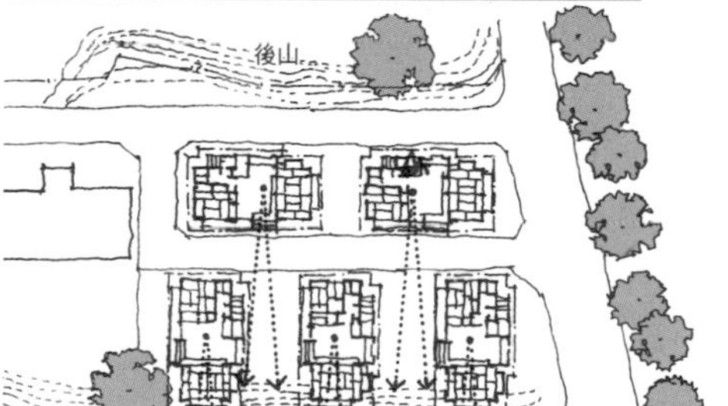
可從各住戶的起居室眺望金山町

羽場社區・住戶平面圖

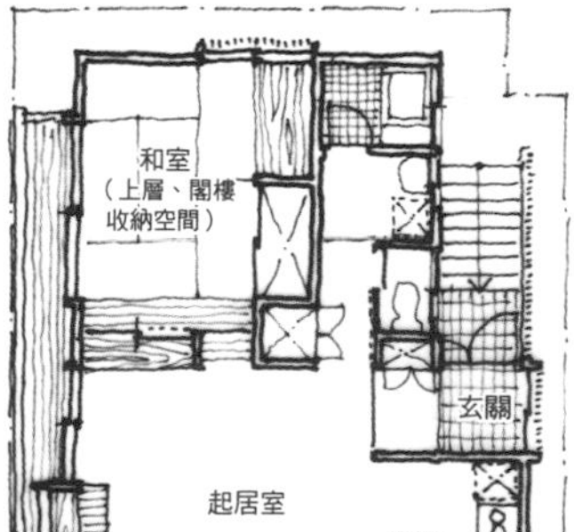
飯廳

內部以飯廳、起居室為中心，並設置金山町傳統型住宅常見的相通和室，另一側則設置獨立性略高的和室。

將藥師山與住宅視為一體的住棟配置

可以看到一大片的後山

設計：片山和俊

冬季也能朝氣勃勃地活動的校舍

金山町立金山國中［1992年］

金山町一到冬季，就變成積雪深厚的寒冷鄉鎮。町內的孩子們不畏嚴寒，在這種環境下成長茁壯。這項計畫的主要課題，就是該如何打造出即使在漫長的冬季，孩子仍能朝氣勃勃地學習、活動的環境。

於是我們參考以往的教育與教室空間的實際情況，將促進學生們自主活動與學習的多用途空間，集中在一個寬敞的空間，而不是分散開來附屬於各個教室，使這個場所能夠進行更多樣且活潑的活動。另外，學生餐廳的位置，可眺望為金山風景增添獨特性的奇特三山，這個地方除了當作餐廳，也用於舉辦各種集會等活動。金山町的寒冷期長達半

從上學路線看去的校舍全景

金山國中就蓋在，金山這個出了名的豪雪之鄉某一大片水田的前面。

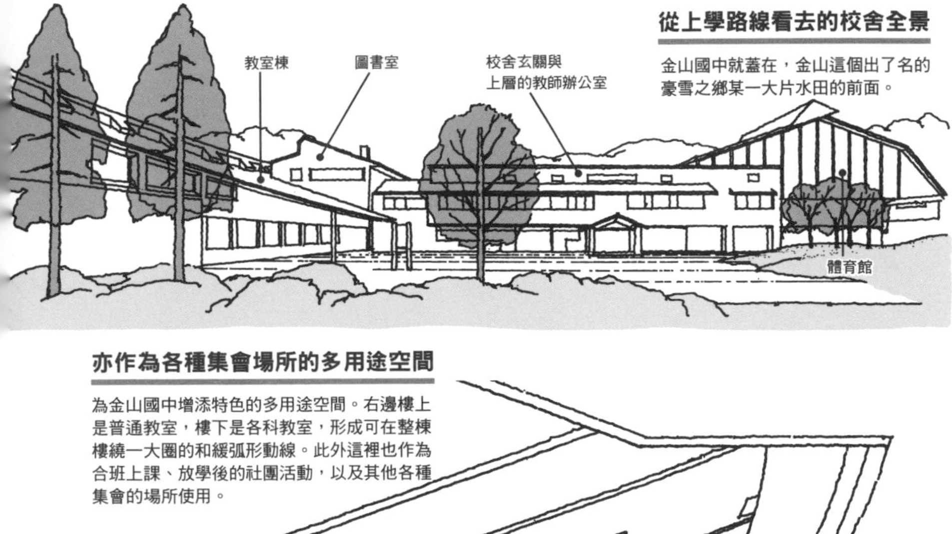
教室棟
圖書室
校舍玄關與
上層的教師辦公室
體育館

亦作為各種集會場所的多用途空間

為金山國中增添特色的多用途空間。右邊樓上是普通教室，樓下是各科教室，形成可在整棟樓繞一大圈的和緩弧形動線。此外這裡也作為合班上課、放學後的社團活動，以及其他各種集會的場所使用。

年，維持校舍內環境舒適度的暖氣設備，則決定採用利用天然太陽熱能的OM太陽能系統。這套系統在冬季的教室環境裡發揮了超乎想像的效果。

（益子義弘）

暖氣設備採用OM太陽能系統——校舍斷面圖

金山町的寒冷期長達半年，維持校舍內環境舒適度的暖氣設備，是先根據附近的AMeDAS（自動氣象數據採集系統）氣象觀測點所記錄的資料，謹慎分析冬季的氣象狀況，再決定採用利用天然太陽熱能的OM太陽能系統。

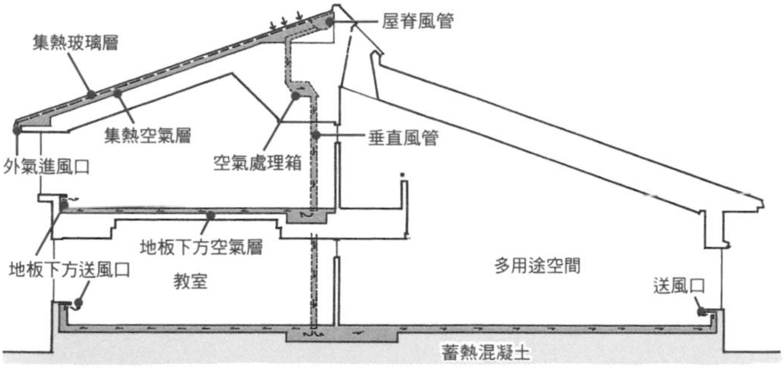
屋脊風管
集熱玻璃層
集熱空氣層
空氣處理箱
垂直風管
外氣進風口
地板下方空氣層
地板下方送風口
教室
多用途空間
送風口
蓄熱混凝土

上圖為面向南側的教室棟整體斷面，以及從屋頂面採集的太陽熱能在室內循環的路線。因季節或天候導致採熱量不足時，就用設置在風管中間的熱泵空調輔助加熱，暖氣送到地板下面，再從窗戶下面吹進教室內。屋頂有積雪時，就將這個循環顛倒過來，加熱集熱玻璃面來融化積雪。

能夠眺望四周風景的扇形餐廳

學生餐廳位在校舍的隅角處，面向金山川與金山杉山林。室內空間呈扇形，外圍設置了一排連續窗，讓人可從室內眺望四周的風景。

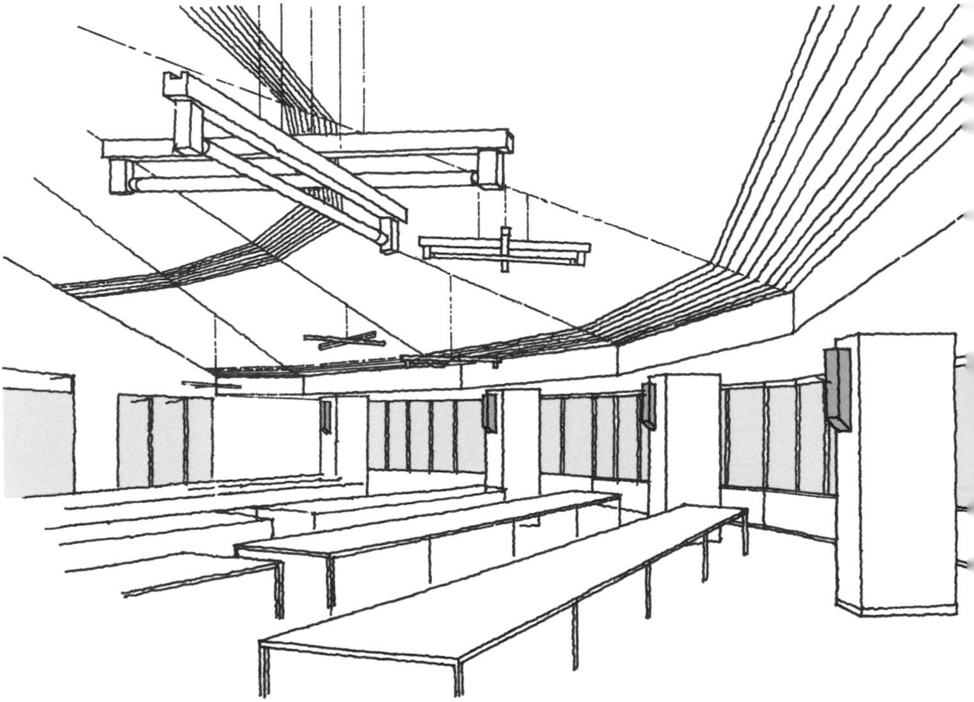

設計：奧村昭雄＋益子義弘

座落在金山杉森林懷抱中的告別場所

金山町殯儀館［1995年］

從新庄沿著國道北上，道路猶如纏繞山麓一般大幅彎曲，越過上台峠後，就能眺望遠方以3座山為背景的金山町。而在前往這個町的道路旁邊，那片宛如結界一般的杉林之中有著一間殯儀館。

設計時最先想到的概念，就是將這座森林本身變成告別的場所。換言之就是建築物不顯眼，感覺非常像是置身在森林的懷裡。因此，通往森林的道路設計得又細又長，採光窗則擺上以鄉里的四季為主題的6座小雕刻品。火化爐只有1座，告別時只容1組家屬在現場送別往生者。當時樹根彎彎曲曲的年輕杉林，如今成長得美麗無比，為告別場所

俯瞰被杉林包圍的金山町殯儀館

為了盡可能保留長在基地內小山崗上的杉林，整座建築物設計成細長的形狀。至於從廣場往南下降的地形部分，則將建築物底層架空，以免影響森林的通風。

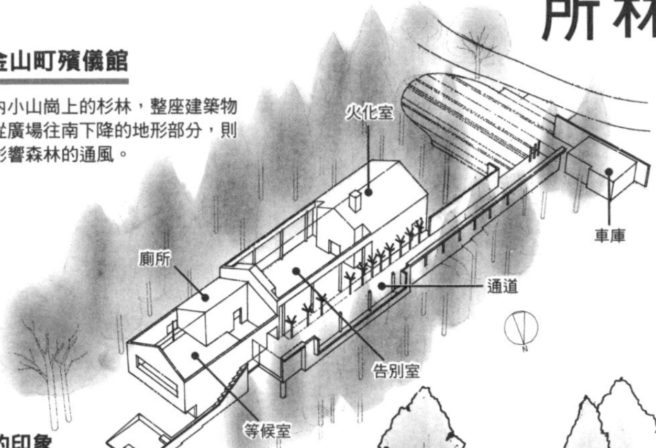
火化室
車庫
廁所
通道
告別室
等候室

從廣場看去的外觀——與杉林合為一體的印象

廣場前面只看得到門廊，建築物則盡量保持低調，隱身在杉林裡。如今樹木長大了，使得告別場所與杉林合為一體的印象更加強烈。

入口
火化室

設計：益子義弘

賦予濃鬱森林的印象。

（益子義弘）

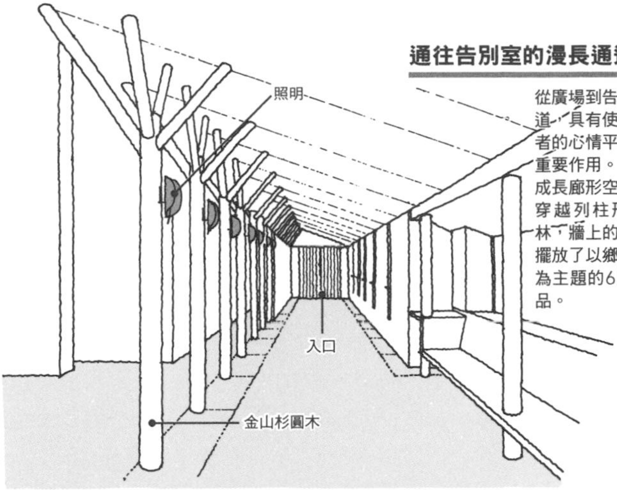

通往告別室的漫長通道走廊

從廣場到告別室的通道，具有使參加葬禮者的心情平靜下來的重要作用。這裡打造成長廊形空間，讓人穿越列柱形成的樹林，牆上的採光窗則擺放了以鄉里的四季為主題的6座小雕刻品。

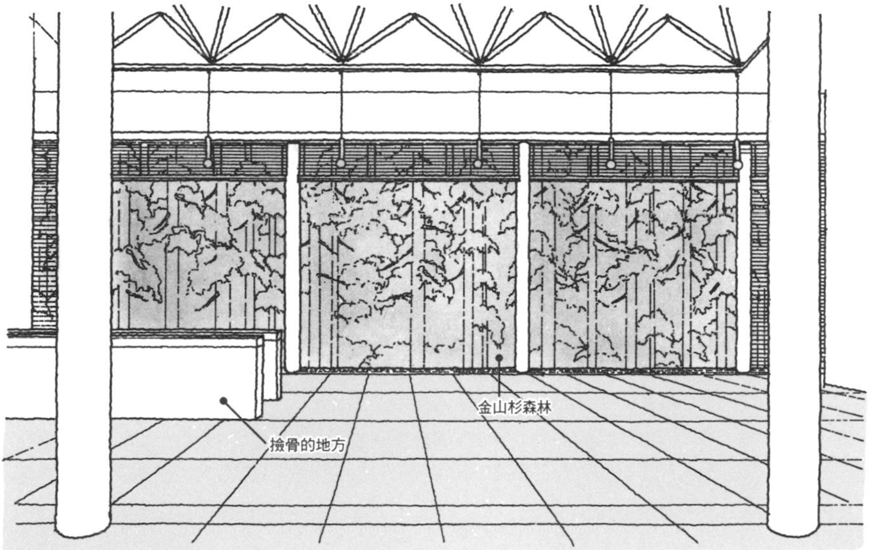

面向杉林的告別室

穿過走廊空間來到告別室，可以看到大大的開口部朝向森林，給人的感覺不像待在室內，反而像是置身在森林裡。陽光穿過杉林的枝葉灑落而下，冬季則看得到雪景。這是「在森林的懷抱中送行」的殯儀館核心區域。

告別室的內觀
——目標是盡量營造輕快的印象

從豪雪之鄉金山的積雪條件來看，屋頂架構必定厚重又粗壯。為避免讓人覺得是沉重的空間，這裡使用細材分散支撐屋頂，並且在構材端部裝上照明，希望能盡量給人輕快的感覺。

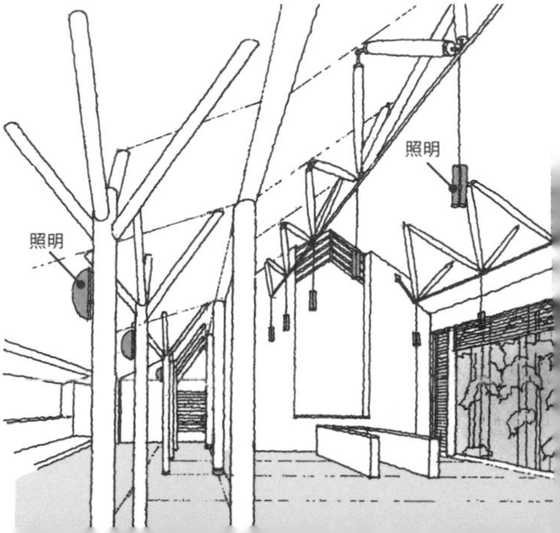

COLUMN

介紹位在金山町的設施

金山町郊外也有各式各樣用心設計的設施

席尼斯海姆飯店

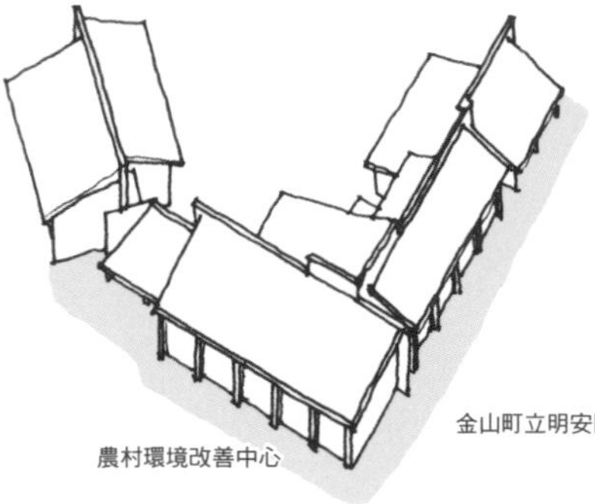

農村環境改善中心

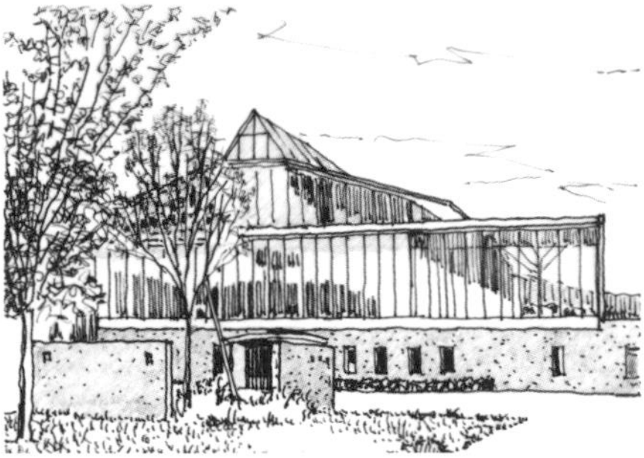

金山町立明安國小

可愛寶貝認證幼兒園

設計：
左上／加藤達雄
右上／本間利雄建築設計事務所
右中／小澤明建築研究室
右下／象設計集團

金山町的郊外有著各式各樣用心設計的設施。例如：1982年建在中心地區南邊社福區的農村環境改善中心（設計：加藤達雄）；1998年由北有屋地區的滑雪場與JR東日本共同出資興建的住宿型飯店席尼斯海姆（設計：本間利雄建築設計事務所）；2002年建在下野明，採混凝土與木造混合結構的金山町立明安國小（設計：小澤明建築研究室）。

近期完工的，還有將市區的托兒所與幼稚園整合起來的可愛寶貝認證幼兒園（設計：象設計集團），木造園舍就座落在中心地區南邊的田園風景之中。

第5章

激發潛力的景觀

1/2尋：走廊的寬度

景觀襯托建築，建築襯托景觀。設計正是一種短期總體戰。令人意外的是，有幫助的智慧就埋藏在橫亙古今東西、五花八門的資訊當中。旅行的經驗也能發揮作用。本章就介紹從事山形縣金山町的社區營造與外部空間的設計時所參考的案例與建議。當中有可喚起想像的例子，也有設計上該留意的重點。

對景觀的看法

景觀設計師這項職業是在大約160年前誕生的。而第一個從事這項職業的人，則是設計紐約中央公園的奧姆斯德※1。這份工作是打造任何人種、性別與年齡，都能舒適度過時光的公共空間。景觀的基礎，建立在「參與」、「藝術」、「環境」這3個觀點上。

本節刊載的圖片，分別是范艾克※2的地形與人的關係、彼得・史密森※3的住居與景觀的關係，以及「內部」與「外部」可對調過來的義大利例子。雖然時代與出處各不相同，不過三者皆提供了有助於瞭解景觀的啟發性觀點。

地形與人的關係（示意圖，范艾克）＊1

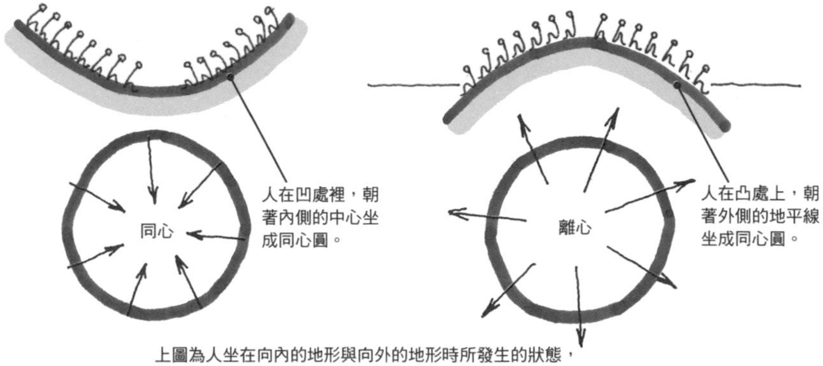
同心
人在凹處裡，朝著內側的中心坐成同心圓。
離心
人在凸處上，朝著外側的地平線坐成同心圓。

上圖為人坐在向內的地形與向外的地形時所發生的狀態，以及場所的空間作用力。

住居與景觀的關係（概念圖，彼得・史密森）＊2

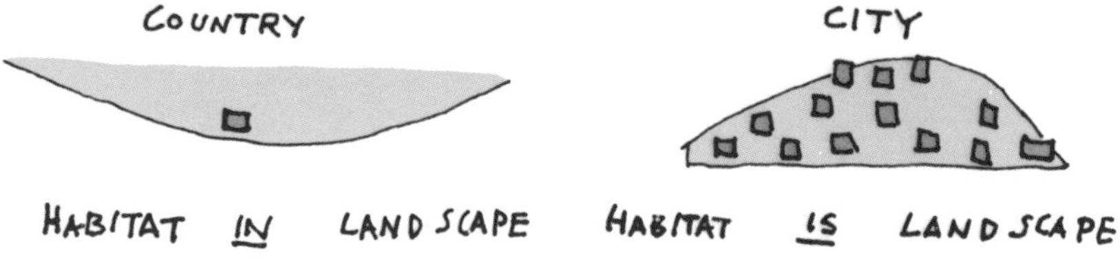
COUNTRY
CITY
HABITAT IN LANDSCAPE
HABITAT IS LANDSCAPE

鄉村是住居位在環境之中，
都市則是住居群創造環境。

※1 弗雷德里克・奧姆斯德（Frederick Law Olmsted，1822年－1903年）是美國的景觀設計師與都市規劃師。作品有與卡爾佛・沃克斯（Calvert Vaux）共同設計的紐約中央公園以及展望公園等等。※2 阿爾多・范艾克（Aldo van Eyck，1918年－1999年）是荷蘭的建築師與都市規劃師。※3 愛莉森＆彼得・史密森夫妻（夫：Peter Smithson，1923年－2003年；妻：Alison Smithson，1928年－1993年）是英國的建築師與都市規劃師。1950年代，為了超越靜態的都市觀，實現因應不斷變化流動的社會之空間，而將「流動性」、「關聯」、「成長模式」等概念導入建築・都市論中。主要作品有羅賓漢花園集合住宅（1972年，倫敦，本書P.163）等等。

義大利建築的內部空間與外部空間之對調＊3

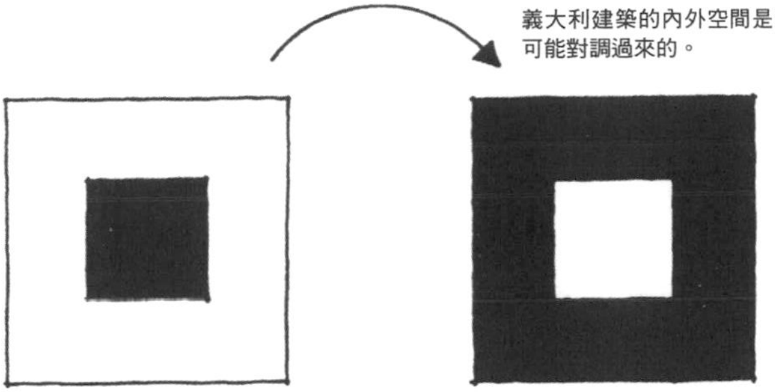
義大利建築的內外空間是有
可能對調過來的。

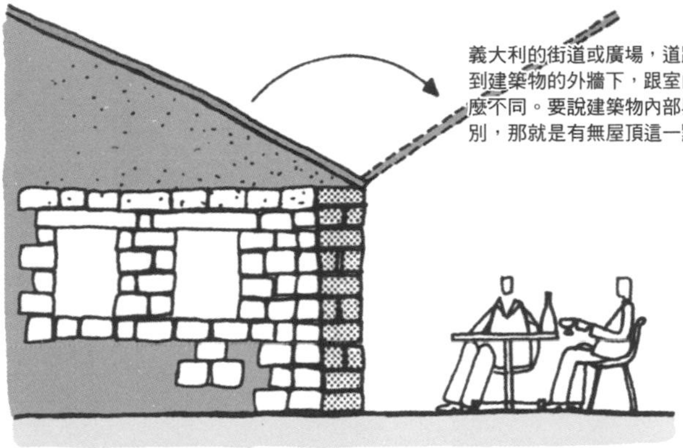
義大利的街道或廣場，道路鋪面都會鋪
到建築物的外牆下，跟室內的地板沒什
麼不同。要說建築物內部與外部有何差
別，那就是有無屋頂這一點。

將義大利的地圖黑白反轉看看（G・諾里［Giambattista Nolli］的「羅馬地圖」）＊4

義大利的街道或廣場，道路鋪面都會鋪到建築物的外牆下，與建築物之間不存在模糊空間。
因此就算把城鎮的地圖黑白反轉，看起來也不會覺得怪怪的。

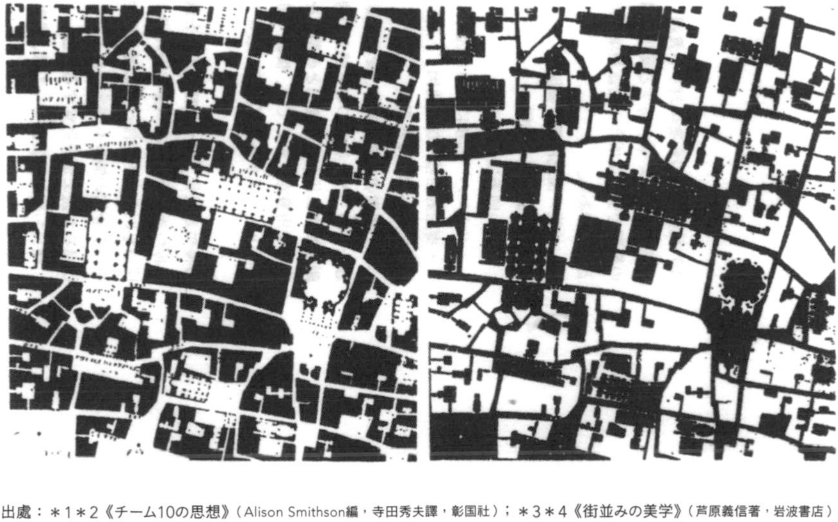

出處：＊1＊2《チーム10の思想》（Alison Smithson編，寺田秀夫譯，彰国社）；＊3＊4《街並みの美学》（芦原義信著，岩波書店）

對日本的地形與聚落的看法

從古至今，日本人創造出各式各樣自然地形與人類生活相互協調的景觀。不過令人意外的是，這些景觀鮮少有人研究與分析。樋口忠彥在《日本的景觀——故鄉的原型》（暫譯）中，將日本的景觀原型分成4大類。第1類是盆地景觀。其中日本京城的原型稱為秋津洲大和型景觀，而昇華為宗教聖地的高野山那種山岳盆地則稱為八葉蓮花型景觀。第2類是山谷景觀。這個類型有兩側遭到山的包夾，上下游方向很清楚的水分神社型景觀，以及向著山谷內側的隱國型景觀。第3類是山麓景觀。背後為山或丘陵，左右為丘陵，前方眺望平地或流水，這種猶如母親懷抱的空間是藏風得水型景觀。另外，把突出到平地、外形好看的小山當成靈山崇拜的景觀稱為神奈備山型景觀，反之俯瞰周邊山麓的景觀稱為國見山型景觀。第4類是平地景觀。這可說是戰國、近世以來新開拓的土地吧。

典型的景觀範例（熊川宿配置圖）

福井縣若狹町熊川宿是若狹街道的宿場。若狹街道連結靠日本海的小濱與琵琶湖畔的今津，曾是通往京都的重要交通路線。

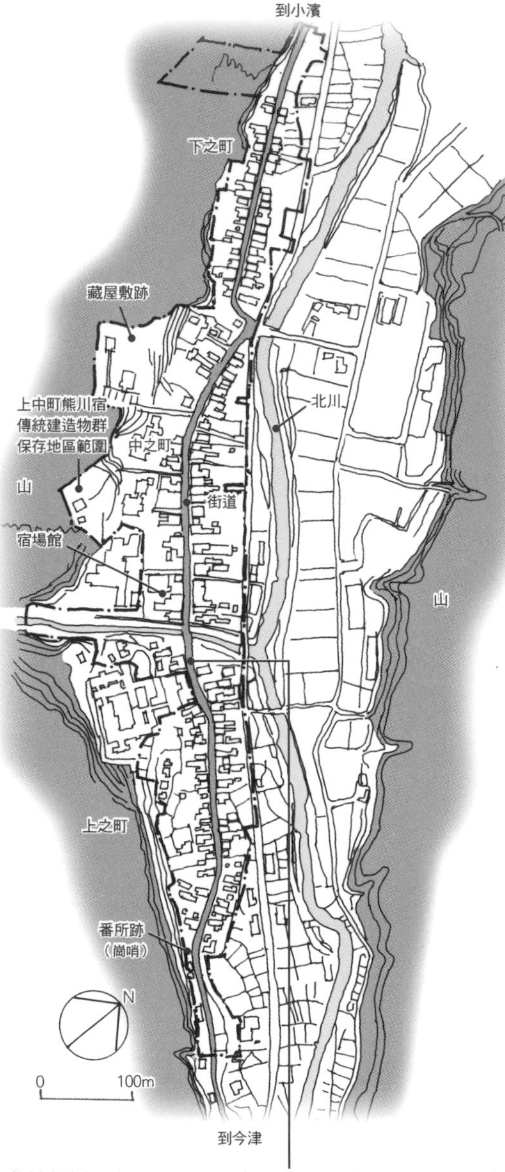
到小濱
下之町
藏屋敷跡
上中町熊川宿
傳統建造物群
保存地區範圍
中之町
山
街道
宿場館
北川
山
上之町
番所跡
（崗哨）
N
0
100m
到今津

熊川宿位在一條約1km的道路上，兩旁林立著古老的町屋。從今津往上看起，分成「上之町」、「中之町」、「下之町」3個部分。「中之町」是宿場的中心，小濱藩的町奉行所就位在這裡，此外也有許多藏屋敷（儲藏及販售糧食的倉庫兼住宅）、批發商、旅店、商家。至於周邊則多為農家，通常會兼差經營茶店、巡禮旅舍等等。

盆地景觀的構造與構成要素*

秋津洲大和型景觀

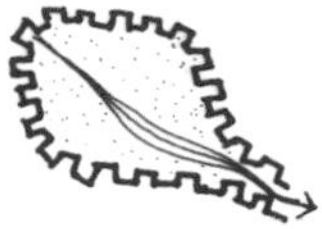

日本景觀的原型，分成盆地景觀、山谷景觀、山麓景觀，以及平地景觀這4大類。盆地景觀中日本京城的原型是秋津洲大和型景觀。

八葉蓮花型景觀

昇華為宗教聖地的高野山那種山岳盆地的景觀。

山谷景觀的構造與構成要素*

水分神社型景觀①

山從兩側包夾的山谷景觀

水分神社型景觀②

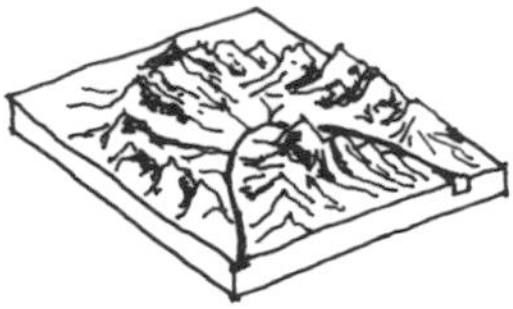

隱國型景觀

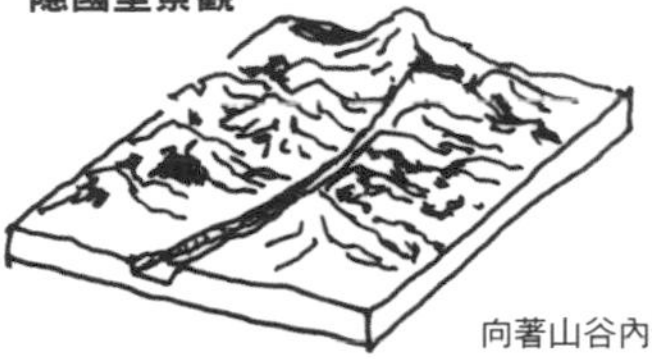
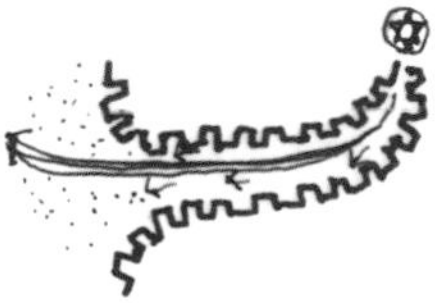

向著山谷內側的景觀。

圖例

- 焦點、目標：山、丘陵、山谷深處、神社等
- 領域：平地
- 方位
- 境界：山、丘陵
- 境界、方向：川、池、海
- 方向：地表的傾斜、高聳的山或丘陵

山麓景觀的構造與構成要素*

藏風得水型景觀

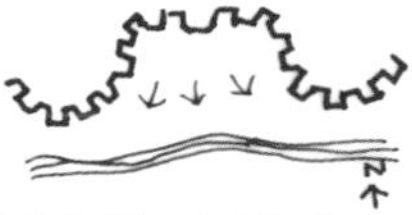

背後為山或丘陵，左右為丘陵，前方眺望平地或流水的山麓景觀。

神奈備山型景觀

把突出到平地的小山當成靈山崇拜的景觀。

國見山型景觀①

俯瞰周邊山麓的景觀。

國見山型景觀②

近世的城郭都市看得到各種變化版本。

出處：*《日本の景観―ふるさとの原型》（樋口忠彥著，春秋社）

對都市的環境與空間的看法

學生時代曾聽人說過，「專攻都市計畫的學生必須具備，來到地方都市時能夠說中該地人口的感覺」。掌握規模是瞭解對象的第一步。其中一種有效的方法就是透過尺度網格來比較。這樣一來不只能掌握規模，還能得知對象的空間特徵。

另一方面，凱文・林區※強調掌握地域的特徵，以及維護與培育個性的重要性，並提出掌握地域的空間意象結構之方法。這個方法的基本概念為可意象性。他將「某個都市大多數的居民都擁有的意象」稱為公共意象，並解析都市的視覺意象結構。這項手法，對日後的都市空間掌握與都市設計起了重要的作用。另外，克里斯托佛・亞歷山大（Christopher Alexander）則提出，透過空間語言「建築模式語言（pattern language）」連結計畫者與使用者來建構空間的方法，打造出盈進學園（埼玉，1985年）等建築。

都市、地域、地區的空間特徵掌握方法
透過尺度網格來比較廣場——1網格80'＊1

都市的外部空間，可採用一步程20m～25m的模數（1網格70'～80'）。
這稱為exterior modular theory（外部模數理論）。

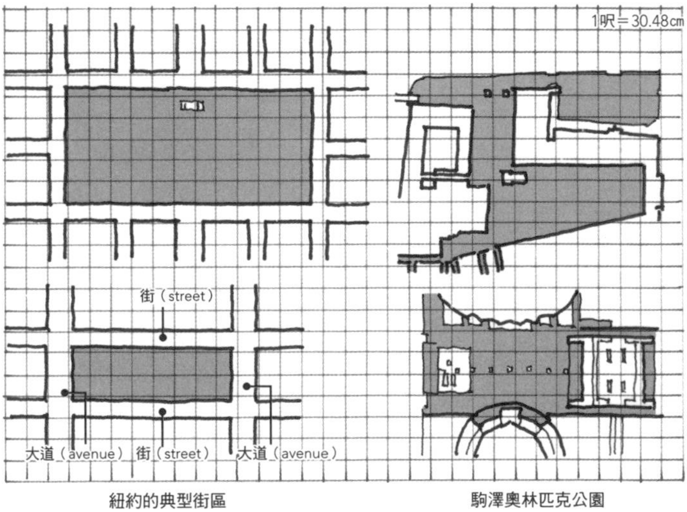
華盛頓廣場公園（美國）
聖馬可廣場（義大利）
1呎＝30.48cm
街（street）
大道（avenue）
街（street）
大道（avenue）
紐約的典型街區
駒澤奧林匹克公園

※凱文・林區（Kevin Lynch，1918年－1984年）是美國的都市規劃師與建築師。在1960年出版的《城市的意象（The Image of the City）》中，他以走在波士頓、洛杉磯等城市街頭的一般民眾為對象，進行有關城市意象的調查，並根據調查結果提出構成城市意象的5大元素：通道（paths）、邊界（edges）、地區（districts）、節點（nodes）、地標（landmarks）。

出處：＊1《外部空間の設計》（芦原義信著，彰国社）；＊2片山和俊製作；＊3《都市の計画と設計》（小嶋勝衛監修，共立出版）；＊4＊5《建築・都市計画のための空間学事典改訂版》（日本建築學會編，井上書院）；＊6《中国民居の空間を探る―群居類住"光・水・土"中国東南部の住空間》（茂木計一郎、片山和俊等人著，建築資料研究社）

波士頓的意象地圖
——視覺形態（凱文・林區）*3

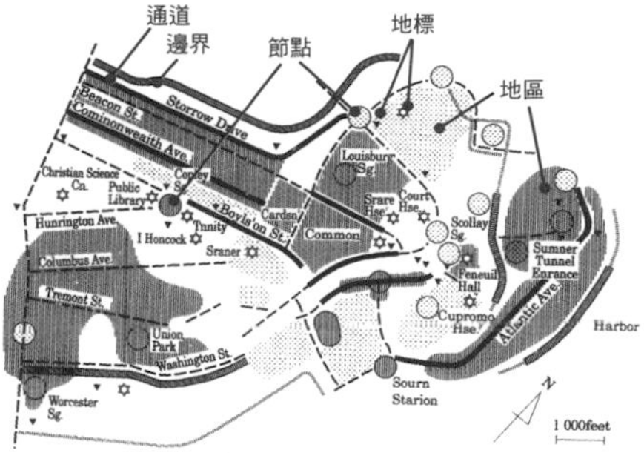

意象地圖的解說圖*2

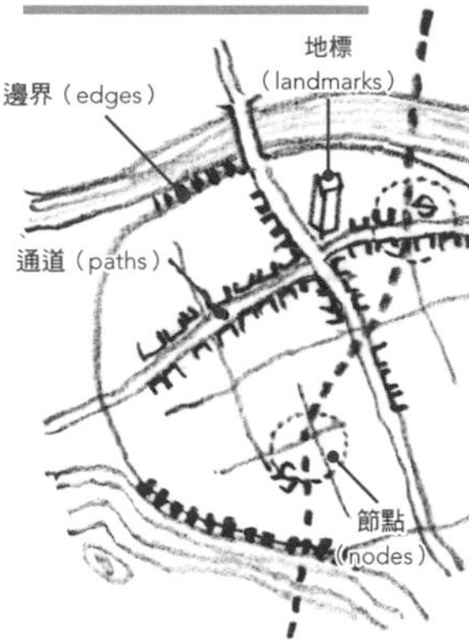

意象地圖將城市的意象分成5大元素。

建築模式語言（克里斯托佛・亞歷山大）*4

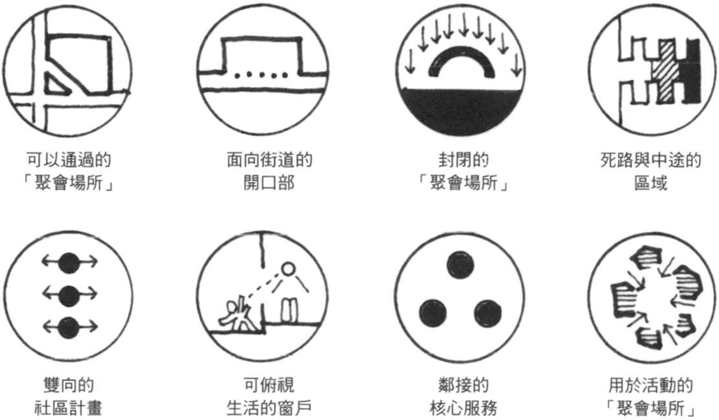

風水城市範例——中國福建省龍岩市*6

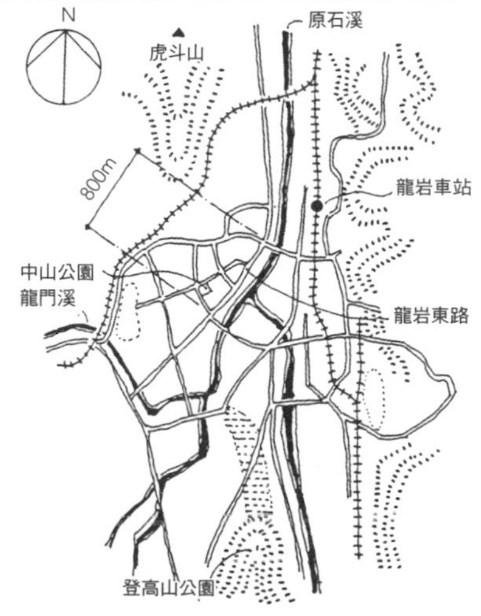

理想的風水圖*5

1. 祖宗山
2. 主山
3. 八首
4. 龍
5. 明堂
6. 穴
7. 內白虎
8. 案山
9. 外白虎
10. 內青龍
11. 外青龍
12. 外水口
13. 朝山

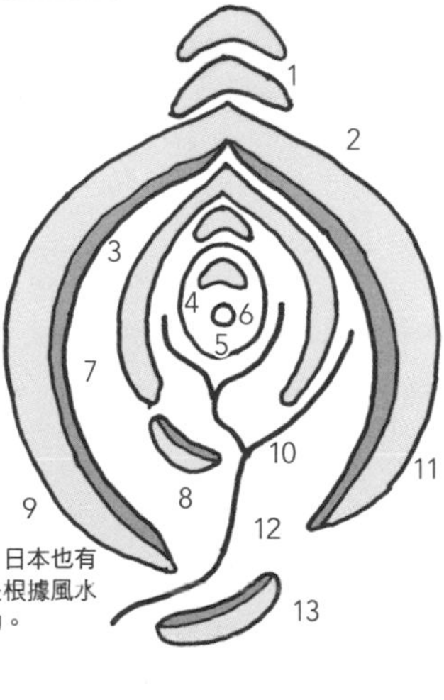

不只中國，日本也有許多城市是根據風水觀念建設的。

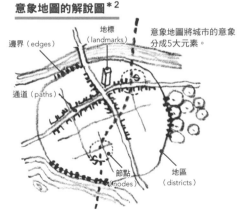

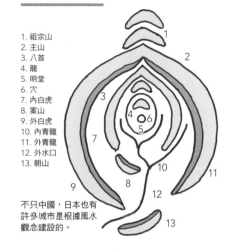

對立面的看法

京間、關東間、九州間等的1間長度看似相同，其實並不一樣。從前的財貨不像現在這樣到處流通，基本上都是地產地消，所以尺寸沒必要嚴格規定必須一致。重要的反而是比例（proportion）。希臘神廟看起來像神廟，也是因為遵守各個部位的比例。西西里島仍保留著古希臘時代的神廟，以及崩塌的各部位石材。圓柱超乎想像的巨大，而比例就留刻在這裡。

不過，日本的傳統建築也有美麗的立面。尤其各地留下的民宅與町屋更是不能錯過。西歐的立面包括黃金比例在內都是平面的，反觀日本的立面還包含了出簷深度。一般認為屋頂的簷端最好是低且深，但若考量到日照及雨淋，要決定尺寸卻意外地困難。這種時候，在該片土地經過漫長歲月的町屋或民宅可說是能夠倚仗的範本。

因應地區的氣候風土而生的外形與比例

町屋的立面

秋田縣橫手市的武家住宅或町屋的外形，是因應雪而生的。櫛比鱗次的房屋以山牆面朝向街道，懸山式屋頂的坡度與出簷之比例恰到好處。

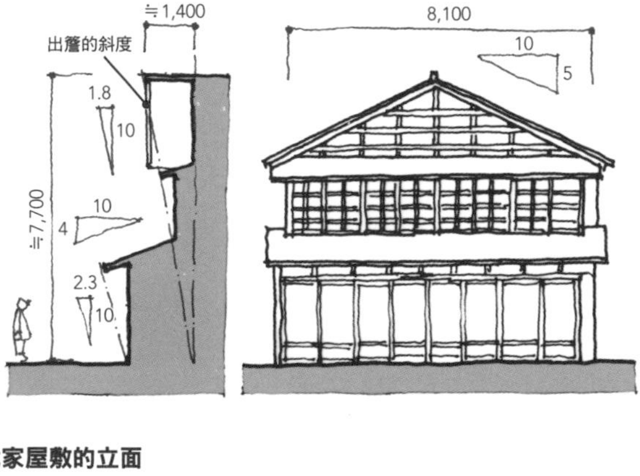
≒1,400
出簷的斜度
1.8
10
10
4
≒7,700
2.3
10
8,100
10
5

武家屋敷的立面

≒1,200
出簷的斜度
1.8
10
10
4
≒6,800
2.3
10
視線高度
5,460
10
5

目測：片山和俊

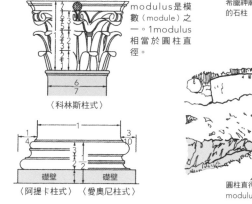

整數比的立面（希臘・波塞頓神廟）*

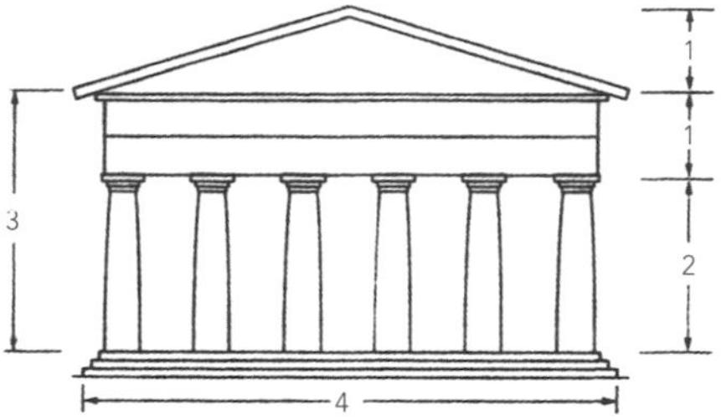
1
1
2
3
4

黃金比（m：M）的立面（埃及・埃德富神廟）*

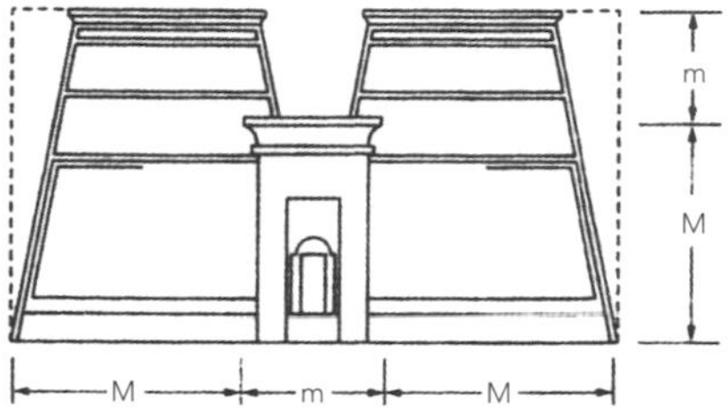
m
M
M
m
M

古希臘建築的modulus範例 *

〈科林斯柱式〉

modulus是模數（module）之一。1modulus相當於圓柱直徑。

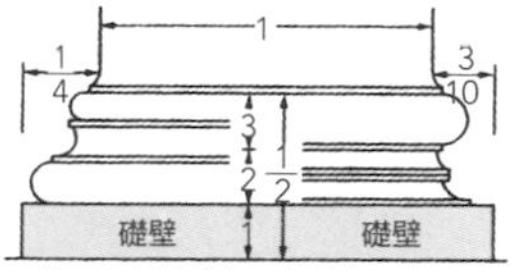
1
1
4
3
10
礎壁
礎壁

〈阿提卡柱式〉 〈愛奧尼柱式〉

希臘神廟的石柱大小（西西里島・塞利農特）

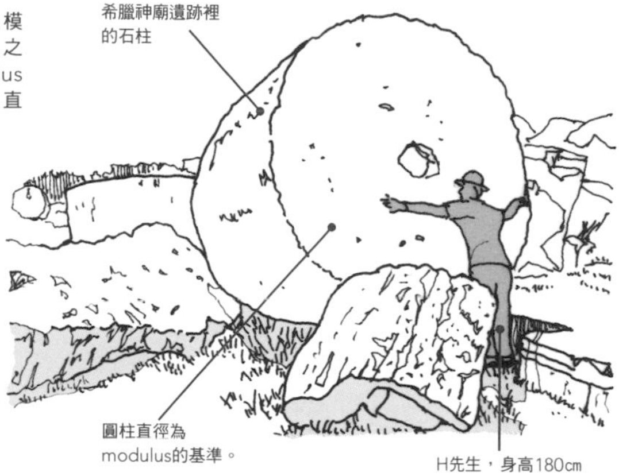
希臘神廟遺跡裡的石柱
圓柱直徑為modulus的基準。
H先生，身高180cm

片山和俊繪製

勒・柯比意的模矩 *

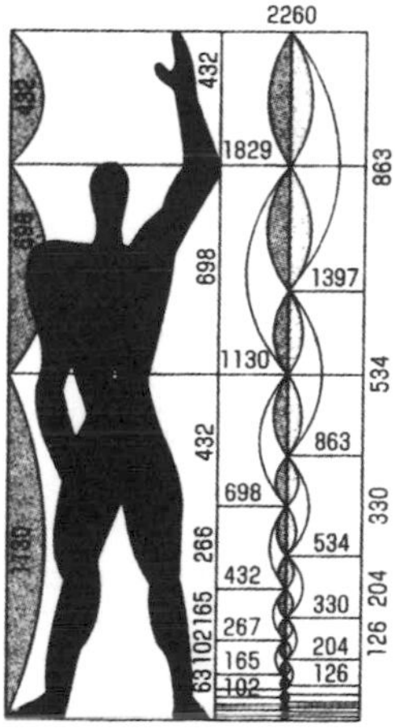
2260
432
1829
698
863
1397
1130
534
432
863
698
330
266
534
432
204
165
330
126
267
204
165
126
102
63
1130

勒・柯比意（Le Corbusier）將人體尺寸比例與黃金比例等等組合起來，創造出模矩（modulor）這個標準尺度。

加爾什的史坦別墅（Villa Stein at Garches）（設計：勒・柯比意、皮耶爾・讓納雷〔Pierre Jeanneret〕）*

輔助線部分使用了黃金比例長方形。

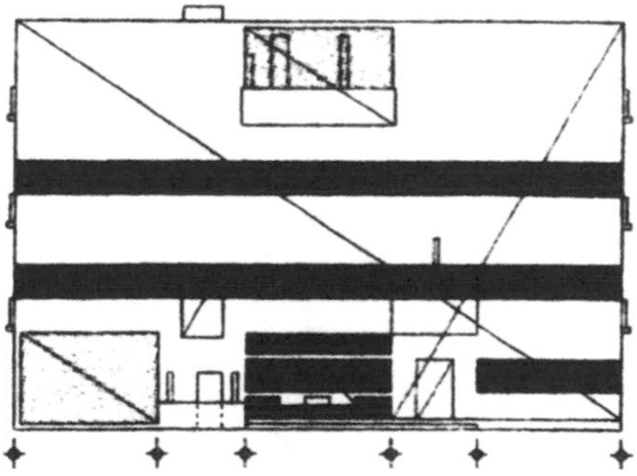

出處：＊《建築・都市計画のための空間学事典改訂版》（日本建築学会編，井上書院）

留意外部空間的高度

空間的知覺當中視覺最為重要，設計也大多重視視覺感受。視覺效果與能見度會因對象的高度以及與對象的距離而變。這稱為識別尺度（optical scale）。察看建築物的立面時，通常都是仰視，識別尺度即是以自視線高度算起的建築物高度（H），與人跟建築物的距離（D）之關係來表示。而將基於D／H比例的建築物視覺效果尺度化的人，則是19世紀的建築家馬騰斯（Hermann Maertens）。

勒・柯比意提出的模矩非常有名，他以人體尺度作為建築高度的基準，蘆原義信則是考察外部空間的人與牆壁高度。另外，愛莉森・史密森是從人與樹木的關係來思考建築物的斷面構成，同樣是具啟發性的觀點。

視野・視界・視覺效果（根據馬騰斯的理論）＊1

視覺效果與能見度會因高度尺寸及觀看距離而變。

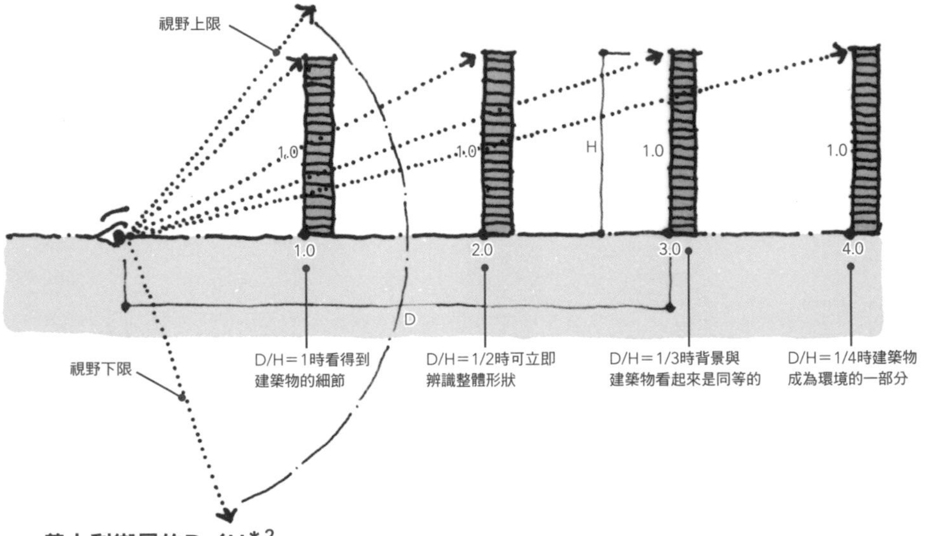
視野上限
1.0
1.0
H
1.0
1.0
1.0
2.0
3.0
4.0
D
視野下限
D/H＝1時看得到建築物的細節
D/H＝1/2時可立即辨識整體形狀
D/H＝1/3時背景與建築物看起來是同等的
D/H＝1/4時建築物成為環境的一部分

義大利街景的D／H＊2

卡米洛・西特（Camillo Sitte）認為，理想的義大利廣場為D/H＝1～2。

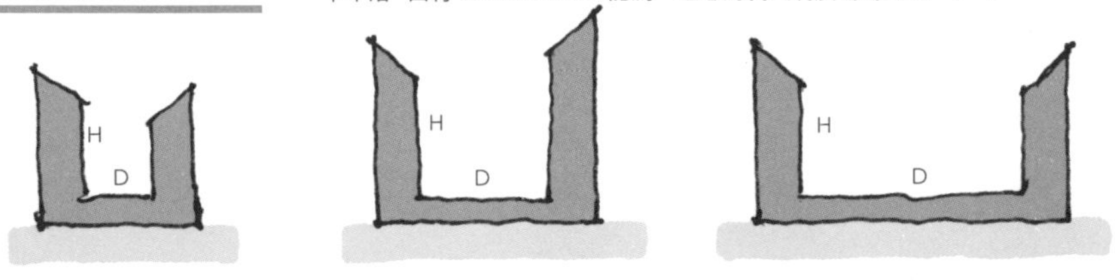
H
D
H
D
H
D

D/H≒0.5
中世紀的城市

D/H≒1
文藝復興時期的城市

D/H≒2
巴洛克時期的城市

出處：＊1《梯子・階段の文化史》（稲田愿著，井上書院）；＊2《街並みの美学》（芦原義信著，岩波書店）

建築的D／H關係＊3

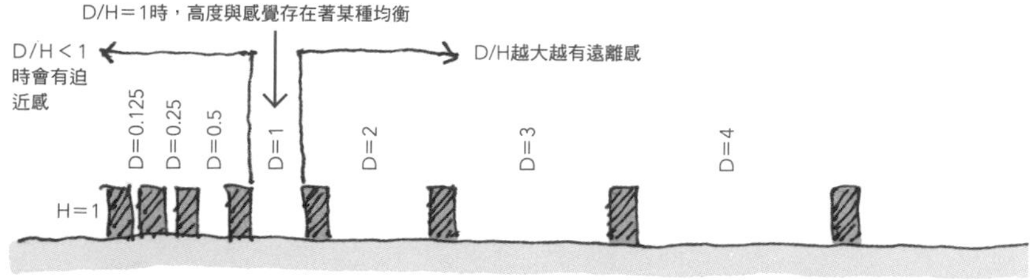
D/H＝1時，高度與感覺存在著某種均衡
D/H＜1
時會有迫
近感
D/H越大越有遠離感
D＝0.125
D＝0.25
D＝0.5
D＝1
D＝2
D＝3
D＝4
H＝1

勒・柯比意的模矩＊4

從人體導出舒適的比例與尺寸

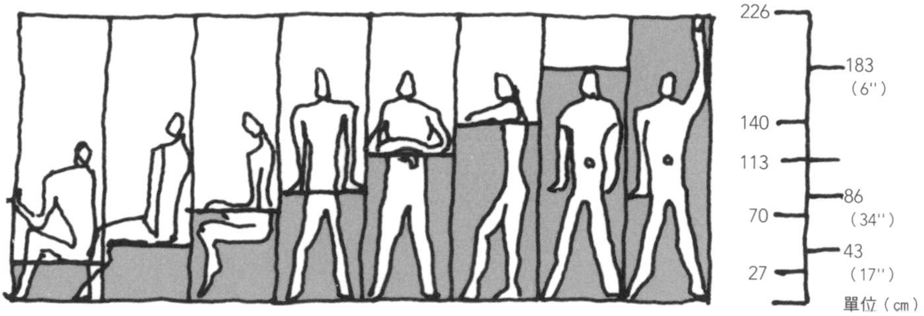
226
183
（6''）
140
113
86
（34''）
70
43
（17''）
27
單位（cm）

外部空間的牆壁高度＊5

蘆原指出，「外部空間的設計不只要注重視覺，還要講究人的行為與牆壁（工作物）之間的關係」。

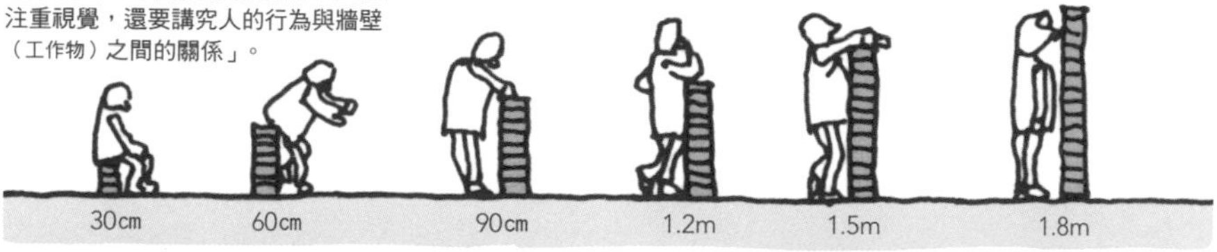
30cm
60cm
90cm
1.2m
1.5m
1.8m

樹木高度與樓層數、人之間的關係（史密森速寫）＊7

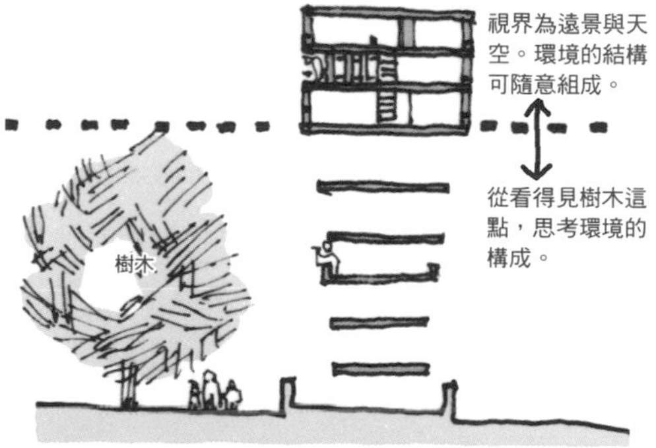
視界為遠景與天空。環境的結構可隨意組成。
從看得見樹木這點，思考環境的構成。
樹木

長椅的平均尺寸（亨利・德雷夫斯）＊6

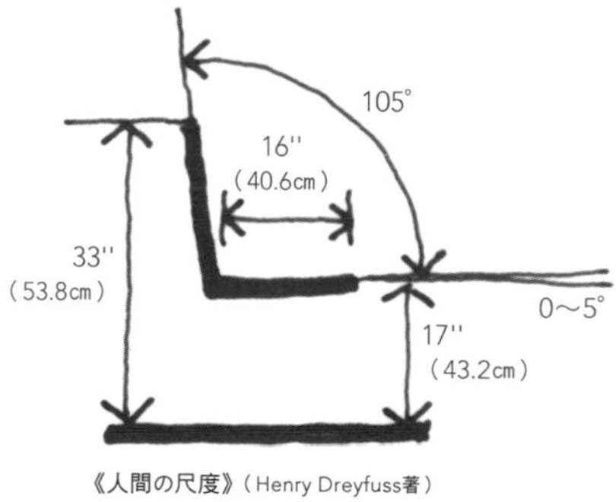
105°
16''
（40.6cm）
33''
（53.8cm）
0〜5°
17''
（43.2cm）

《人間の尺度》（Henry Dreyfuss著）

出處：＊3＊5《外部空間の設計》（芦原義信著，彰国社）；＊4＊6《景観計画》（Michael M. Laurie著，久保貞、小林紘一等人譯，鹿島出版会）；＊7《チーム10の思想》（Alison Smithson編，寺田秀夫譯，彰国社）

樓梯周圍要特別留意！

建築物的內部與外部即使高度一樣，給人的視覺印象有時並不相同。尤其樓梯周圍要特別留意。好爬的樓梯，雖然有級深（G）與級高（R）合計為45公分，或者G＋2R＝63公分之類的指標可參考，但外部樓梯若直接套用，有時看起來會比實際更狹窄擁擠，於是必須將斜度放緩。

上下樓層空間的連結度，與人的視線高度有關。當樓梯的前方看得到樓上的地面時會有連續感，看不見時則會把上下樓層視為不同的空間。人造山也存在這種關係，視覺印象同樣會隨視線高度而改變。

外部樓梯的外觀與好走度＊1

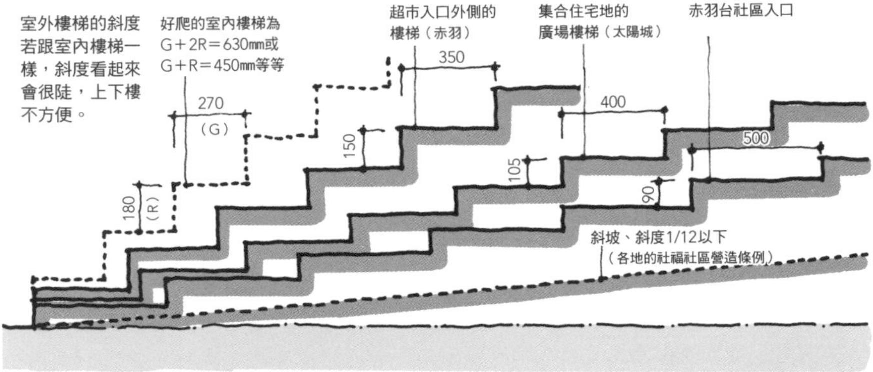
室外樓梯的斜度若跟室內樓梯一樣，斜度看起來會很陡，上下樓不方便。
好爬的室內樓梯為G＋2R＝630mm或G＋R＝450mm等等
超市入口外側的樓梯（赤羽）
集合住宅地的廣場樓梯（太陽城）
赤羽台社區入口
350
270
（G）
400
500
150
105
90
180
（R）
斜坡、斜度1/12以下
（各地的社福社區營造條例）

樓梯高度與視野＊2

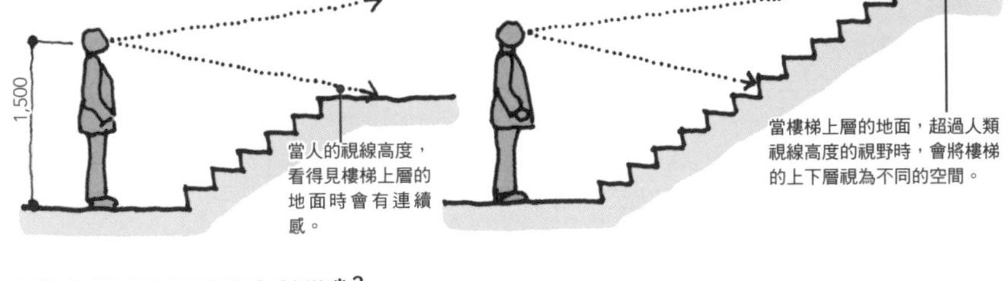
1,500
當人的視線高度，看得見樓梯上層的地面時會有連續感。
當樓梯上層的地面，超過人類視線高度的視野時，會將樓梯的上下層視為不同的空間。

人造山是以視線高度為基準＊3

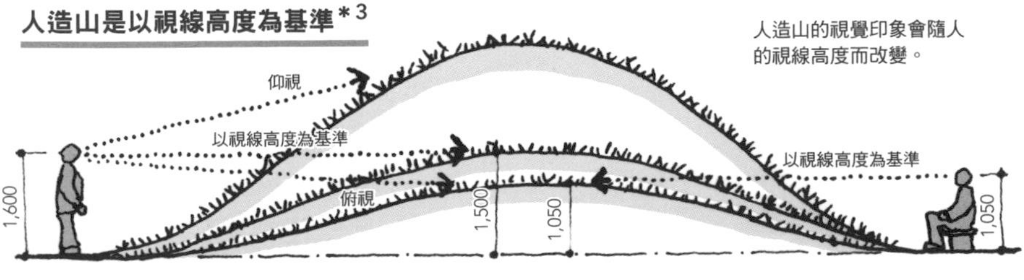
人造山的視覺印象會隨人的視線高度而改變。
仰視
以視線高度為基準
俯視
以視線高度為基準
1,600
1,500
1,050
1,050

利用遠近法欺騙視覺的手法

巴洛克建築運用了人的視覺特性。貝尼尼（Gian Lorenzo Bernini）設計的連接聖彼得大教堂的國王樓梯（Scala Regia），以及米開朗基羅設計的卡比托利歐廣場（Piazza del Campidoglio）等等，就是利用遠近法造成的錯覺來提高空間效果。

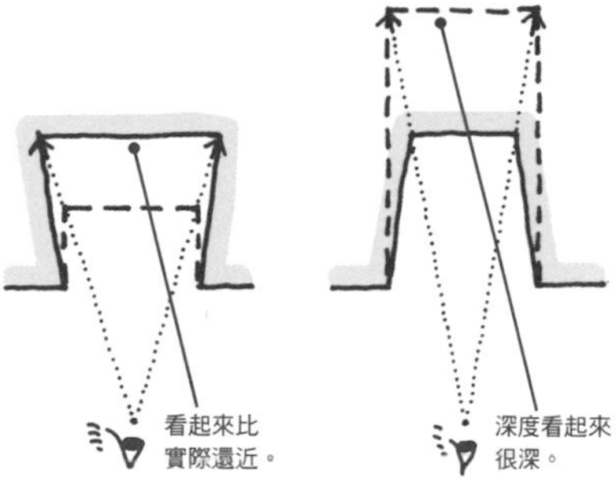
看起來比
實際還近。
深度看起來
很深。

卡比托利歐廣場的變遷＊4

〈米開朗基羅設計前的廣場與建築〉

廣場位在羅馬的卡比托利歐山上。以古羅馬的檔案館為中心，周圍有中世紀改建的舊元老宮與附屬建造物，整體缺乏秩序與對稱。

〈米開朗基羅設計的現在的廣場與建築〉

現在的廣場是米開朗基羅在1538年設計與動工。

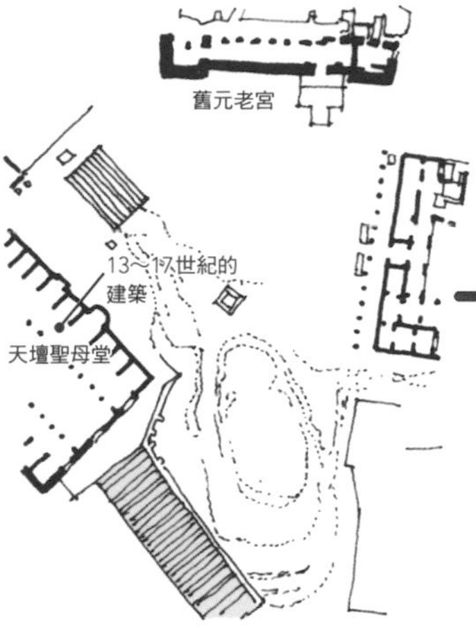
舊元老宮
13～17世紀的
建築
天壇聖母堂

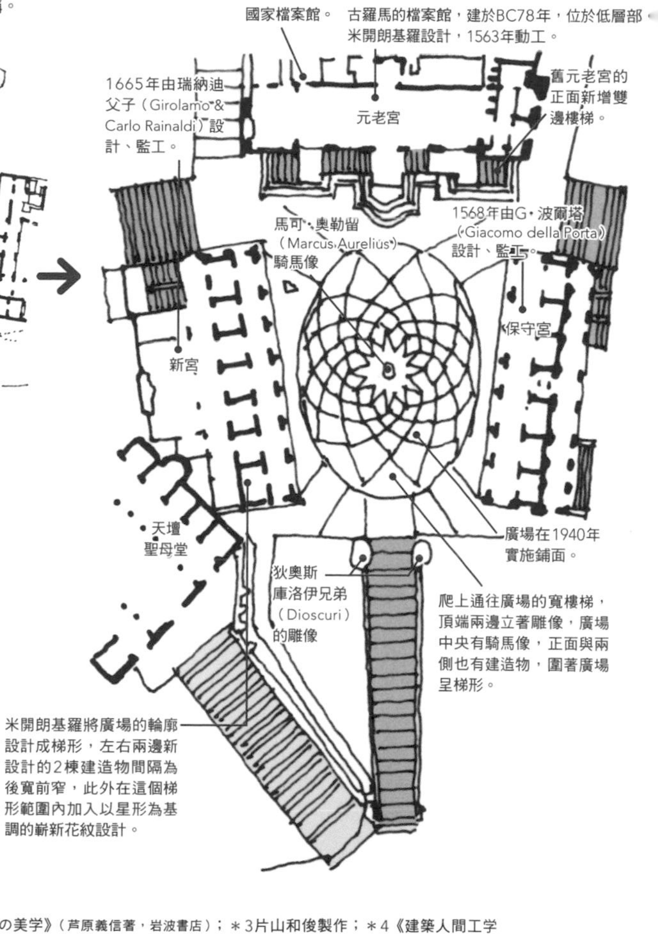
國家檔案館。
古羅馬的檔案館，建於BC78年，位於低層部。
米開朗基羅設計，1563年動工。
1665年由瑞納迪父子（Girolamo & Carlo Rainaldi）設計、監工。
元老宮
舊元老宮的正面新增雙邊樓梯。
馬可・奧勒留（Marcus Aurelius）騎馬像
1568年由G・波爾塔（Giacomo della Porta）設計、監工。
保守宮
新宮
天壇聖母堂
廣場在1940年實施鋪面。
狄奧斯庫洛伊兄弟（Dioscuri）的雕像
爬上通往廣場的寬樓梯，頂端兩邊立著雕像，廣場中央有騎馬像，正面與兩側也有建造物，圍著廣場呈梯形。
米開朗基羅將廣場的輪廓設計成梯形，左右兩邊新設計的2棟建造物間隔為後寬前窄，此外在這個梯形範圍內加入以星形為基調的嶄新花紋設計。

出處：＊1片山和俊製作；＊2《街並みの美学》（芦原義信著，岩波書店）；＊3片山和俊製作；＊4《建築人間工学 空間デザインの原点》（岡田光正著，理工学社）

斜坡之城與塔樓之城

埃里切、聖吉米尼亞諾［義大利］

義大利的城鎮各具魅力，很難選出哪個比較好。不過，若選斜坡之城埃里切（Erice）與塔樓之城聖吉米尼亞諾（San Gimignano），應該沒人會反對吧？有句話說「義大利人擁有世上最大的客廳」，埃里切的迷人之處就在於遍布整座城鎮、讓人有這種感受的石板路。連爬上爬下的小巷與廣場的各個角落，都鋪上較大的正方形鋪地石。是無關好壞，能感受到強烈執著的石板路。

至於聖吉米尼亞諾，進入狹窄的城門後便是一條通往中心部的細坡道，房屋之間的縫隙看得到塔樓的影子。城鎮位在山坡上，塔樓又進一步向上延伸。建造過程就交給歷史去說明，總之以一個空間來說是很有魅力的。

遠望斜坡之城——埃里切

西西里島的古城之一，位在遭周圍孤立的山上，看起來就像是給山戴上帽子。不僅是守護西西里島北方與西方的據點，亦是供奉航海守護神的聖地，因而繁榮起來。

埃里切
鹽山
特拉帕尼
（Trapani）的鹽田

鋪地石的排列方式很特殊

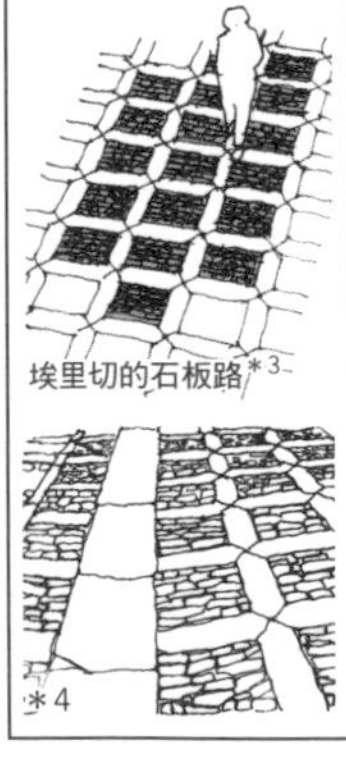
埃里切的石板路*3
*4

石板路之城——埃里切*2

埃里切市區圖*1

到特拉帕尼
加爾米尼門（Porta Carmine）
翁貝托一世廣場
（Piazza Umberto I）
前8～6世紀的城牆
聖儒利安堂
（Chiesa di San Giuliano）
維克多・伊曼紐街
（Via Vittorio Emanuele）
鐘樓
大教堂
特拉帕尼門
朱塞佩・薩勒諾將軍街
（Via Generale
Giuseppe Salerno）
聖方濟各街
（Via San Francesco）
諾曼城
（Castello Normanno）
0
200m

出處：＊1＊3《シチリア—“南”の再発見》（陣内秀信著，淡交社）；＊2《イタリア古寺巡礼—ミラノ→ヴェネツィア》（金沢百枝、小澤実著，新潮社）；＊4 引用自SICILIAN TREASURES ERICE 觀光指南

聖吉米尼亞諾是塔樓之城

當地擁有數座塔樓，從前最高的塔樓是最有權力與財富的人所建造的。在中世紀是最繁榮的自治都市，當時還有法律規定，拆掉壞掉的塔樓時必須蓋新的塔樓。

無論遠近都看得到塔樓的影子

最多的時候曾超過70座，可惜大多數都拆掉了，現在剩下14座塔樓。

聖吉米尼亞諾市區圖（局部）＊5

主教座堂廣場
N
水井廣場
（Piazza della Cisterna）
城牆
城門
0
500m

位在托斯卡尼大區的聖吉米尼亞諾，其歷史地區於1990年登記為世界遺產。現在的市區距離這個地區有數公里。

中世紀的塔樓
──格羅薩塔

聳立在市政廳旁邊的是聖吉米尼亞諾最高的塔樓──格羅薩塔（Torre Grossa）。為14世紀初期的建築。

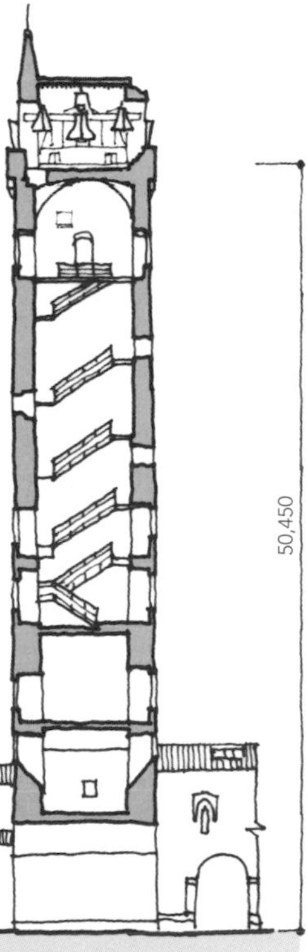
50,450

平面圖

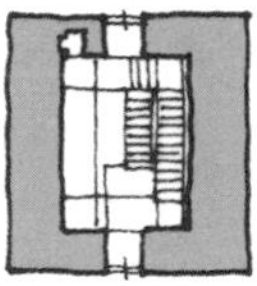

斷面圖

出處：＊5《図説都市の世界史2》（Leonardo Benevolo著，佐野敬彥、林寬治譯，相模書房）

廣場頗具魅力的城鎮

敘拉古、維傑瓦諾［義大利］

要決定義大利哪座城鎮的廣場最棒，同樣是一件極為困難的事，不過當中令人印象深刻的，就是西西里島古城敘拉古（Syracuse）的主教座堂廣場。蔚藍的天空之下，以主教座堂為首的各種歷史悠久的建築物，在宛如拋光過的石片鋪面地板落下清晰的倒影。至於北義大利小城市維傑瓦諾（Vigevano）的公爵廣場（Piazza Ducale），則是文藝復興風格的廣場中最早期的廣場之一。17世紀完工的巴洛克式大教堂立面欺騙視覺，化解了廣場與大教堂軸線不對齊的問題，提高大教堂與廣場的一體感。

一個是由自然的歷史累積而成的廣場，另一個則是統一成一種風格充滿氣勢的廣場。雖然兩者成對比，但同樣都很有魅力。

觀察敘拉古的主教座堂廣場

彷彿將擁擠的舊市區切割一般長長的弓形廣場，很突然地與矩形廣場撞在一塊。

混合各種風格的主教座堂外牆

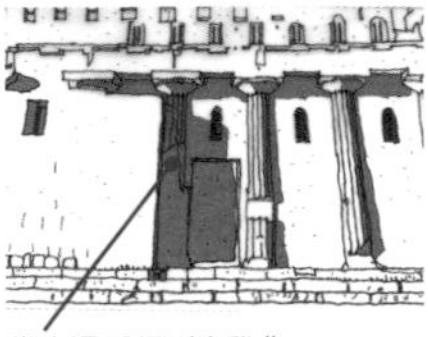
當中還看得到古雅典神廟的柱子。

步測主教座堂廣場

由片山步測（1步＝0.7m）

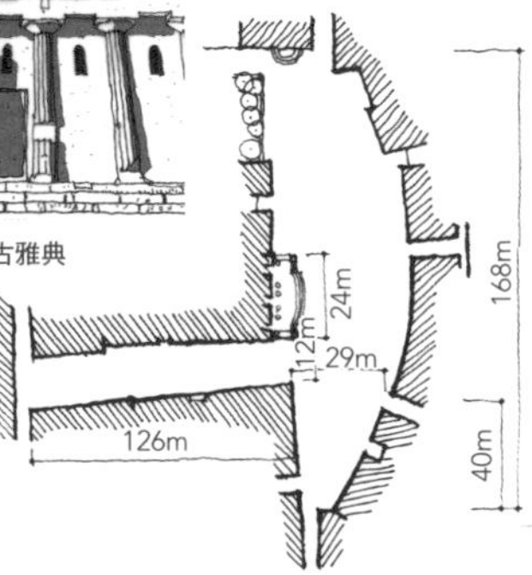

敘拉古市區圖＊1

觀察維傑瓦諾的公爵廣場

這是文藝復興風格的廣場，由安布羅吉奧・達柯爾特（Ambrogio da Corte）負責興建，柏拉孟特與達文西亦提供協助。

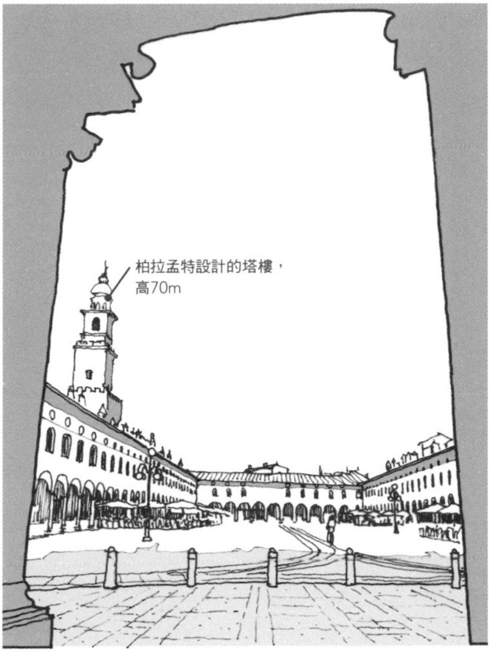
柏拉孟特設計的塔樓，
高70m

公爵廣場平面圖＊2

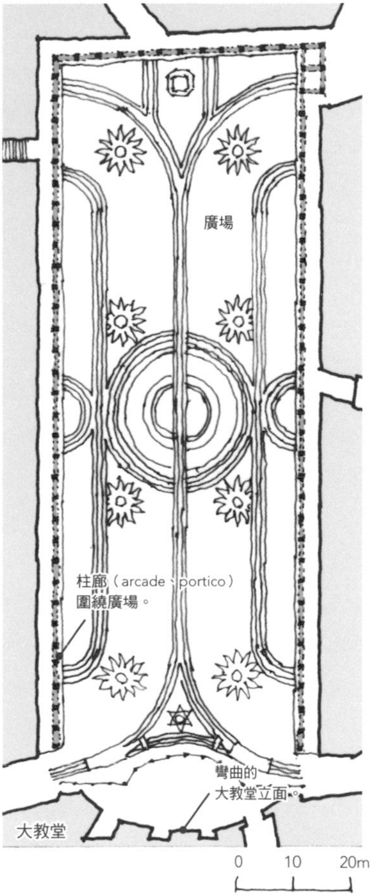
廣場
柱廊（arcade、portico）
圍繞廣場。
彎曲的
大教堂立面。
大教堂
0
10
20m

維傑瓦諾市區圖＊4

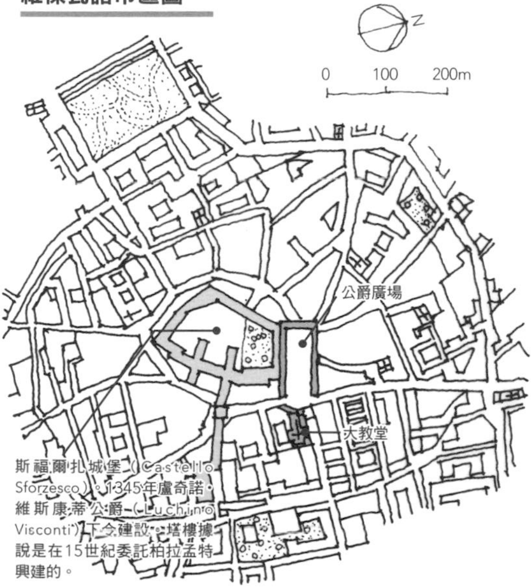
N
0
100
200m
公爵廣場
大教堂
斯福爾扎城堡（Castello Sforzesco）。1345年盧奇諾・維斯康蒂公爵（Luchino Visconti）下令建設，塔樓據說是在15世紀委託柏拉孟特興建的。

公爵廣場周邊圖＊3

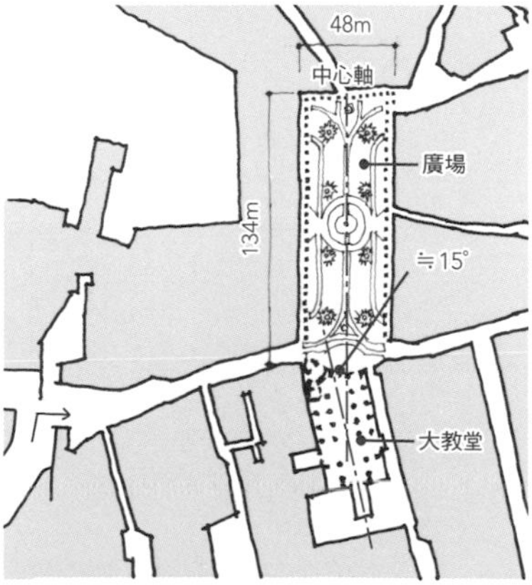
48m
中心軸
廣場
134m
≒15°
大教堂

出處：＊1＊4《イタリアの路地と広場〈上・下〉》（竹内裕二著，彰国社）；＊2＊3《街並みの美学》（芦原義信著，岩波書店）

歷史街景的保存與都市更新

漢堡［德國］

漢堡是德國北部的港埠都市，由阿爾斯特河（Alster）東岸的舊市區與西岸的新市區，以及周邊地區構成。擁有美麗街景的舊市區自古就是商業區的中心，許多運河流經此地。

要給舊市區導入新的都市機能，需要進行拆除重建型的大規模都更，但這件事遭到市民反對。因此最後採取的方法是，保留面向道路的建築物立面，後側的未利用地則興建拱廊街加以運用。現在，這些拱廊街已在市區內形成網絡，除了購物之外，亦是市民的散步路線。

漢堡中心市區的都市更新（局部）

阿爾斯特湖
街區內的未利用或低度利用土地，藉由興建拱廊街來達到有效運用。
運河

MEMO

德國的市區是由口字形街區（俗稱：無核）所構成，街景雖美，內部卻雜亂無章，有許多未利用或低度利用土地。要保留歷史街景，又要進行都市更新，焦點就得放在這類土地的運用上。以住宅為主的街區就很常看到，興建共用地下停車場，上層則設置廣場等設施的做法。

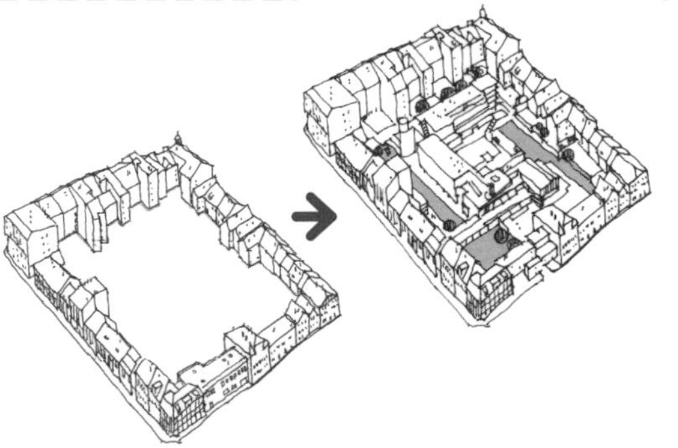

利用拱廊街活化城市

在漢堡中心市區的都市更新中，扮演核心角色的是漢薩社區拱廊街※。這個街區在1980年完工，是中心市區的都更模範街區。關於如何在這個建築規定嚴格的地區，打造有魅力的新市街這個課題，此案例提供了許多解決問題的靈感與建議。

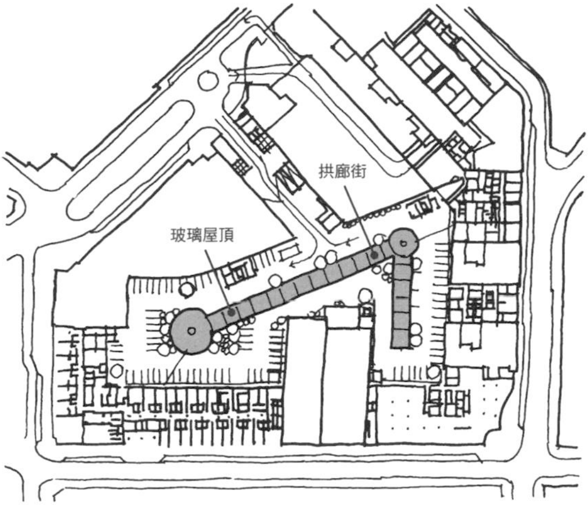

屋頂層

由於覆蓋著弧形的玻璃天花板，無論雨天還是風大的日子，民眾都能舒適地購物或散步。

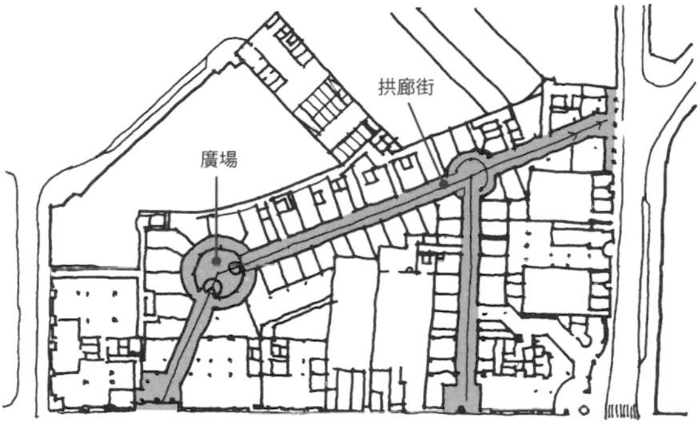

道路層

保留面向道路的建築物立面，並建置拱廊街來運用後側的未利用地。3條拱廊街在一棟高大的紅磚建築物內交會，在那裡形成小廣場，創造出熱鬧的景象。

拱廊街的熱鬧景象

漢薩社區是在1980年代完工的拱廊街，集結了許多品味不錯的店，現在仍是漢堡最受歡迎的拱廊街之一。

現階段漢堡共有13條大小拱廊街，目標是形成一個遍布整個市區的網絡。

※拱廊街主要盛行於19世紀的巴黎，到了20世紀便衰退。漢堡則以現代的形式讓拱廊街復活。計畫自1970年代開始擬定，80年代初期，紅磚建築物內便出現了以漢薩社區（Hanseviertel）為名的拱廊街。

利用拱廊街連接新舊城市

司徒加特〔德國〕

德法邊境旁邊，是冷杉之類的針葉樹林，遠遠望去一片黑黝黝的。司徒加特（Stuttgart）就位在被這片黑森林與山崗、葡萄園包圍的盆地之中。這裡亦是一座田園城市，美術館、劇院、宮殿等設施分散在市內各處。

由於S-Bahn與U-Bahn※的鐵路，在靠近司徒加特中心部的卡爾沃街地區（Calwer Straße）形成節點，這裡便進行都市更新。新的街景與卡爾沃街這條歷史悠久的商店街相接。當地利用拱廊街連結兩者，實現新舊城市的共存並創造加乘效果。

拱廊街的熱鬧景象

拱廊街（passage）是18世紀末以來，主要盛行於巴黎的商業空間。在行人專用通路的上方蓋著玻璃拱頂，通路的兩側林立著商店。百貨公司出現之前，拱廊街乃是繁榮的高級商店街。在法語中，passage的意思是「通過」或「小徑」。

跟卡爾沃街相連的拱廊街。

※U-Bahn（LRT：輕軌鐵路）大多是走專用軌道的路面電車，S-Bahn則是連接周邊城市的城市快鐵。

卡爾沃街地區鳥瞰圖

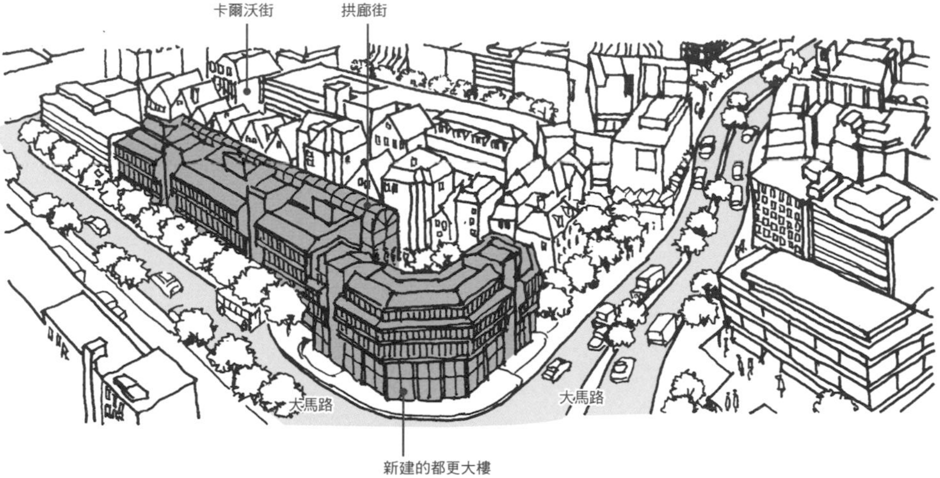
卡爾沃街
拱廊街
大馬路
大馬路
新建的都更大樓

卡爾沃街地區平面圖

利用拱廊街將都更後的新街景，與卡爾沃街這條歷史悠久的商店街連接起來，實現新舊城市的共存並創造熱鬧的景象。

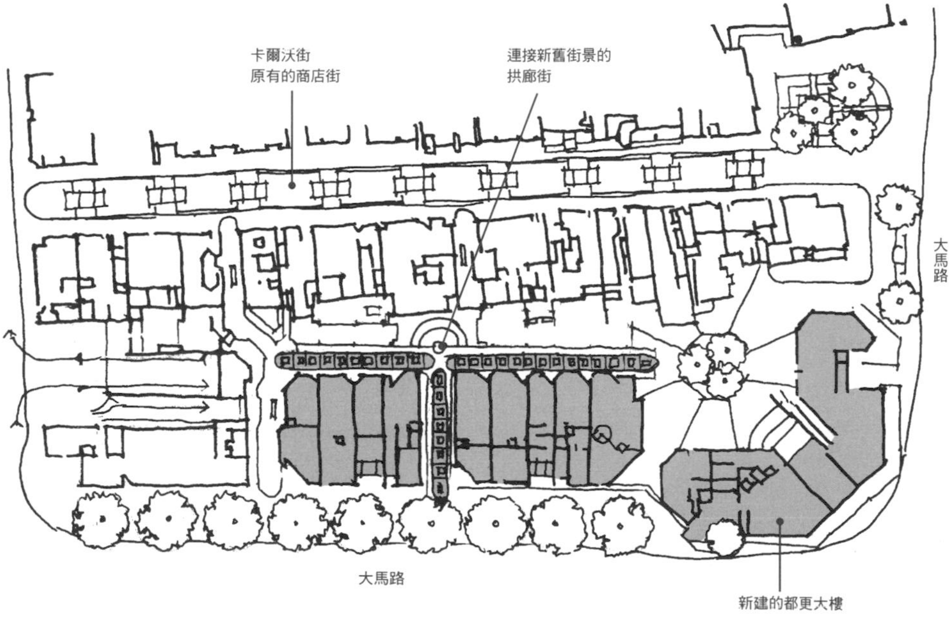
卡爾沃街
原有的商店街
連接新舊街景的
拱廊街
大馬路
大馬路
新建的都更大樓

有效運用街區內部並實現人車分離

哈梅恩［德國］

德國在結束戰後復興，進入1960年以來的經濟成長期時，面臨「充實都市機能」這項新課題。至於解決辦法，並非單純地除舊布新打造新的市區，而是設法運用歷史悠久的街景並且改造城市。

眾所周知，哈梅恩（Hamelin）幾乎沒受到第二次世界大戰的摧殘，街景仍保留著中世紀的影子。之所以要改造這座城市，是為了改善美術館等文化設施與既有住宅、供應商業樓板，以及整頓支援前者的汽車交通。

於是，德國著眼於未利用或低度利用的街區（block）內部，以期有效運用那些土地，導入新的都市機能。此外也新增環狀服務道路，連結各個街區。林立著古老建築物的既有街道則當作行人專用道，保存歷史悠久的美麗街景。

哈梅恩的街道風景之變遷

現在的哈梅恩街景。1960年以後進行的都市更新，目的在於改善文化設施與既有住宅、供應商業樓板，以及整頓汽車交通。保存歷史街景的同時，也將從前雜亂的街道變成行人專用道。

1965年當時的情形。街道上充滿了人與車，還有路面電車。

哈梅恩的都市更新計畫圖與道路計畫圖

下圖是都市更新的計畫圖。將原有的街景保留下來，打造成行人區

N
0
500
1,000m

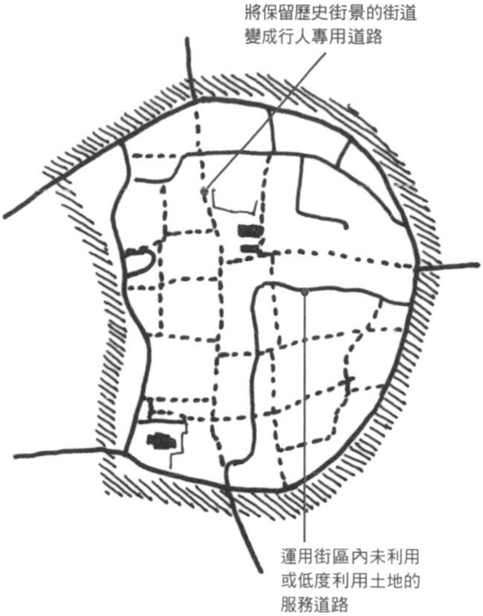
將保留歷史街景的街道
變成行人專用道路
運用街區內未利用
或低度利用土地的
服務道路

1967年當時的城市現狀圖與道路狀況圖

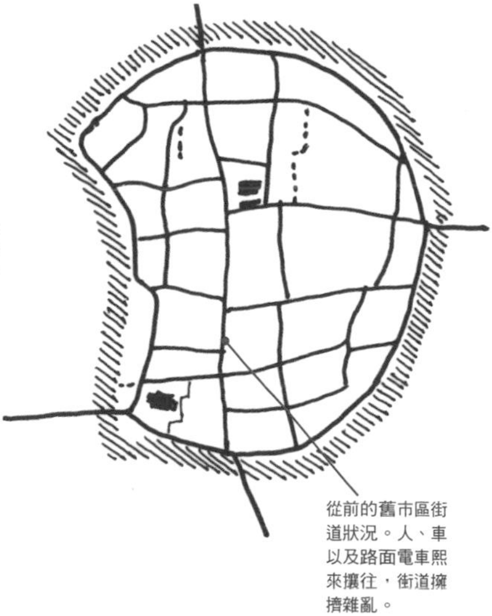
從前的舊市區街
道狀況。人、車
以及路面電車熙
來攘往，街道擁
擠雜亂。

木骨結構的街邊建築，以及地勢起伏和緩的城市

切斯特、巴斯［英國］

談及英國的城市時，不能不提到切斯特（Chester）與巴斯（Bath）。兩者都是經歷過羅馬時代的城市，但街景卻截然不同。切斯特的特徵在於，作為羅馬軍團屯駐地時興建的城牆、林立著都鐸王朝木骨結構建築物的街道結構，以及街邊建築。至於巴斯，從前受羅馬帝國統治時是繁榮的療養地，留下了古羅馬大浴場與神廟遺跡。到了18世紀則轉變為溫泉療養地，成了富裕階層的社交場所，並且形成現在的街景。切斯特的建築與高架人行道有關，巴斯的建築則與英國起伏和緩的景觀有關，兩者皆看得到建築特徵的淵源。

切斯特的街邊建築

穿過街邊建築2樓的是被稱為Rows的通路（高架人行道）。

橋街（Bridge Street）東面街景
Rows
（高架人行道）

切斯特中心市街圖

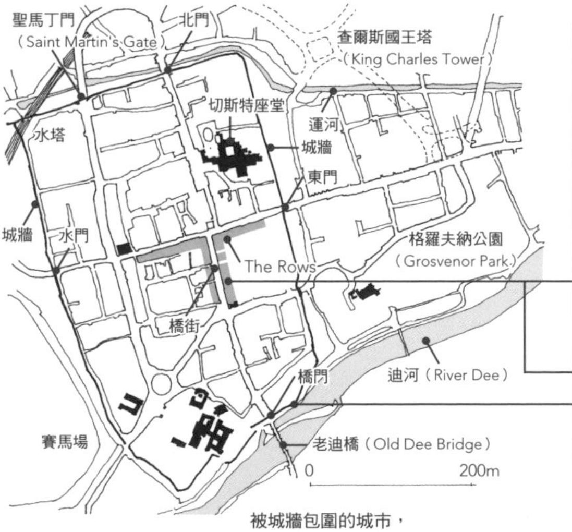
聖馬丁門
（Saint Martin's Gate）
北門
查爾斯國王塔
（King Charles Tower）
切斯特座堂
運河
水塔
城牆
東門
城牆
水門
格羅夫納公園
（Grosvenor Park）
The Rows
橋街
橋門
迪河（River Dee）
賽馬場
老迪橋（Old Dee Bridge）
0
200m

被城牆包圍的城市，
每個街區呈長寬約200m的方格狀。

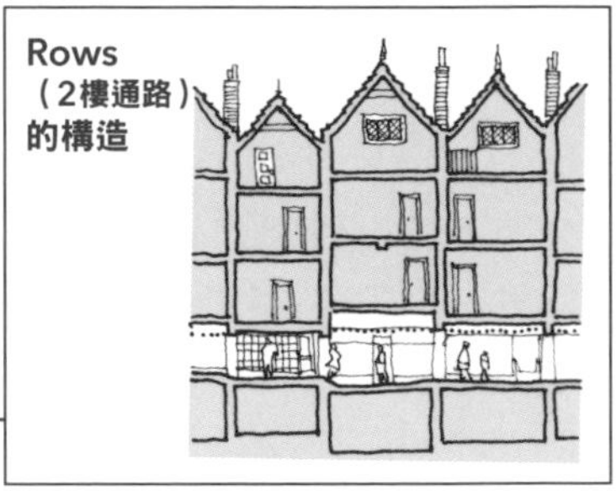
Rows
（2樓通路）
的構造

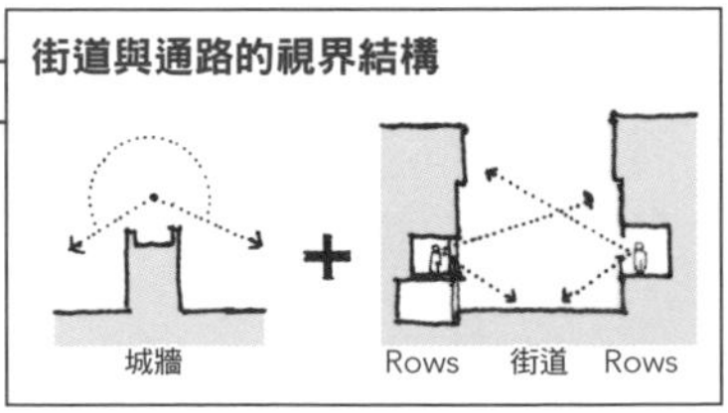
街道與通路的視界結構
城牆
Rows
街道
Rows

巴斯的門面——皇家新月（Royal Crescent）

這座城市是由理查・納什（Richard Nash）與建築師約翰・伍德（John Wood）等人推動建設，而後陸續誕生圓形廣場（The Circus），以及新月形的集合住宅皇家新月等設施。

皇家新月正面玄關

巴斯市區圖

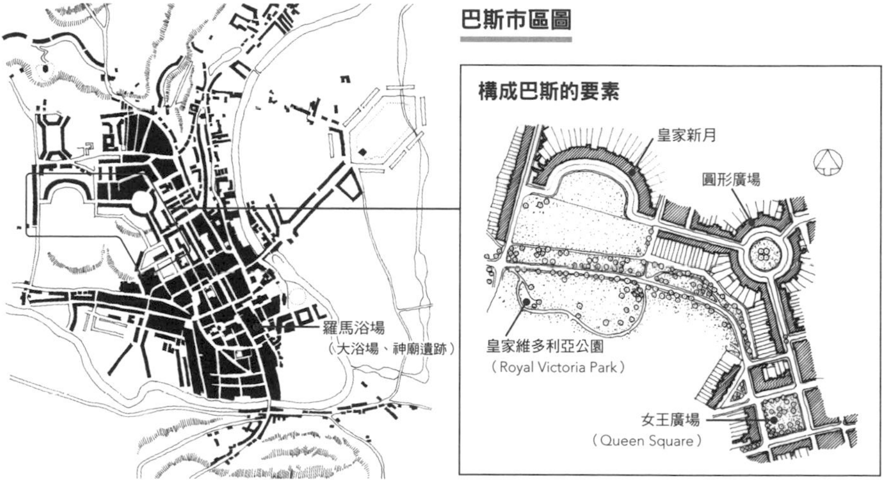
構成巴斯的要素
皇家新月
圓形廣場
羅馬浴場
（大浴場、神廟遺跡）
皇家維多利亞公園
（Royal Victoria Park）
女王廣場
（Queen Square）

空間據點分布圖

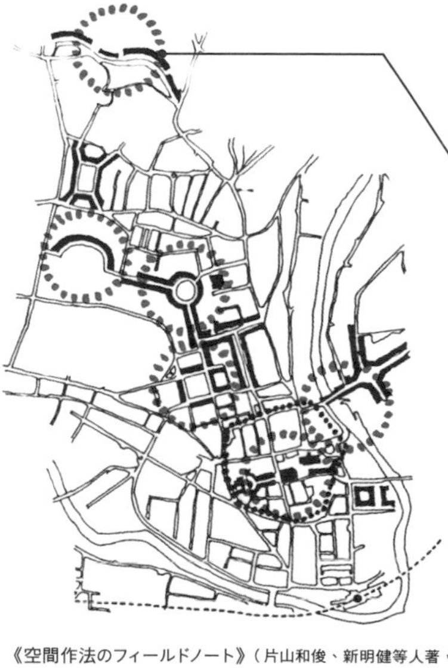

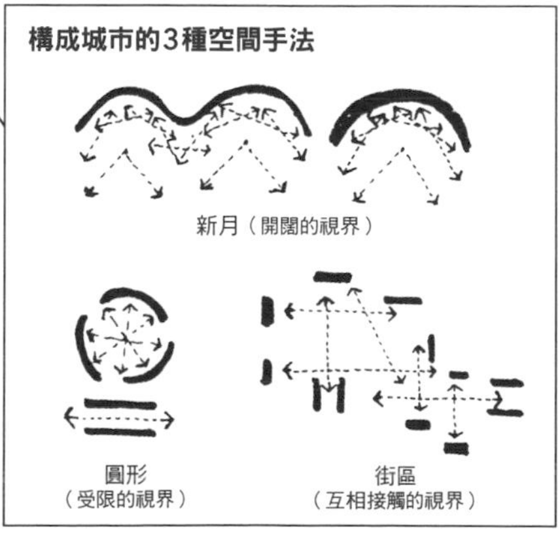
構成城市的3種空間手法
新月（開闊的視界）
圓形
（受限的視界）
街區
（互相接觸的視界）

出處：《空間作法のフィールドノート》（片山和俊、新明健等人著，彰国社）

被城牆包圍散發威嚴感的城市

平遙古城［中國］

從前中國的城市都被城牆包圍。如今大部分的城牆都拆除了，不過平遙（平遙古城）是少數的例外。據推測，其骨架是在明朝初期形成，望樓與高10公尺左右、由磚石砌成的城牆，矗立在黃土高原的乾燥平地上散發威嚴感。城牆大致呈正方形，1圈長度為6公里。城牆內側以被稱為市樓的樓閣為中心，街道呈十字形延伸，店鋪與住宿設施等等集中在此，車水馬龍。民宅為1或2層樓的四合院形式，並且擁有院子（中庭）。從萬里長城、城市的城牆，到包圍民宅的外圍牆，當時的人必須被好幾層牆壁包圍才能確保安全。平遙是將這個結構流傳下來的少數案例。

四方都被城牆牢牢包圍的城郭都市

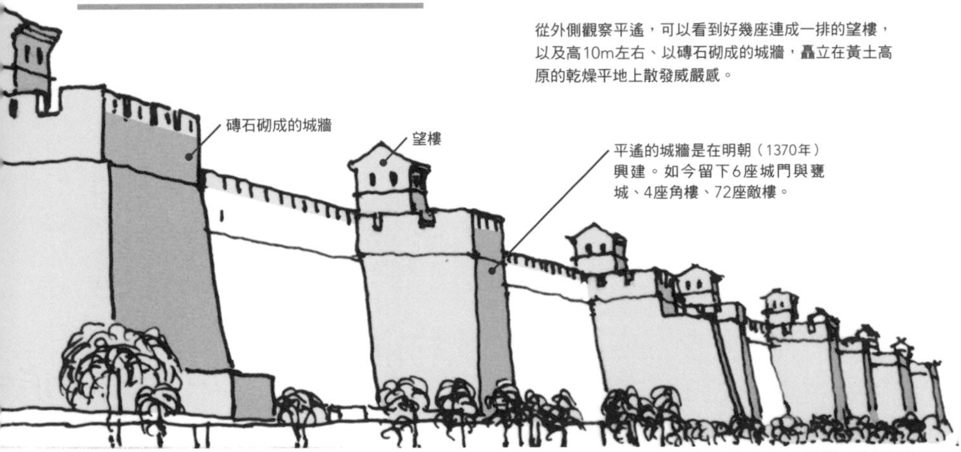
磚石砌成的城牆
望樓
平遙的城牆是在明朝（1370年）興建。如今留下6座城門與甕城、4座角樓、72座敵樓。

從外側觀察平遙，可以看到好幾座連成一排的望樓，以及高10m左右、以磚石砌成的城牆，矗立在黃土高原的乾燥平地上散發威嚴感。

速寫：片山和俊

觀察平遙城內的主要街道——南大街

平遙古城是位於中國山西省的世界遺產。明朝至清朝末期是晉商（山西商人）的據點，清朝末期更因匯兌業務而繁榮，在當時是中國的金融中心。

市樓
南大街

中國第一家銀行「日昇昌」誕生於平遙，發行的匯票可在中國各地兌換現金。

速寫：片山和俊

古城的象徵——被稱作「市樓」的樓閣

從前樓閣下方有市集，所以才稱為「市樓」。周圍是從明朝延續下來的古老商店街。一走出主要街道便是寧靜的住宅區，林立於此的「四合院」民宅為中國北部的傳統建築形式。

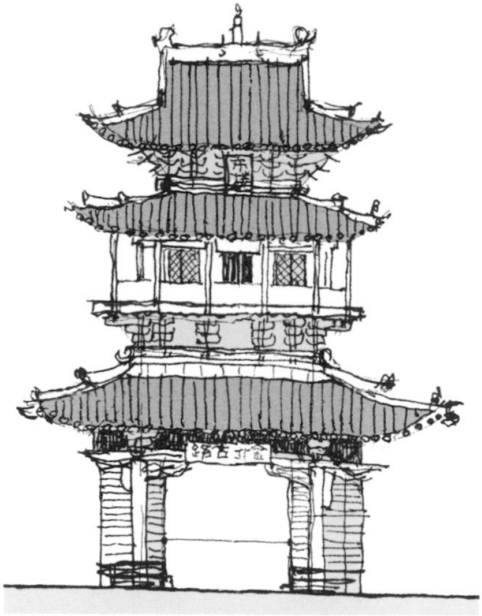

速寫：片山和俊

平遙古城圖*

誠如「龜城」這個別名，城內的街道呈「土」字形，建築則依據八卦的方位來配置。

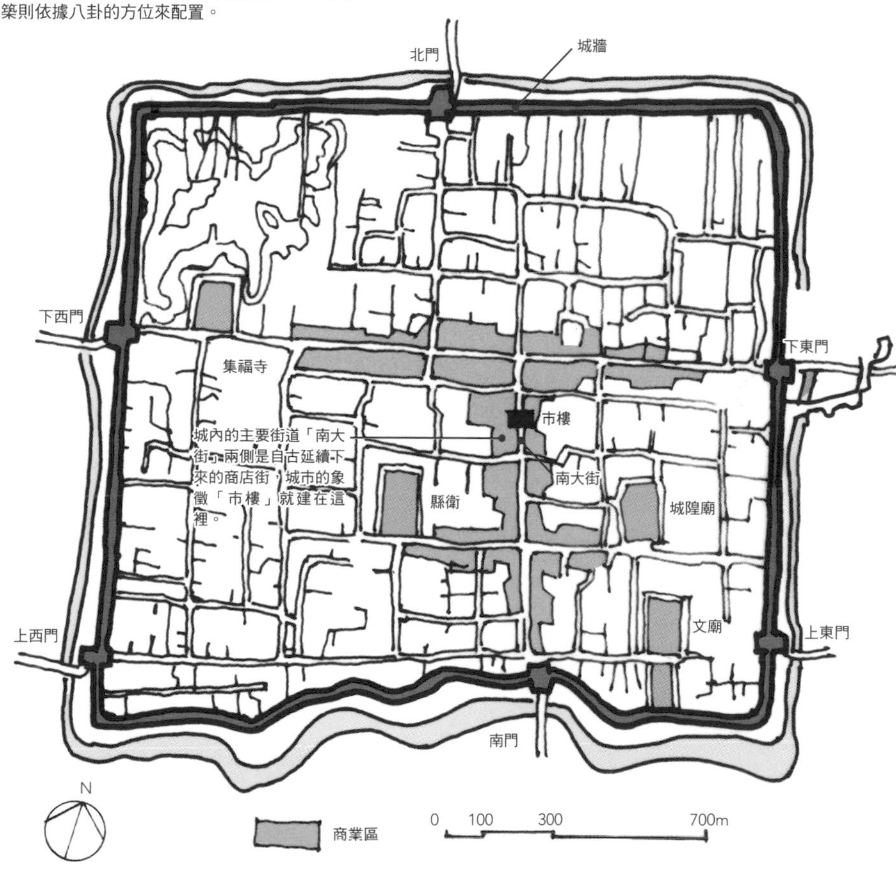
北門
城牆
下西門
下東門
集福寺
市樓
城內的主要街道「南大街」兩側是自古延續下來的商店街，城市的象徵「市樓」就建在這裡。
南大街
縣衙
城隍廟
文廟
上西門
上東門
南門
N
商業區
0 100 300 700m

出處：*《日中建築》（茂木計一郎報告，日中技術交流会会報No.52）

宿場町的街景保存事業

中山道妻籠宿［長野］

妻籠宿是中山道69次的第42個宿場，位在長野縣南木曾町蘭川的東岸。1976年獲選為國家重要傳統建造物群保存地區，是最早的選定地之一，亦是今日的街景保存之先驅。當時，妻籠因明治以來的交通改革而失去宿場町的機能，而且當地也沒有產業，在高度經濟成長浪潮的衝擊下，年輕人紛紛外流而逐漸空心化，導致這個地方日益蕭條式微。雖然拯救這裡的是街景保存事業，不過早在1965年町內就已提出並討論以觀光開發來保存聚落的構想。1968年保存事業正式展開，此為長野縣的明治百年紀念事業之一。當地居民還成立「妻籠愛護會」，提出「不出售，不出借，不破壞」三原則來形成共識，一直努力到今日。

妻籠宿的配置圖*

妻籠宿的長度約1km（標高420m）。宿場內除了房屋景觀的整頓外，還花時間踏踏實實地進行本陣的復原與協本陣的修繕、部分石板路的復原、道路標誌的設置、高札場的復原、公共廁所的設置、宿內電線桿的後移、4處停車場與生活道路的準備、防火設施的準備等等。

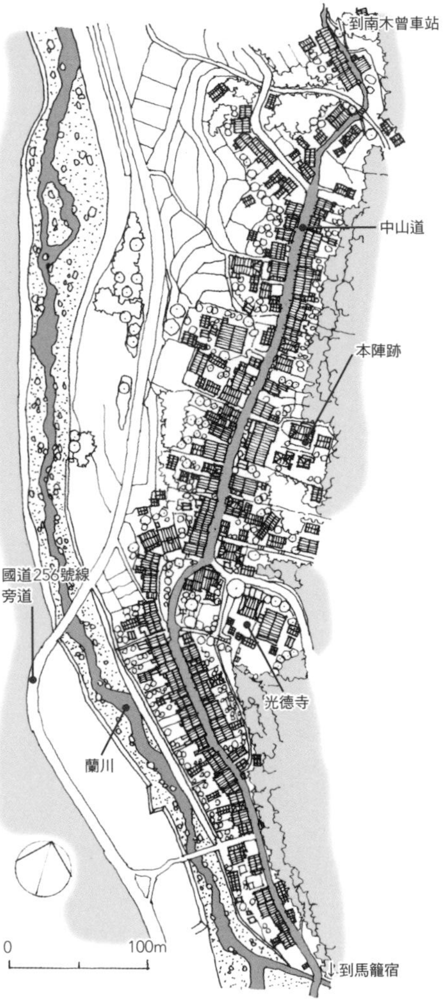
到南木曾車站
中山道
本陣跡
國道256號線
旁道
光德寺
蘭川
0
100m
到馬籠宿

妻籠宿的視點場

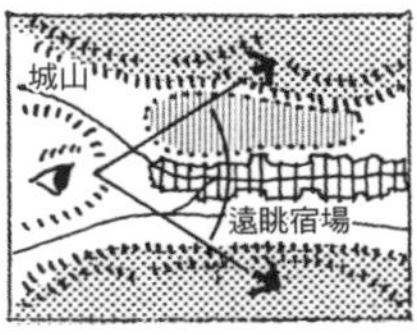
城山
遠眺宿場

妻籠宿的環境

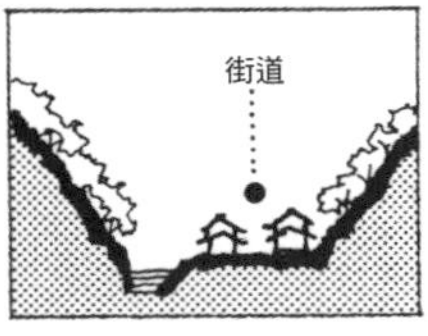
街道

出處：＊《妻籠宿その保存と再生》（太田博太郎、小寺武久著，彰国社）

觀察妻籠宿街道

當初妻籠的保存狀態不算好，幸虧有東大教授太田博太郎等專家支持，提出「將妻籠打造成日本的威廉斯堡（Williamsburg）」這句口號，以及「保存式的再開發」這個構想，也就是不將這項事業視為單純的文化財保存，而是運用保存手法，讓埋藏在町內的價值重現於世。實在不能不肯定他們的功績。

妻籠宿沿路住宅範例（熊谷宅）*

修繕後斷面圖

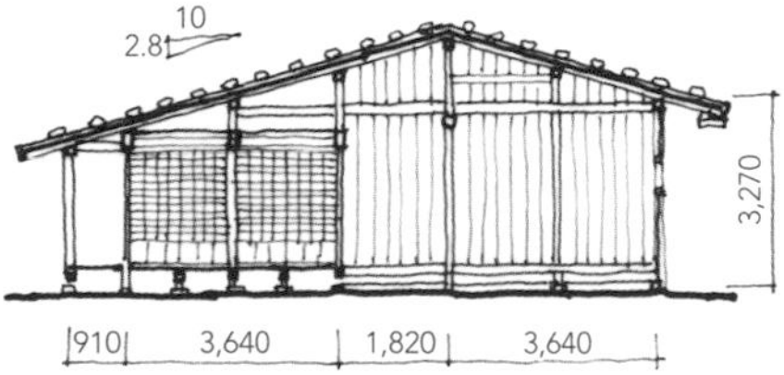
10
2.8
3,270
910
3,640
1,820
3,640

修繕後立面圖

修繕後平面圖

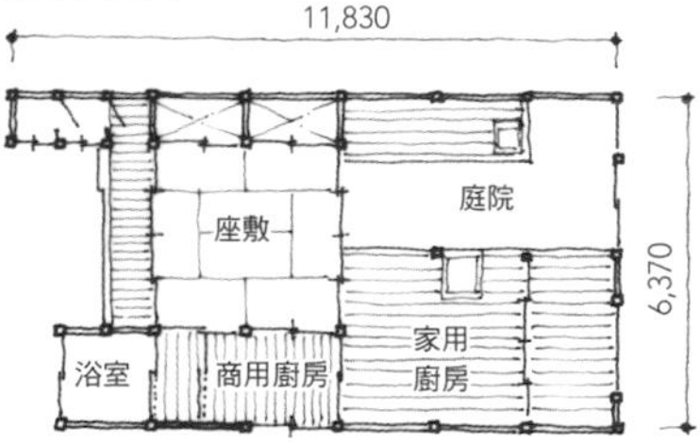
11,830
6,370
座敷
庭院
浴室
商用廚房
家用
廚房

修繕後詳圖

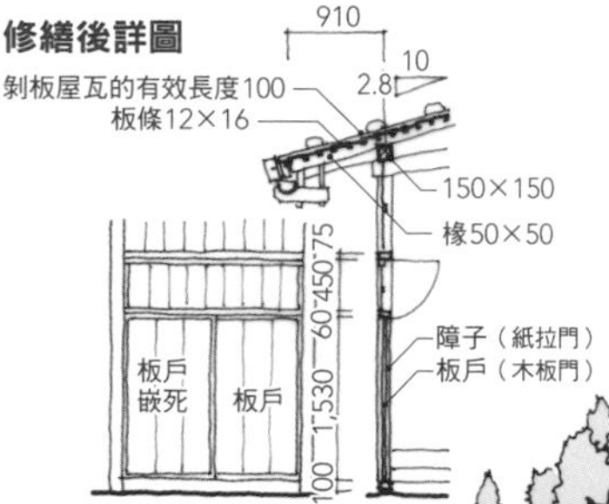
910
10
2.8
剝板屋瓦的有效長度100
板條12×16
150×150
椽50×50
75
450
60
1,530
100
障子（紙拉門）
板戶（木板門）
板戶
嵌死
板戶

妻籠宿斷面圖（寺下地區）*

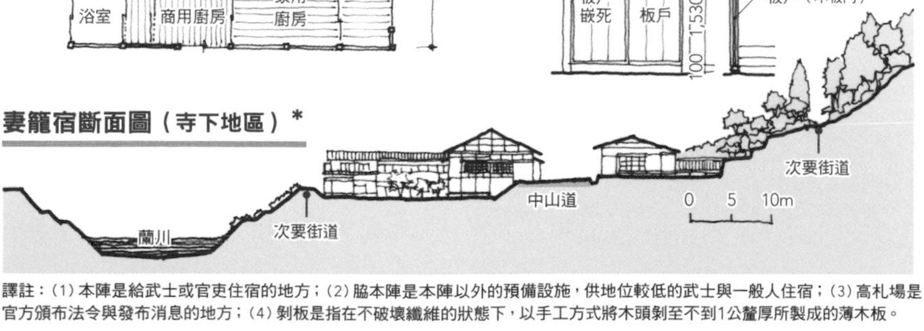
次要街道
中山道
0 5 10m
蘭川
次要街道

譯註：(1) 本陣是給武士或官吏住宿的地方；(2) 脇本陣是本陣以外的預備設施，供地位較低的武士與一般人住宿；(3) 高札場是官方頒布法令與發布消息的地方；(4) 剝板是指在不破壞纖維的狀態下，以手工方式將木頭剝至不到1公釐厚所製成的薄木板。

重新配置古老建築，重新建構外部空間

小布施町［長野］

小布施町是聞名全國的觀光交流型社區營造成功案例，其開端為地區文化的振興（北齋館的整修與市容的修景）。過程分成4期，而市村郁夫町長與建築師宮本忠長在初期扮演了很重要的角色。宮本重新建構了外部空間，例如藉由停車空間等設施提高對外部空間的注意力，以及透過新建、拆解、移建、移屋等方式重新配置建築物。至於周邊建築物的計畫，則是把外觀的材料、屋頂坡度等等視為「形成外部空間的內牆」來進行設計。

川向正人※則在著作中表示，小布施有點像歐洲小鎮，並解說小布施所在的松川沖積扇、用水之類的歷史、基於前者的聚落配置之骨架與集合密度等特性。讓人再次體會到，要創造城鎮的魅力，不僅得有先驅者們在前頭開路，還需要多到數不清的人們不斷努力與累積才能達成。

修景計畫後的中心部配置圖（修景地區與周邊）＊1

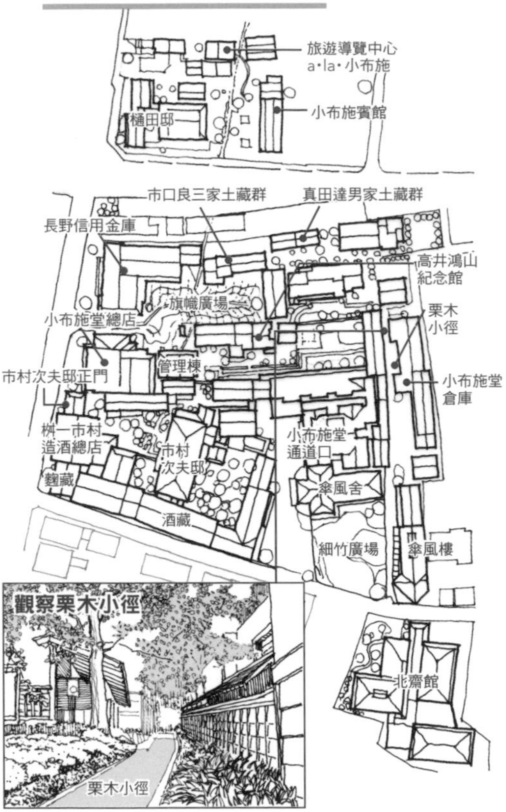
旅遊導覽中心
a・la・小布施
小布施賓館
樋田邸
市口良三家土藏群
真田達男家土藏群
長野信用金庫
高井鴻山紀念館
旗幟廣場
小布施堂總店
栗木小徑
管理棟
市村次夫邸正門
小布施堂倉庫
桝一市村造酒總店
市村次夫邸
小布施堂通道口
麴藏
傘風舍
酒藏
細竹廣場
傘風樓
觀察栗木小徑
北齋館
栗木小徑

MEMO

小布施的社區營造過程

▶第1期（～1989年），是開設如今成為小布施象徵的文化設施，並推動市容環境整頓事業的時期。

▶第2期（1989～1998年），是展開「花都營造」，以及向眾多觀光客販售在地農產品的「產業培育期」。環境整頓事業則以「道路營造」事業之形式，從町中心部擴大到周邊部。

▶第3期（1998～2005年），是以「第3屆北齋國際大會」為開端，町內有志團體陸續登場，並開始舉辦各種活動的「町民活動」時期。

▶第4期（2005年～），是以「小布施社區營造委員會」、「小布施青年會議」等活動為開端，年輕人開始在社區裡發起新活動的「新世代活躍」時期，幾個大學研究室紛紛開設相關研究小組。

※ 東京理科大學・小布施町社區營造研究所所長

小布施町押羽地區房屋分布圖＊3

如都市一般房屋密度很高的村落。

小布施町位在松川沖積扇上＊2

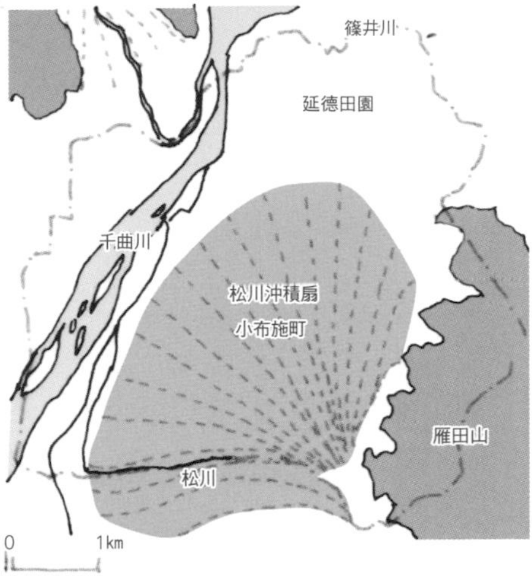
篠井川
延德田園
千曲川
松川沖積扇
小布施町
雁田山
松川
0
1km

小布施町的保存與重新建構（保存與整修移屋圖）＊5

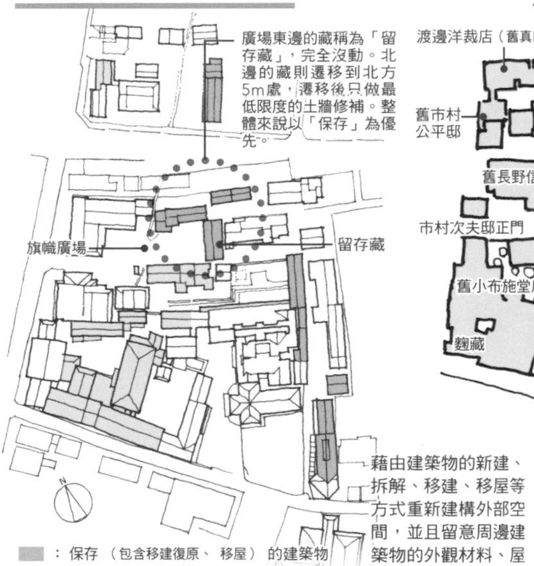
廣場東邊的藏稱為「留存藏」，完全沒動。北邊的藏則遷移到北方5m處，遷移後只做最低限度的土牆修補。整體來說以「保存」為優先。
旗幟廣場
留存藏
藉由建築物的新建、拆解、移建、移屋等方式重新建構外部空間，並且留意周邊建築物的外觀材料、屋頂坡度等等。
：保存（包含移建復原、移屋）的建築物
：整修、移屋的建築物

修景計畫前的中心部配置圖＊4

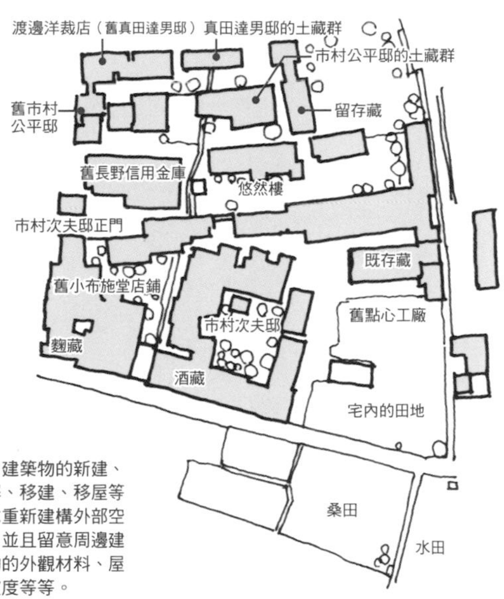
鴻山館
渡邊洋裁店（舊真田達男邸）
真田達男邸的土藏群
市村公平邸的土藏群
舊市村公平邸
留存藏
舊長野信用金庫
悠然樓
市村次夫邸正門
既存藏
舊小布施堂店鋪
舊點心工廠
市村次夫邸
麴藏
酒藏
宅內的田地
桑田
水田

史密森夫妻繪製的近鄰速寫

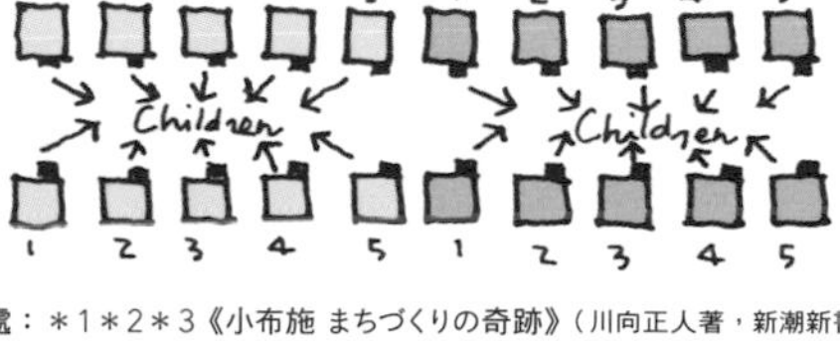
1
2
3
4
5
Children
Children

英國的都市規劃師及建築師夫妻注意到，街道兩側林立著40～50戶住宅，而這個住宅密度高的空間不單只是用來通行，亦是穩定的地區生活場所。如左圖所示，街道兩側各有5間房屋相對排成一列，是適合小孩玩耍的規模。

出處：＊1＊2＊3《小布施 まちづくりの奇跡》（川向正人著，新潮新書‧新潮社，註：本節是根據該書內容撰寫而成）；＊4＊5《東京理科大学‧小布施町まちづくり研究所‧活動記録2005》

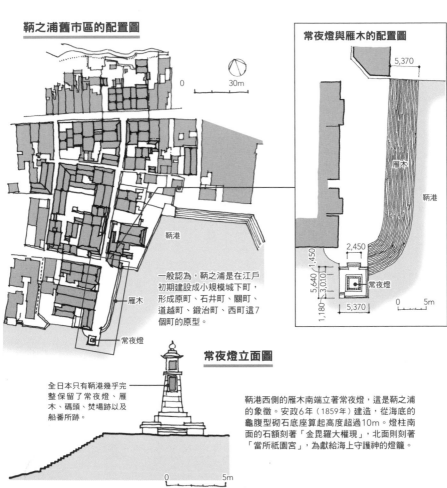

海陸一體的古老港埠都市

鞆之浦［廣島］

日本四面環海，擁有許多漁村與漁港。近年來，有魅力的港埠城鎮越來越少見，不過鞆之浦是少數的例外。很久以前神功皇后出兵朝鮮半島時曾經過此地，此外這裡也曾是朝鮮通信使團訪日時的中繼站。江戶時代初期，這裡也建設成一座小規模的城下町。這個地方能一直作為重要港口，是因為瀨戶內海東西兩側的潮流在這裡交會，很適合開船出海。

一般而言，要讓漁村或漁港看起來很有魅力，影響頗大的因素就是映入眼底的大海與密集於有限土地上的房屋景觀的搭配。鞆之浦的魅力，同樣在於海（包括近海）陸一體的地形吧。這裡有

鞆之浦舊市區的配置圖

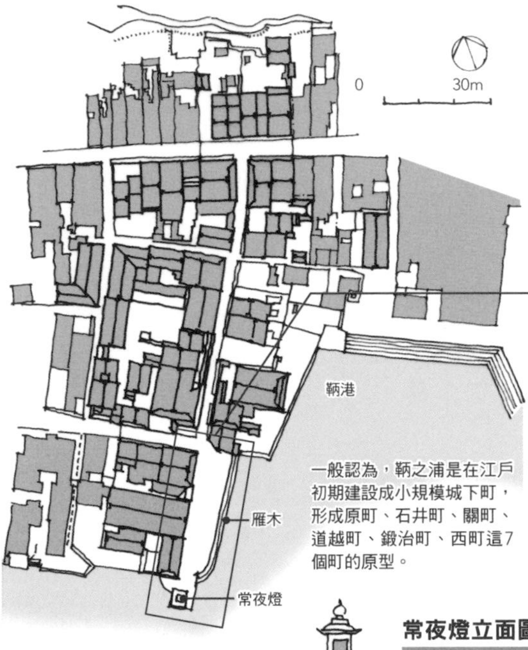
0
30m
鞆港
雁木
常夜燈

一般認為，鞆之浦是在江戶初期建設成小規模城下町，形成原町、石井町、關町、道越町、鍛治町、西町這7個町的原型。

常夜燈與雁木的配置圖

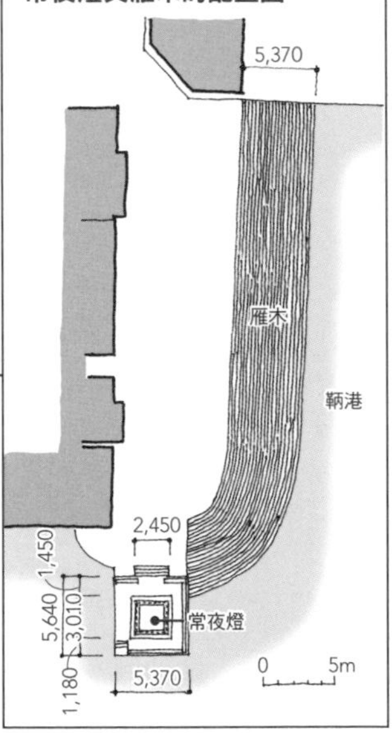
5,370
雁木
鞆港
2,450
1,450
5,640
3,010
1,180
常夜燈
5,370
0
5m

常夜燈立面圖

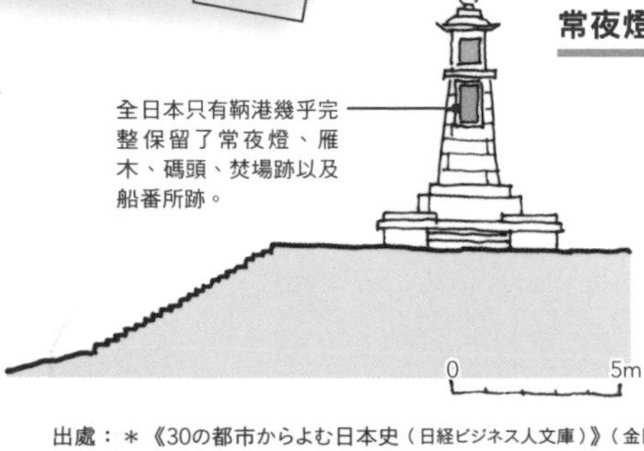
全日本只有鞆港幾乎完整保留了常夜燈、雁木、碼頭、焚場跡以及船番所跡。
0
5m

鞆港西側的雁木南端立著常夜燈，這是鞆之浦的象徵。安政6年（1859年）建造，從海底的龜腹型砌石底座算起高度超過10m。燈柱南面的石額刻著「金毘羅大權現」，北面則刻著「當所祇園宮」，為獻給海上守護神的燈籠。

出處：＊《30の都市からよむ日本史（日経ビジネス人文庫）》（金田章裕監修，造事務所編著，日本経済新聞出版社）

大幅彎曲的大小入海口，以及出現在中間尖端的城鎮景色。另外，呈階梯狀的雁木與常夜燈，加深了船隻進出這裡的印象。

鞆港配置圖

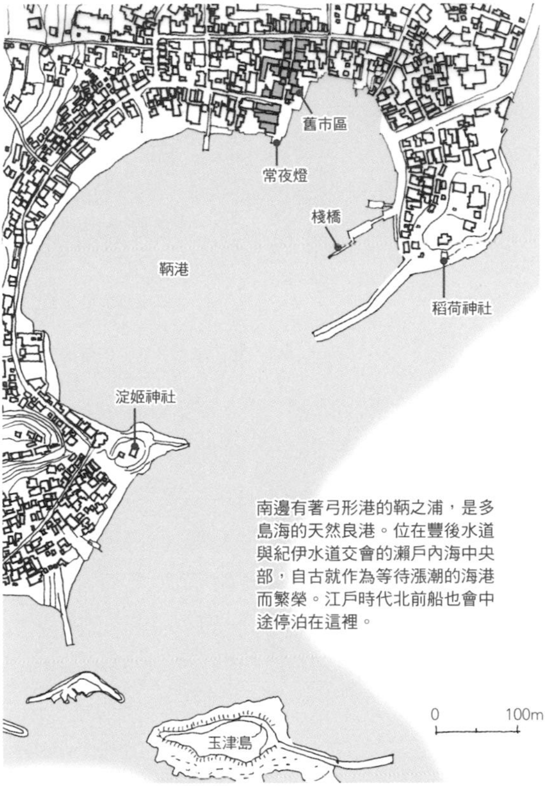

南邊有著弓形港的鞆之浦，是多島海的天然良港。位在豐後水道與紀伊水道交會的瀨戶內海中央部，自古就作為等待漲潮的海港而繁榮。江戶時代北前船也會中途停泊在這裡。

瀨戶內海的海流與鞆之浦*

鞆之浦靠近瀨戶內海的中央，相當於滿潮與乾潮的分界點。

譯註：(1) 雁木是從碼頭延伸至水中的階梯；(2) 焚場是用來烘烤船底、修理船隻的地方；(3) 船番所是日本古代負責檢查通行船隻、徵收稅金等業務的機關；(4) 北前船是指江戶至明治時代經日本海往來大阪與北海道之間的貨船。

舊市區小巷的街景速寫（左：大田家）

城堡與城下町是自然地形的產物

日本的城下町

在日本，具備天守閣的城堡約有60座，此外也保留了許多城下町。廣島就是可從美麗的平面圖遙想往日風光的城下町之一。江戶則是靠著填海造陸修建而成、有螺旋形護城河包圍的城下町，其社區營造的計畫力與執行力實在驚人。

眾所周知，城下町是採源於陰陽五行說的「四神相應」格局，按身分地位劃分居住區域，寺院集中設置在街道的出入口，而且街道採棋盤式設計。玉置伸吾在〈戰國城下町的格局規劃手法〉一文中提出頗有意思的分析。他以越前大野為例，表示城堡、城下町與周圍群山之間呈一個大直角三角形（3比4比5），並且存在著可用魔方陣推算距離的形成秩序。

廣島城下町的示意圖＊1

城堡建在分成兩邊的河川之間，與直線型街道及護城河構成美麗的格局。

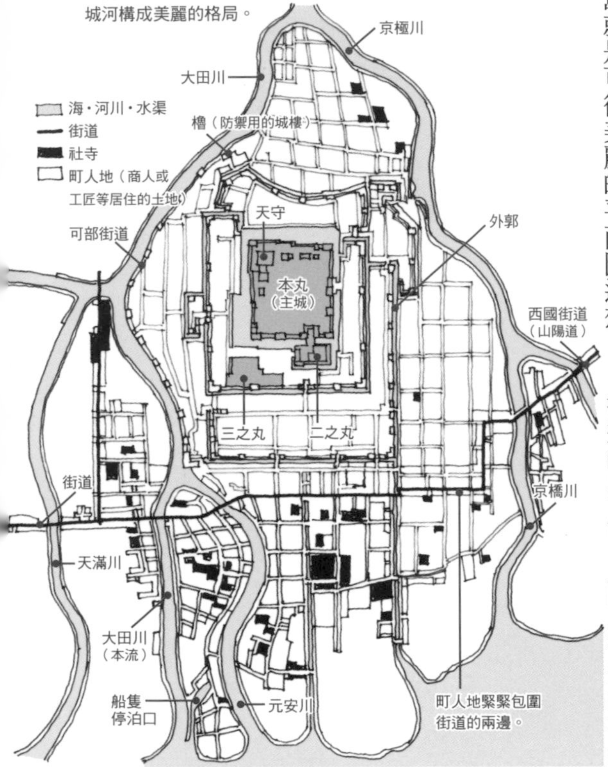
京極川
大田川
海・河川・水渠
街道
社寺
町人地（商人或工匠等居住的土地）
櫓（防禦用的城樓）
天守
可部街道
本丸
（主城）
外郭
西國街道
（山陽道）
三之丸
二之丸
街道
京橋川
天滿川
大田川
（本流）
船隻
停泊口
元安川
町人地緊緊包圍
街道的兩邊。

江戶城內郭全圖（嘉永2年，1849年）＊2

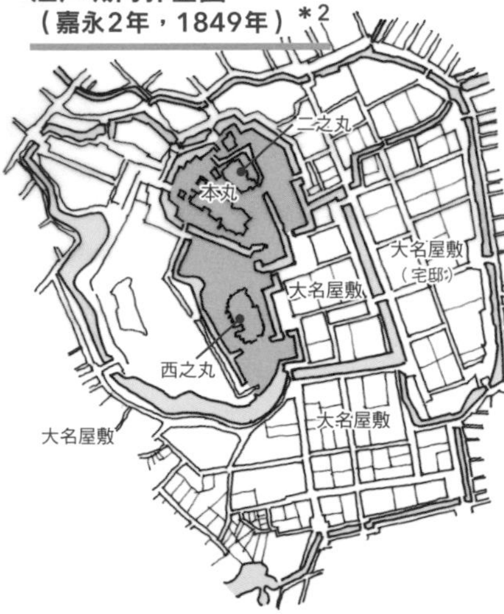
二之丸
本丸
大名屋敷
（宅邸）
大名屋敷
西之丸
大名屋敷
大名屋敷

出處：＊1《城のつくり方図典》（三浦正幸著，山田岳晴作圖，小学館）；＊2＊4《江戸と江戸城（SD選書）》（内藤昌著，鹿島出版会）

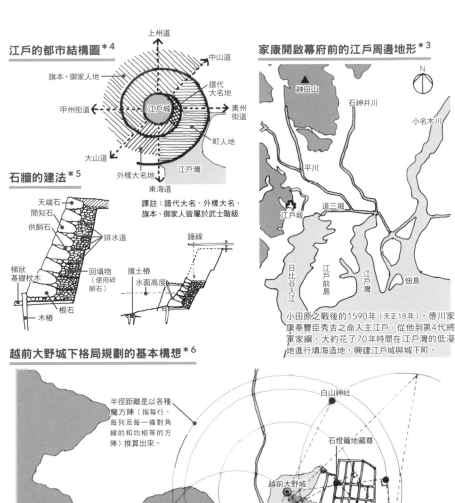

江戶的都市結構圖＊4

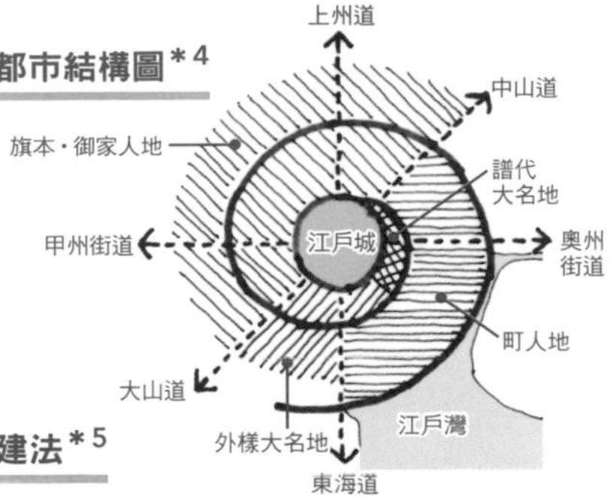
上州道
中山道
旗本・御家人地
譜代
大名地
甲州街道
江戶城
奧州
街道
町人地
大山道
江戶灣
外様大名地
東海道

譯註：譜代大名、外樣大名、旗本、御家人皆屬於武士階級

家康開啟幕府前的江戶周邊地形＊3

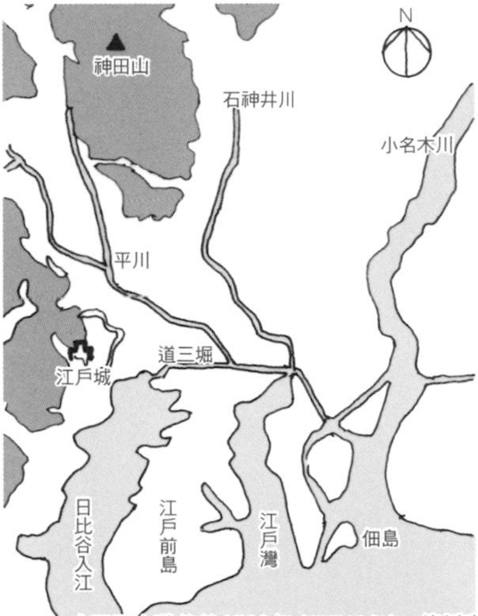
N
神田山
石神井川
小名木川
平川
道三堀
江戶城
日比谷入江
江戶前島
江戶灣
佃島

小田原之戰後的1590年（天正18年），德川家康奉豐臣秀吉之命入主江戶。從他到第4代將軍家綱，大約花了70年時間在江戶灣的低溼地進行填海造地，興建江戶城與城下町。

石牆的建法＊5

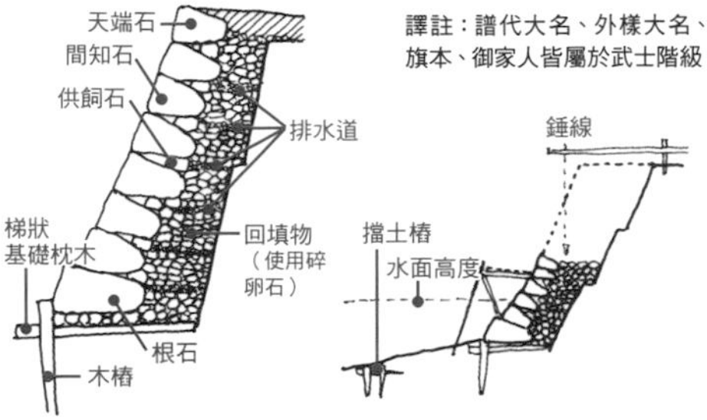
天端石
間知石
供飼石
排水道
梯狀
基礎枕木
回填物
（使用碎卵石）
根石
木樁
錘線
擋土樁
水面高度

越前大野城下格局規劃的基本構想＊6

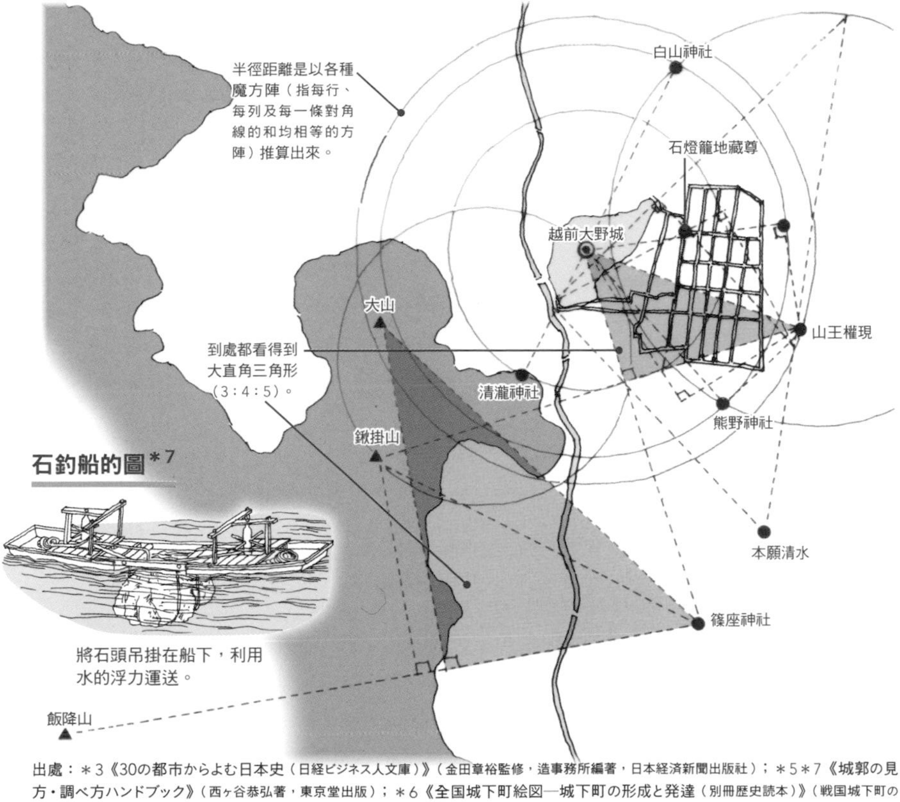
半徑距離是以各種魔方陣（指每行、每列及每一條對角線的和均相等的方陣）推算出來。
白山神社
石燈籠地藏尊
越前大野城
大山
山王權現
到處都看得到大直角三角形（3：4：5）。
清瀧神社
熊野神社
鍬掛山
本願清水
篠座神社
飯降山

石釣船的圖＊7

將石頭吊掛在船下，利用水的浮力運送。

出處：＊3《30の都市からよむ日本史（日経ビジネス人文庫）》（金田章裕監修，造事務所編著，日本経済新聞出版社）；＊5＊7《城郭の見方・調べ方ハンドブック》（西ヶ谷恭弘著，東京堂出版）；＊6《全国城下町絵図―城下町の形成と発達（別冊歴史読本）》（戦国城下町の縄張り手法～玉置伸吾著，片山摘錄，新人物往来社）

迴廊的魅力

portico［義大利］、騎樓［中國］、亭仔腳［臺灣］、小見世［青森］

說起迴廊，日本的比較接近arcade（拱廊），反觀世界各地的例子則比較像建築，而且跟建築物合為一體。設置迴廊的目的，是要保護行人免於雨、雪、烈日、車子的侵襲。在義大利，迴廊大多面向廣場（例如：威尼斯的聖馬可廣場、維傑瓦諾的公爵廣場等等）。波隆那面向街道的portico（柱廊）也是其中之一。

這是該城市的主要構成元素。舊市區為南北2公里、東西2.3公里的歪斜五角形，拿破崙占領這裡時城牆內的人口約有7萬人。起初是因為無法完全收容自歐洲各地前來就讀波隆那大學的學生，才會豎起木柱，在2～3公尺的道路上增建2樓。之後制定條例，改以石柱興建portico，目前全城的portico總長度達42公里。

至於遍布中國南部的廈門與臺灣的騎樓及亭仔腳，則是近代趕造的迴廊。尤其臺灣的亭仔腳是在殖民地時期建設，日本在當中扮演了很重要的角色。日本的迴廊稱為小見世，青森縣黑石等地仍保留著當作遮雪棚的小見世。迴廊是可帶給街景統一感、充滿魅力的手法，不過缺點是會給人「都一樣」的印象，缺乏獨特性。

portico（柱廊）之城——波隆那

世界上最古老的大學就位在波隆那，中世紀歐洲各地都有許多學生前來就讀。起初是為了當作這些學生的住所，才在道路上增建2樓。

給行人用的屋頂並非從建築物突出來，而是將1樓部分往內縮讓人可以通行。從主要道路到狹窄巷弄，城內各個地方都有portico。

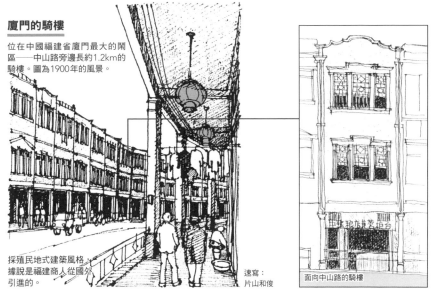

廈門的騎樓

位在中國福建省廈門最大的鬧區——中山路旁邊長約1.2km的騎樓。圖為1900年的風景。

採殖民地式建築風格，據說是福建商人從國外引進的。

速寫：片山和俊

面向中山路的騎樓

騎樓的平面圖與斷面圖（廈門中山路，1990年代）*2

斷面圖

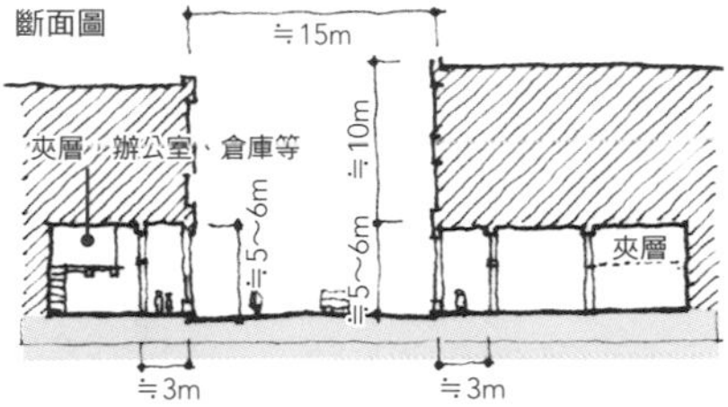
≒15m
≒10m
夾層、辦公室、倉庫等
≒5～6m
≒5～6m
夾層
≒3m
≒3m

平面圖

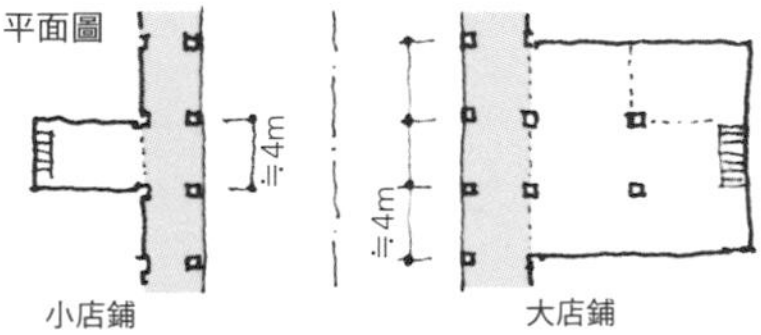
≒4m
≒4m
小店鋪
大店鋪

黑石市的小見世斷面圖（盛家）*1

小見世是青森縣黑石市從江戶時代前期延續下來的拱廊形通路。豎立於道路旁邊的木柱上，蓋著形如雨庇的屋頂，天花板鋪著木板。夏季遮擋炎熱陽光，冬季則保護人免於暴風雪與積雪的侵襲。

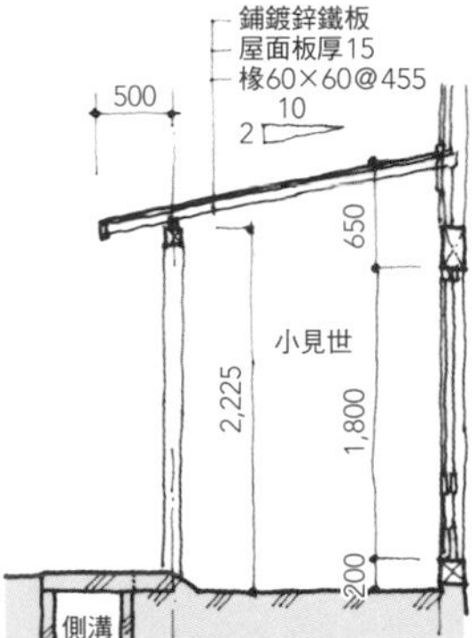
鋪鍍鋅鐵板
屋面板厚15
椽60×60@455
500
10
2
650
小見世
2,225
1,800
200
側溝
1,680

小見世（盛家）的立面圖*3

旅店與和服店、商家櫛比鱗次的街景。小見世的屋頂跟主屋是分開的，而且與兩側的屋頂連接。小見世建在私有地上，由各自的地主管理。

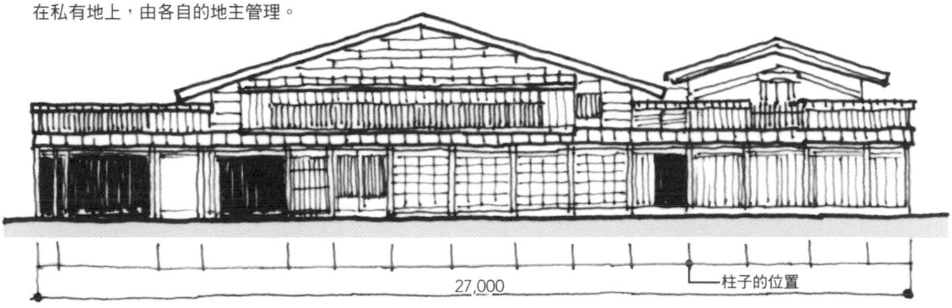
27,000
柱子的位置

出處：*1*3《黑石“こみせ”の町並み》（(財)日本ナショナルトラスト，H14.3）；*2《空間作法のフィールドノート》（片山和俊、新明健等人著，彰国社）

古都的象徵——木造廊橋

老橋（高山軍橋）[義大利]

老橋（Ponte Vecchio）所在的巴薩諾（Bassano del Grappa），是位於義大利東北部阿爾卑斯山脈格拉帕山南麓，人口4萬人的小城市。城市名稱源自於第一次世界大戰時，戰死在格拉帕山的士兵們所留下的遺言。這座在中世紀相當繁榮的城市乃是交通要衝，無論從軍事、政治、經濟還是社會的觀點來看，這裡向來都被視為戰略要地。

作為城市象徵的老橋，則是一座架設在布倫塔河（Brenta）上的木造廊橋。廊橋所創造的風景，堪稱是這座城市最值得一看的亮點。

老橋最早是在1124年架設，1569年變更設計，從原本的石造橋

位在巴薩諾的老橋外觀

這座橋叫做老橋，又稱為高山軍橋，由帕拉迪奧在1569年設計，是城市的象徵。

巴薩諾市區圖

老橋所在的巴薩諾，位於義大利東北部的威尼托大區，是14世紀興建的美麗古都。城市的東北邊與南邊各有1道城門，城牆包圍舊市區，發源於阿爾卑斯山的布倫塔河流過中央。

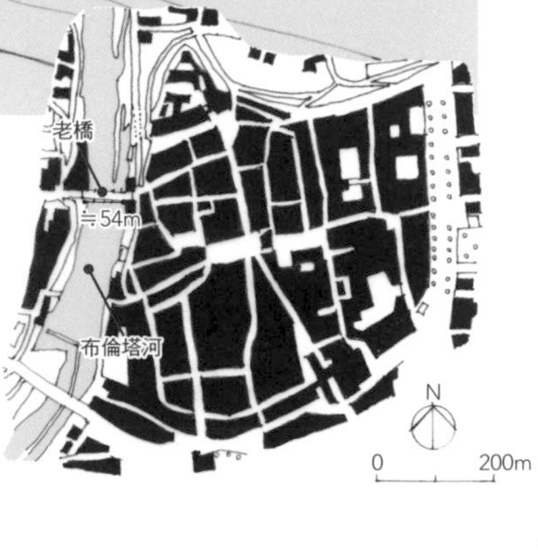

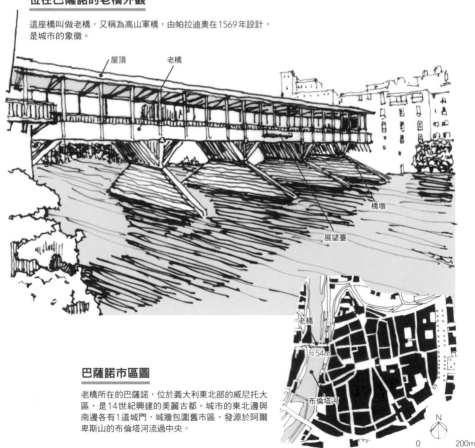

老橋的內觀

老橋是木造廊橋，不過地板鋪滿了石材。這座橋不只具備過河連接兩岸的功能，也像是街道的一部分。另外，橋的中央空間，是可從河上眺望四周景觀的平臺，亦是陽臺、展望臺。

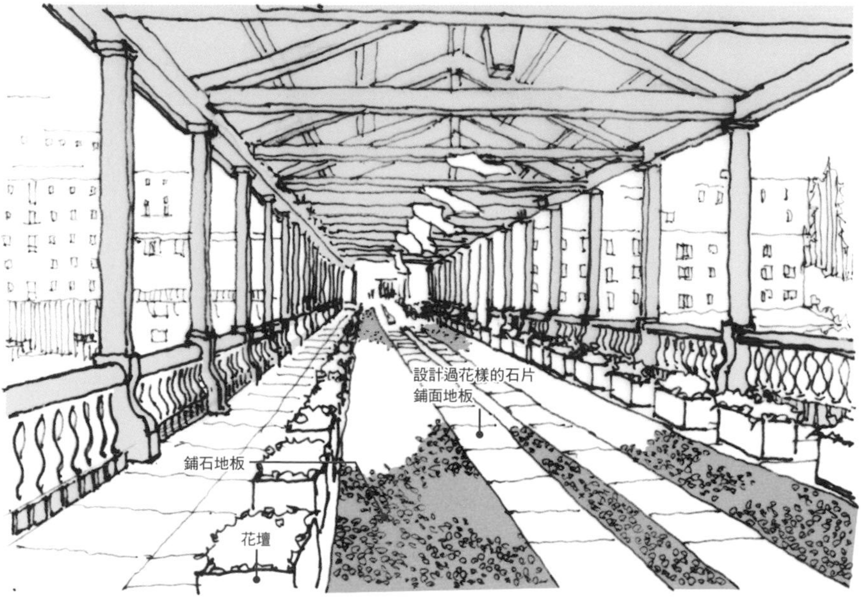
設計過花樣的石片
鋪面地板
鋪石地板
花壇

老橋的橋桁支撐部分

為了賦予老橋柔軟性，使之能夠承受河水暴漲時的激流，1569年變更設計，從原本的石造橋重建為傳統的木造橋。現在的老橋，曾於第二次世界大戰時遭到炸毀，之後修復成原本的樣子。

橋桁的木造
構架很美

重建為傳統的木造橋。目的是為了賦予老橋柔軟性，使之能夠承受河水暴漲時的激流。設計者據說是安德烈・帕拉迪奧（Andrea Palladio，1508～1580年）。

另外，這座橋又稱為「高山軍橋（Ponte degli Alpini）」。據說是因為，第一次世界大戰時，士兵們是走這座橋從格拉帕山前往前線的。

橋所在的布倫塔河寬度約64公尺。橋是用櫟木與落葉松建造的，地板則鋪著石材。

巴薩諾有釀造廠，生產與城市同名的著名格拉帕蒸餾酒。城市中心則有好幾個感覺不錯的小廣場，歷史悠久的手工陶器、金屬加工品、木工藝品等手工藝品，從中世紀流傳至今。

老橋的整體立面圖 *1

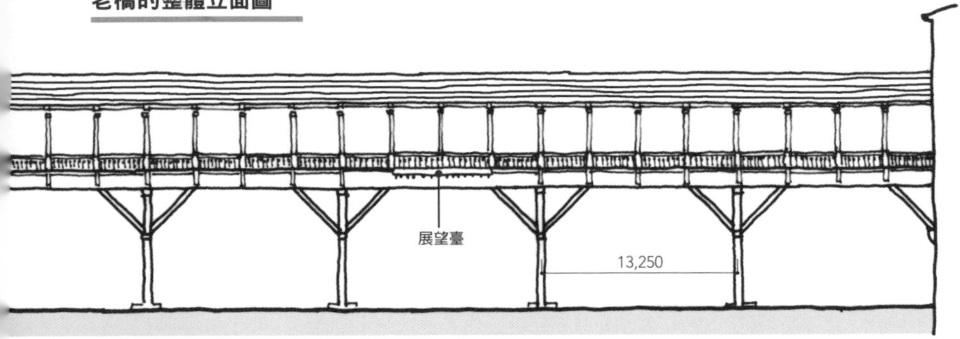
展望臺
13,250

整體斷面圖 *2

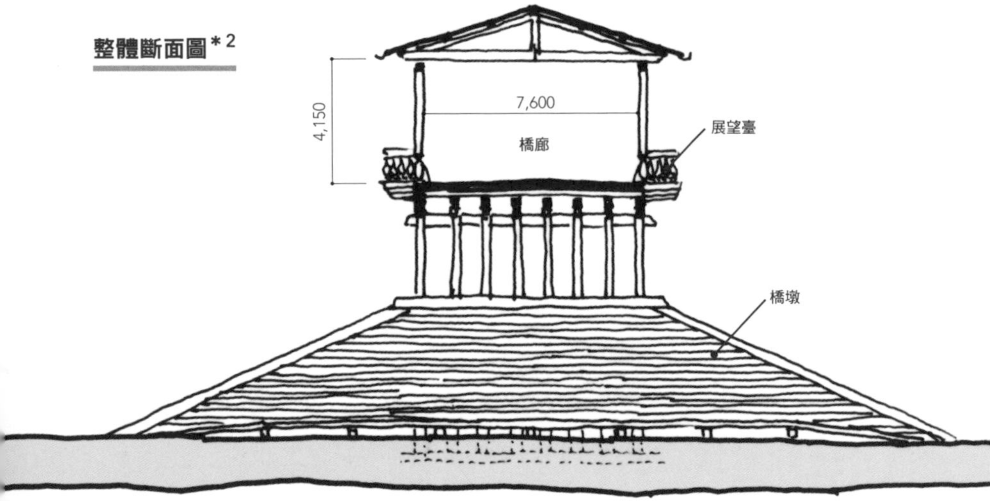
4,150
7,600
橋廊
展望臺
橋墩

老橋的斷面詳圖＊3

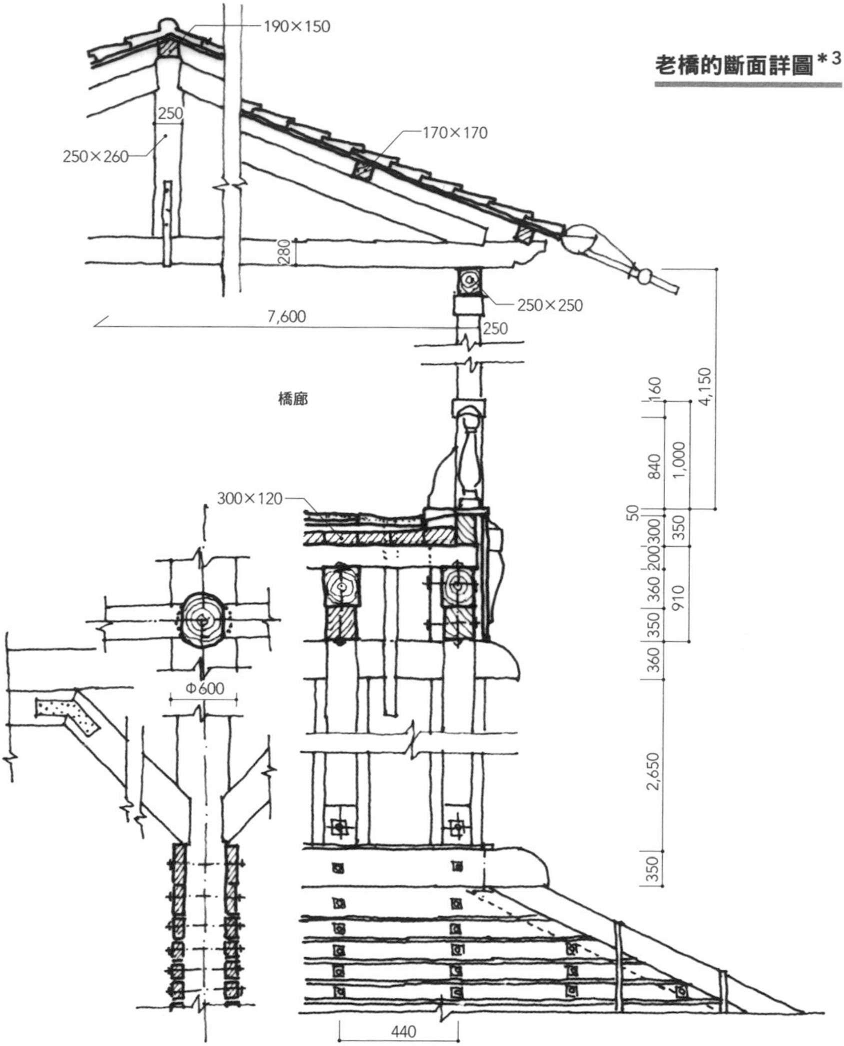
190×150
250
250×260
170×170
280
250×250
7,600
250
橋廊
4,150
160
840
1,000
50
300
350
200
360
910
350
360
2,650
350
300×120
Φ600
440

整體平面圖

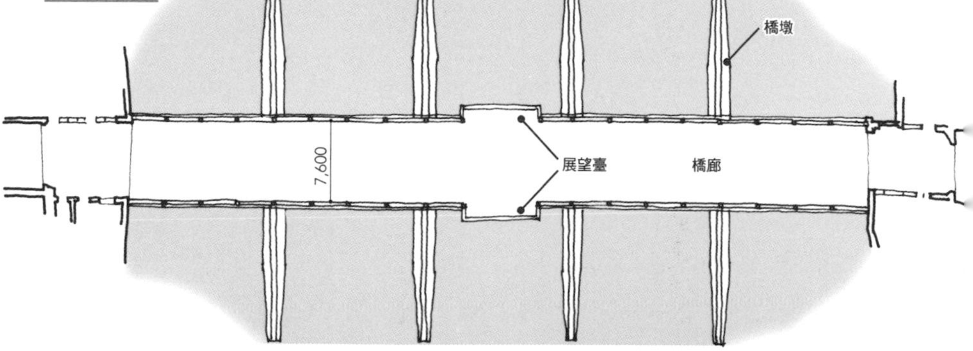
橋墩
7,600
展望臺
橋廊

出處：＊1＊2《イタリア木造屋根付橋》（出田肇著，地域環境経済研究所發行）；＊3片山根據巴薩諾市提供的工程圖重新繪製

亦是生活場所的木造廊橋

河邊的木橋群［愛媛］

江戶時代北齋等畫家的版畫不時看得到木造廊橋，但現實中卻很難發現這種橋。幸好，愛媛縣還保留了不少老木橋，例如河邊町的御幸橋、三嶋橋、帶江橋，以及內子町的田丸橋、下之宮橋、弓削神社的橋等等。之所以加上屋頂，是為了增加橋的板材耐久性，因為這個地方降水量較多，而且還會積雪吧。

當地的橋並非只有渡河這個功能，它還有許多用途，例如當作集會場、農活空檔的休息處、躲雨的地方、掛蘿蔔製作乾貨的地方、晒衣場等等。進入高齡化社會的現在，橋的維護與管理似乎大多靠行政機關的援助。

連接神社的龍王橋

河邊町在邁入平成時代後，陸續重新修建「龍王橋」（1997年，橋長25.4m）、「龍神橋」（1990年）、「交流橋」（1992年）、「秋瀧橋」（1997年）。「龍王橋」位在通往秋瀧龍王神社的道路上，從前亦做為暫時放置農作物的地方與交流空間，現在的橋則是根據舊橋復原而成。

愛媛縣大洲市的河邊町與內子町，存在著不少自古就有的生活用橋、與神社有關的橋等廊橋。河邊町共有8座新舊廊橋，這些橋即是知名的「浪漫八橋」。

歷史超過50年的帶江橋

古時候就有的木橋，除了左頁的「御幸橋」，還有「帶江橋」（1952年，橋長16.5m）、「三嶋橋」（1923年）、「豐年橋」（1951年）。這些橋亦是保管農作物與農業資材的場所，以及居民的休憩場所。

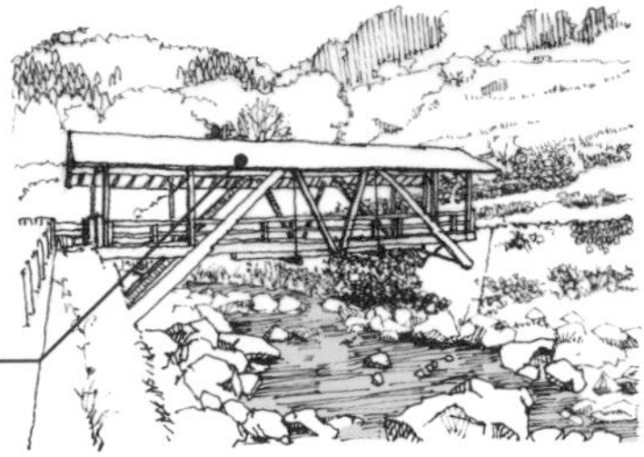

屋頂一般採懸山式（不過三嶋橋相當於三嶋神社的參道，所以採用精緻的歇山式屋頂）

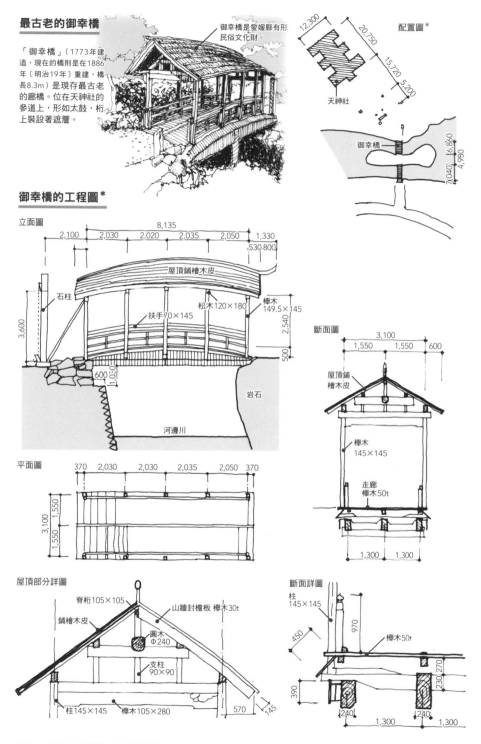

最古老的御幸橋

「御幸橋」（1773年建造，現在的橋則是在1886年〔明治19年〕重建，橋長8.3m）是現存最古老的廊橋。位在天神社的參道上，形如太鼓，桁上裝設著遮簷。

御幸橋是愛媛縣有形民俗文化財。

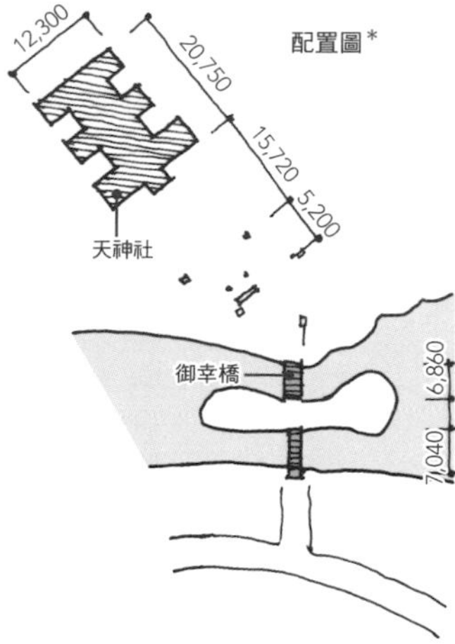
配置圖＊
12,300
20,750
15,720
5,200
天神社
御幸橋
16,860
4,980
7,040

御幸橋的工程圖＊

立面圖

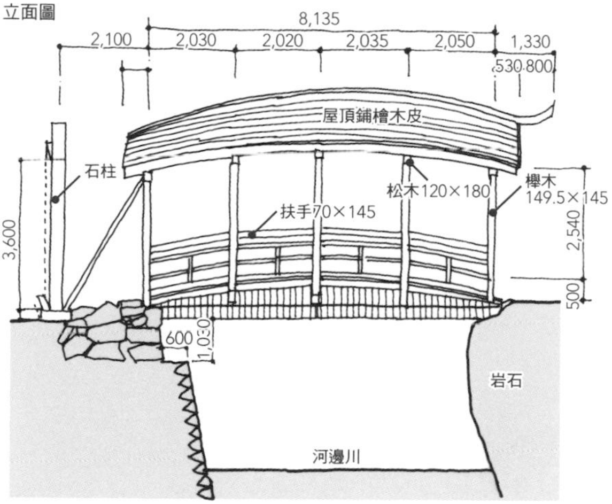
8,135
2,100
2,030
2,020
2,035
2,050
1,330
530
800
屋頂鋪檜木皮
石柱
松木120×180
櫸木
149.5×145
扶手70×145
3,600
2,540
500
600
1,030
岩石
河邊川

斷面圖

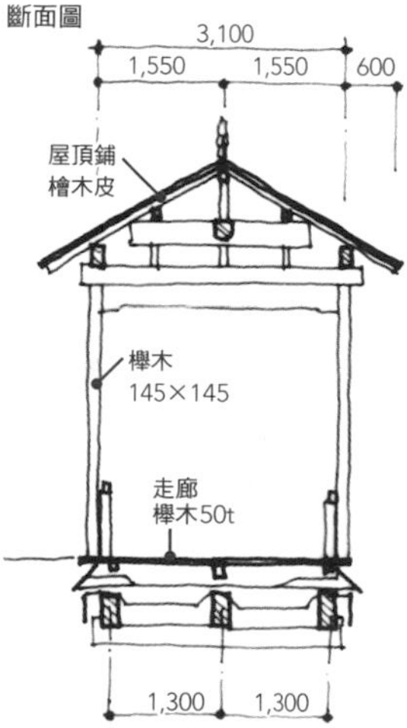
3,100
1,550
1,550
600
屋頂鋪
檜木皮
櫸木
145×145
走廊
櫸木50t
1,300
1,300

平面圖

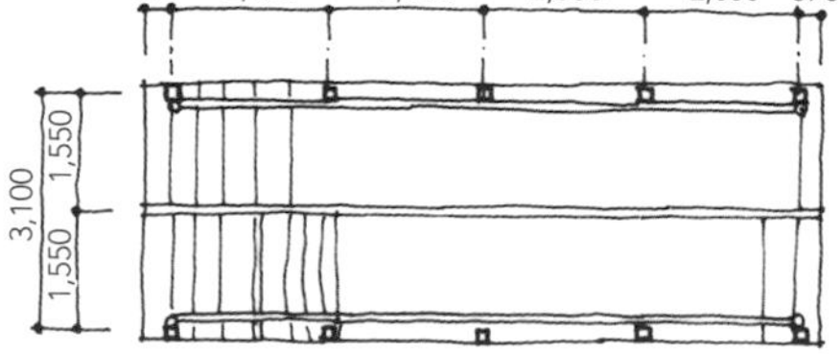
370
2,030
2,030
2,035
2,050
370
3,100
1,550
1,550

屋頂部分詳圖

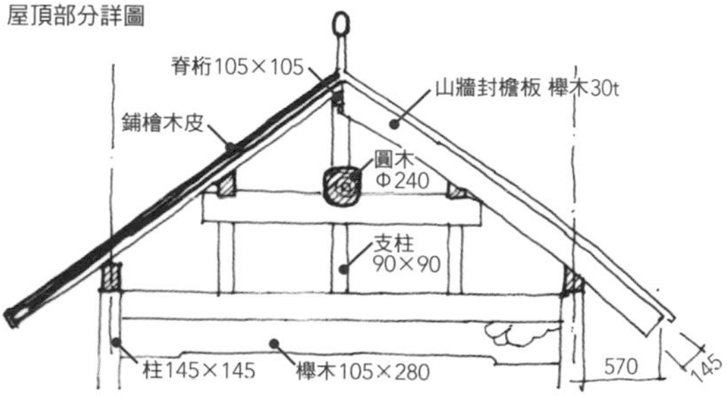
脊桁105×105
山牆封檐板 櫸木30t
鋪檜木皮
圓木
Φ240
支柱
90×90
柱145×145
櫸木105×280
570
145

斷面詳圖

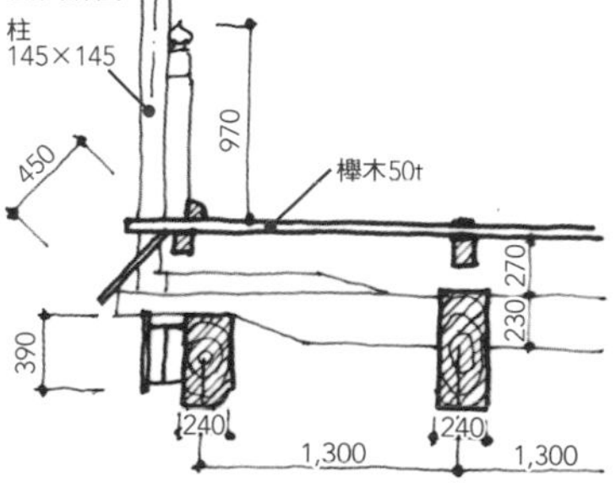
柱
145×145
970
450
櫸木50t
270
230
390
240
240
1,300
1,300

出處：＊《日本の屋根付橋―四国奥伊予》（出田肇著，地域環境経済研究所）

日本的橋很有意思

猿橋［山梨］、錦帶橋［山口］

橋的有趣之處，在於架橋地形的險峻程度與架橋的方法、結構。猿橋就是前者的典型例子。這座橋架設在甲州街道要跨過桂川的地方。橋身是以往前堆疊的刎木支撐，長度約31公尺，距離水面約31公尺。從工程圖來看，目前這座橋似乎在外觀看不到的地方使用了H型鋼。

錦帶橋是木造5跨拱橋。1673年，第三代藩主吉川廣嘉下令興建這座橋來劃分領地，他將錦川當作外護城河，城堡這邊給上級武士住，對岸則給中、下級武士與町民住。平成13～15年要進行時隔50年的重建時，因公開施工過程而掀起話題，據說為了傳承技術，今後的目標是每20年重建一次。

日本三大奇橋之一——猿橋

立面圖＊1

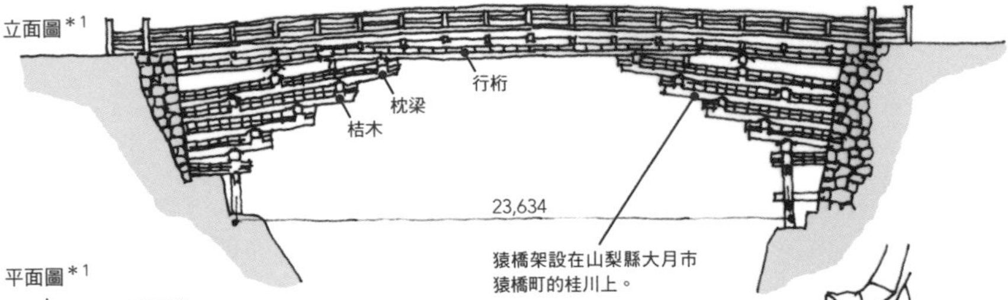
猿橋

平面圖＊1

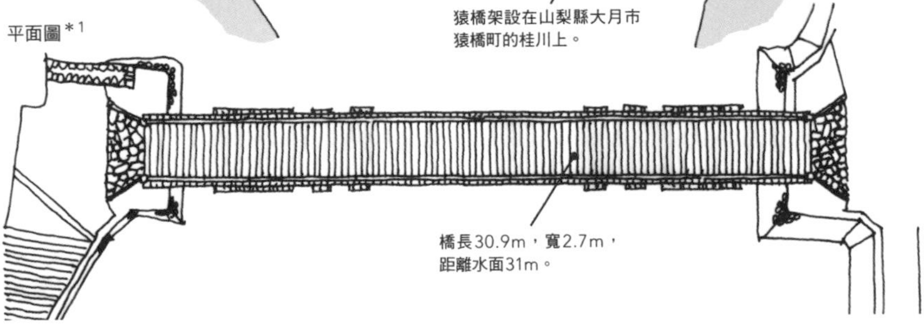

依照嘉永時代的構造復原後的梁方向斷面圖＊3

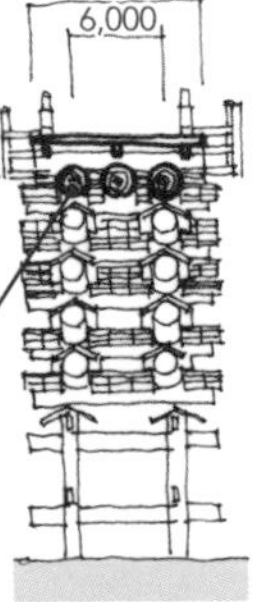
11,000
目前的結構材是使用以木材包覆的H型鋼。

橫斷面圖＊2

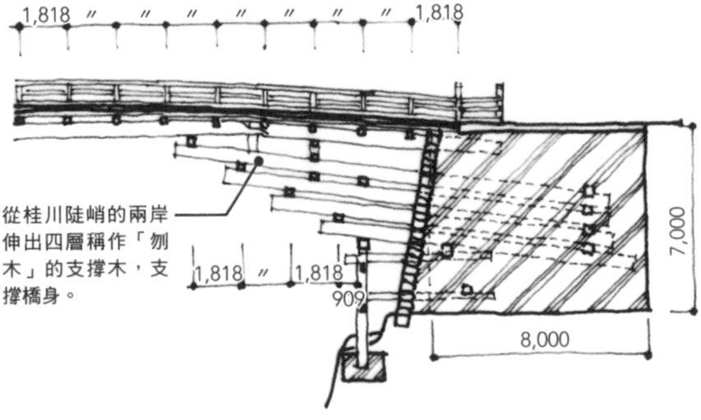

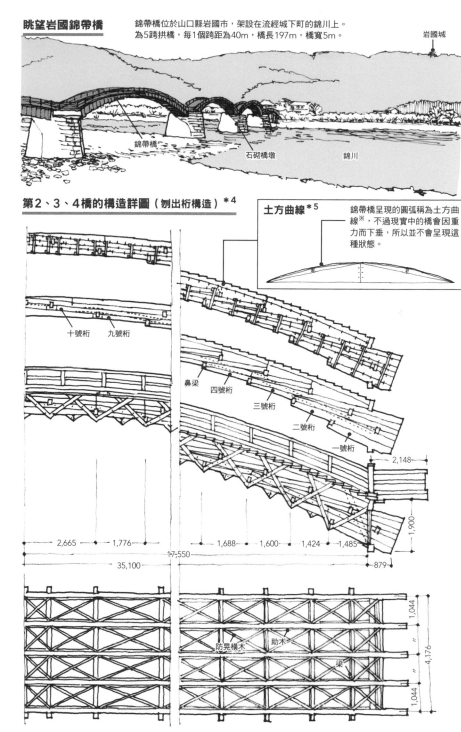

眺望岩國錦帶橋

錦帶橋位於山口縣岩國市，架設在流經城下町的錦川上。
為5跨拱橋，每1個跨距為40m，橋長197m，橋寬5m。

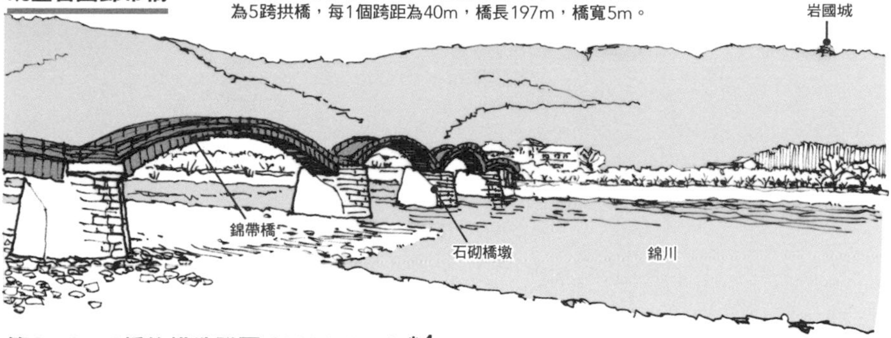
岩國城
錦帶橋
石砌橋墩
錦川

第2、3、4橋的構造詳圖（刎出桁構造）*4

土方曲線*5

錦帶橋呈現的圓弧稱為土方曲線※，不過現實中的橋會因重力而下垂，所以並不會呈現這種狀態。

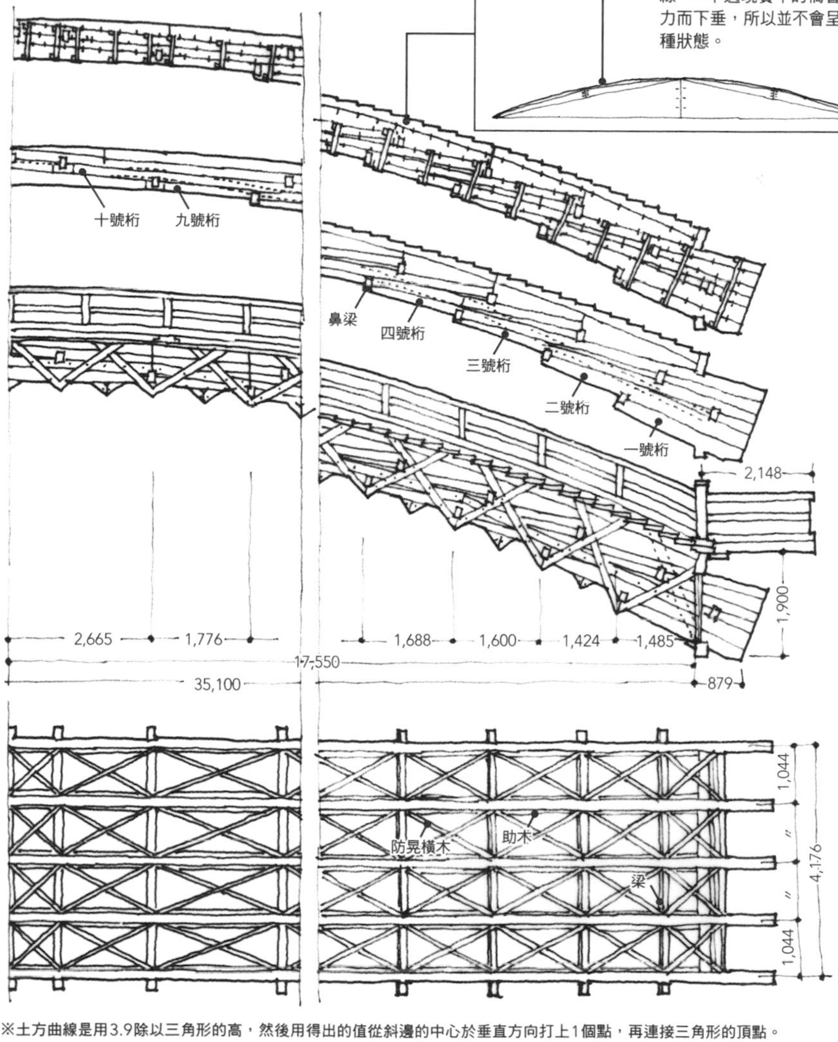
十號桁
九號桁
鼻梁
四號桁
三號桁
二號桁
一號桁
2,148
1,900
2,665
1,776
1,688
1,600
1,424
1,485
17,550
35,100
879
防晃橫木
助木
梁
1,044
〃
〃
1,044
4,176

※土方曲線是用3.9除以三角形的高，然後用得出的值從斜邊的中心於垂直方向打上1個點，再連接三角形的頂點。其他邊也都重複同樣的作業，最後再用彎尺畫線連起來。

運河與小巷構成的水上迷宮都市

威尼斯［義大利］

威尼斯座落在亞得里亞海的最內側——威尼斯灣的潟湖（laguna）上。整座城市處於與水合為一體的環境，甚至還會舉國舉辦「與大海結婚」這項從中世紀延續至今的儀式。

這座由運河與街道交織而成的迷宮都市並非一次建設完畢，起初是好幾座島各自開發，再利用橋連結這些島。從仰賴船隻做為交通工具這點來看，當地應該是先在建築物1樓的水邊興建停船處或卸貨處，之後才形成廣場與街道。對觀光客而言是迷宮，但對居民而言卻是瞭若指掌的自家地盤。以錯綜複雜來維護舒適度，是這座水都很有意思的地方。

威尼斯的運河，以及康薩菲茲橋（Ponte dei Conzafelzi）周邊

威尼斯有「水都」、「亞得里亞海的女王」之稱。

為了興建建築物，當地人在水底打下大量的圓木樁當作地基。因為這個緣故，據說將城市顛倒過來就成了一座森林。
速寫：片山和俊

出處：＊1《都市のルネサンス—イタリア建築の現在（中公新書）》（陣内秀信著，中央公論社）；＊2《図説都市の世界史2 中世》（Leonardo Benevolo著，佐野敬彥、林寬治譯，相模書房）

廣場也面向運河與停船處

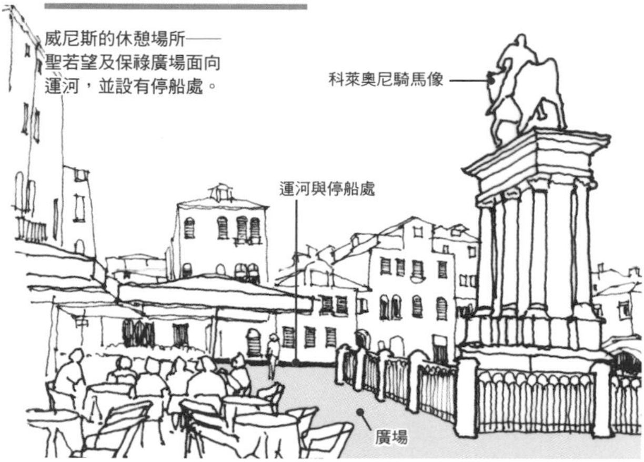

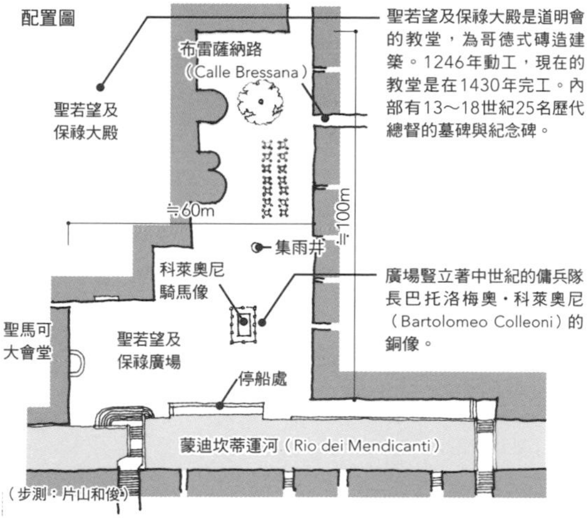

水路與小巷宛如迷宮

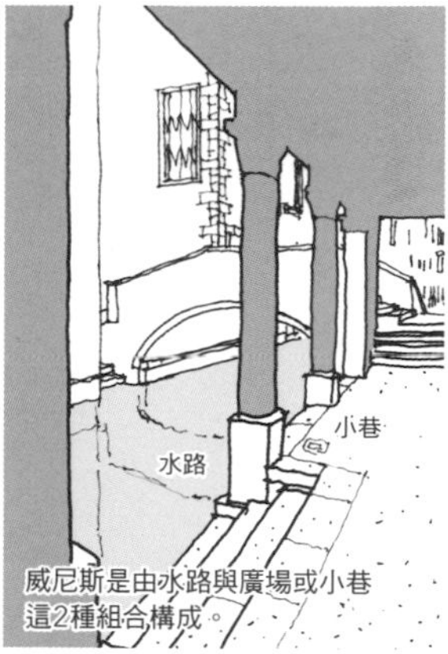

威尼斯的集雨井構造圖＊1

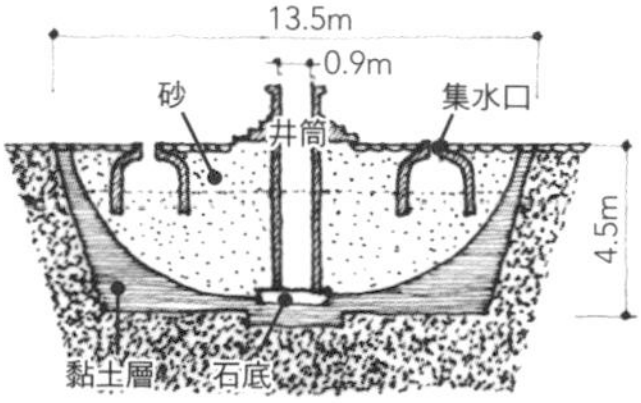

威尼斯是座落在潟湖上的城市，經常為水所苦，因此儲雨技術很發達。其儲雨槽是在內側鋪上黏土防水，用砂過濾雨水，用水桶從井筒裡汲水。

運河與小巷交織而成的水上迷宮都市＊2

超過150條運河將城市劃分成177座島，架設在運河上的橋更多達400座。陸地上則有狹窄曲折的小巷與大道相交宛如迷宮，汽車無法進入，橋也是行人專用的。幾世紀以來，負責市內運輸的交通工具始終是手划小船「貢多拉（gondola）」。

這些島都是個別開發，
構成一座每個地方都很
豐富充實的城市。

擁有迷人水邊的環境

近江八幡［滋賀］、倉敷［岡山］、臨水民居［中國］

在久遠到現在的我們無法想像的從前，看得到各式各樣利用水的方式。例如建造護城河來保護城堡，或是靠水運流通貨物而使城市繁榮興盛。中國江南也跟日本一樣有許多河川，大約30年前當地仍保留著從前的水邊風景。其中河網密布的紹興及其周邊，即散布著看得到臨水民居、主要依賴水上交通的小鎮或村落。例如河橋鎮就位在運河交會處，是個有運送物資或人的船隻（烏篷船）穿梭往來的水鄉。周家橋村也是其中一例，這個地方只能搭船前往。停船處的地標是石造拱橋。河水穿過橋下，村民在橋上與橋下熙來攘往。

近江八幡的水路風景（八幡堀）

八幡堀（全長4,750m）連結城下町與琵琶湖。因為能讓往來於湖上的船停靠在城下，無論做為交通路徑還是生活場所都發揮了重要作用。

近江八幡位在滋賀縣中部、琵琶湖東岸，以豐臣秀次興建的城下町為基礎，在近世發展成商業都市。昭和30～40年代，八幡堀的功能減少，並因為堆積淤泥、滋生蚊蠅、非法傾倒垃圾而被視為問題。本來基於衛生觀點，計畫改建成停車場與公園等設施，但由於民眾提出「從埋掉護城河的那一刻起就開始後悔」這句口號，發起疏浚與復原運動，最後便決定實施修景並保留現在的模樣。

速寫：片山和俊

倉敷與運河風景（倉敷川）

岡山縣倉敷市，從前是設置代官所的幕府直轄地。倉敷川則是興建於舊市區的運河，連結由北到南流經倉敷市西部注入瀨戶內海的高梁川以及兒島灣。倉敷因這條運河而成了內陸的港埠都市，並發展成貢米集聚地而繁榮興盛。美觀地區的藏屋敷是富裕商人的藏，而倉敷這個地名據說就是源自「倉敷地」。

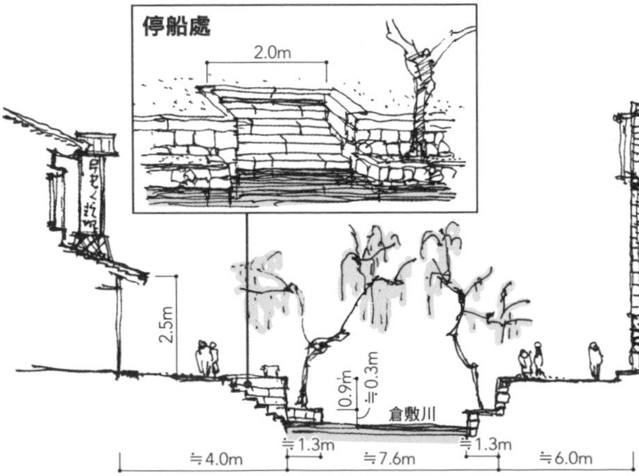

（目測：片山和俊）

譯註：代官所是幕府派遣的地方官辦公的地方。

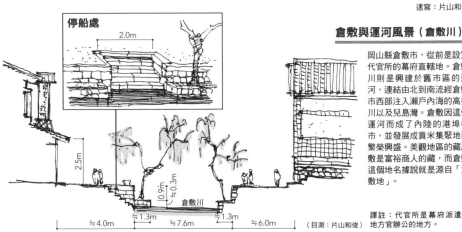

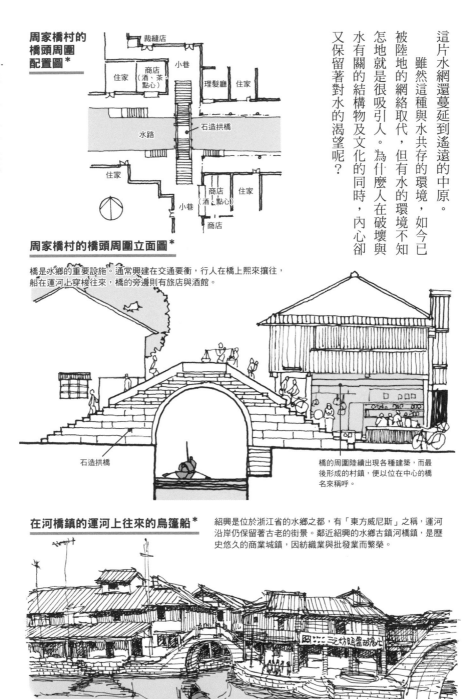

這片水網還蔓延到遙遠的中原。

雖然這種與水共存的環境，如今已被陸地的網絡取代，但有水的環境不知怎地就是很吸引人。為什麼人在破壞與水有關的結構物及文化的同時，內心卻又保留著對水的渴望呢？

周家橋村的橋頭周圍配置圖*

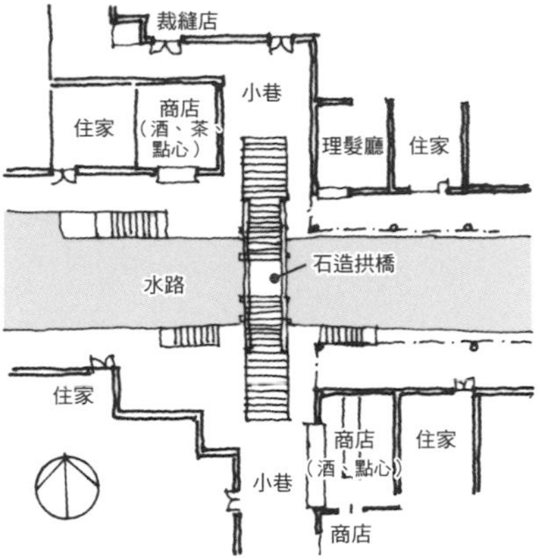
裁縫店
小巷
住家
商店（酒、茶、點心）
理髮廳
住家
石造拱橋
水路
住家
商店（酒、點心）
住家
小巷
商店

周家橋村的橋頭周圍立面圖*

橋是水鄉的重要設施。通常興建在交通要衝，行人在橋上熙來攘往，船在運河上穿梭往來，橋的旁邊則有旅店與酒館。

石造拱橋
橋的周圍陸續出現各種建築，而最後形成的村鎮，便以位在中心的橋名來稱呼。

在河橋鎮的運河上往來的烏篷船*

紹興是位於浙江省的水鄉之都，有「東方威尼斯」之稱，運河沿岸仍保留著古老的街景。鄰近紹興的水鄉古鎮河橋鎮，是歷史悠久的商業城鎮，因紡織業與批發業而繁榮。

烏篷船

速寫：片山和俊

出處：*《中国・江南臨水空間と街並み》（東京藝大中国住居研究グループ、片山和俊編著，住宅建築1990年1月号）

保全古都的房屋景觀與小巷的風情

祇園南地區［京都］

日本的建築基準法規定道路寬度至少要4公尺。不過，從前就有的小巷頂多9尺（約2.7公尺）或2間（約3.6公尺），寬度明顯不足。除此之外，還有準防火地區的建築限制。因此，一些舊有的木造房屋便隨著都市更新而消失。大部分擁有傳統木造房屋的地區都會面臨這個煩惱。

不過，祇園南地區嘗試以劃時代的方式保全花見小路一帶九尺小路的小巷風情。他們將九尺小路認定為無須強制拓寬至4公尺的3項道路※，並且變更地區計畫。這項計畫也沒忘了準備私設消防栓、持續實施防災訓練等踏實的措施，確實為小巷風情的保存帶來曙光。

九尺小路的小巷風情

大部分的小巷都是自然形成，具迷宮性質與回遊性，充滿了特色。人們一方面因小巷的尺度規模切合身體而感到安心，另一方面又從中感受到生活的某種哀愁。九尺小路也是一條這樣的小巷。

目前林立在9尺寬小巷兩旁的建築物，其外牆間隔保持在4公尺左右，地區計畫便依據現狀指定建築物的牆面線，確保重建時外牆面不會突出到前面。另外還設下條件，規定3樓以上的外牆面必須自道路境界線退縮3公尺以上，以避免道路空間產生閉塞感。

※3項道路是指，依據日本建築基準法第42條第3項之規定，屬於建築基準法所定義之道路（寬2.7m以上未滿4m）的路。若因土地狀況而無法符合條件，特定行政機關只要取得建築審查會的同意，即可將從道路中心線算起1.35m以上未滿2m（若一邊為河川或山崖之類的地形，則是自境界線算起2.7m以上未滿4m）之範圍的路認定為道路。

祇園南地區的小巷與地區計畫區域*

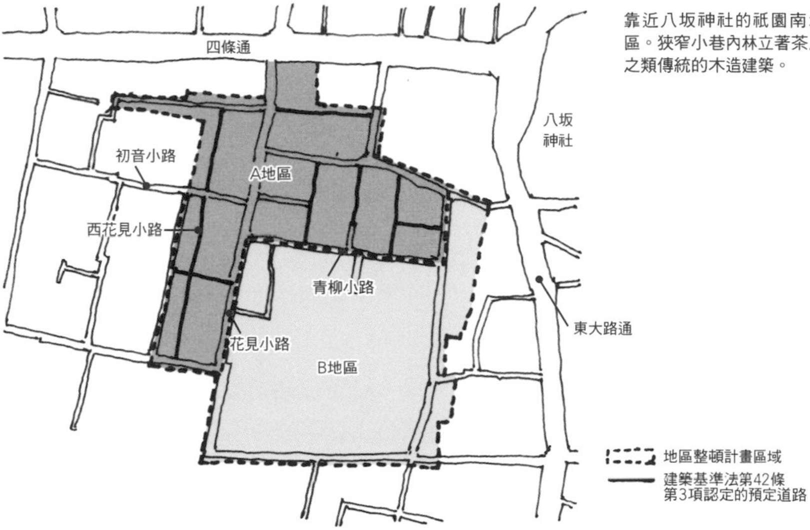
四條通
初音小路
A地區
西花見小路
青柳小路
花見小路
B地區
八坂
神社
東大路通
地區整頓計畫區域
建築基準法第42條
第3項認定的預定道路

靠近八坂神社的祇園南地區。狹窄小巷內林立著茶屋之類傳統的木造建築。

保全小巷風情的嘗試

京都正在擬定，不強制拓寬至法定4m的3項道路認定區域的地區計畫。

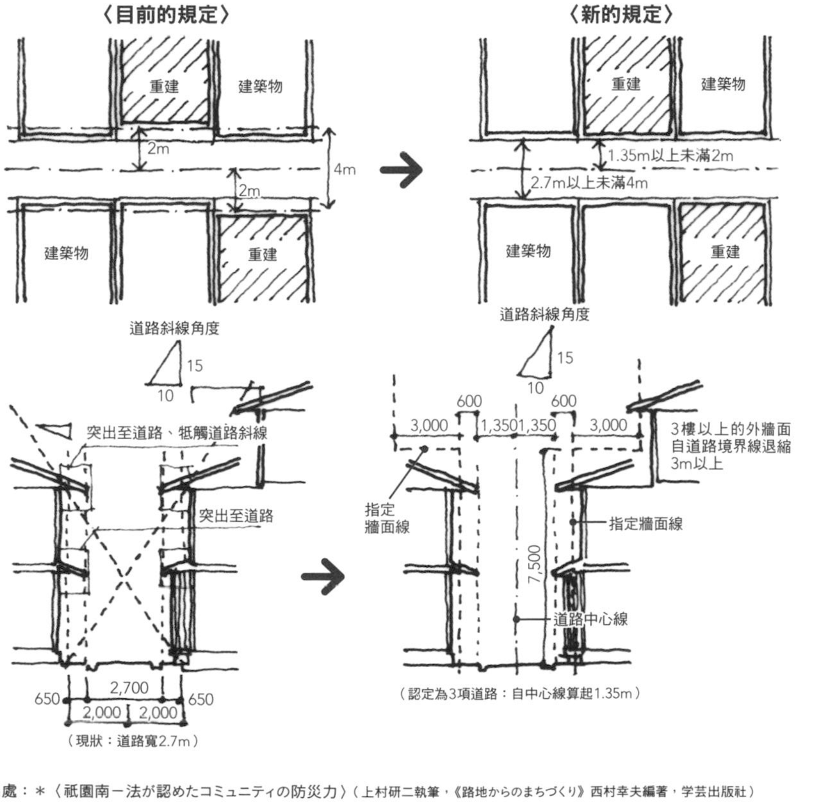
〈目前的規定〉
重建
建築物
2m
4m
2m
建築物
重建
〈新的規定〉
重建
建築物
1.35m以上未滿2m
2.7m以上未滿4m
建築物
重建
道路斜線角度
15
10
突出至道路、牴觸道路斜線
突出至道路
650
2,700
650
2,000
2,000
（現狀：道路寬2.7m）
道路斜線角度
15
10
600
600
3,000
1,350
1,350
3,000
3樓以上的外牆面
自道路境界線退縮
3m以上
指定
牆面線
指定牆面線
7,500
道路中心線
（認定為3項道路：自中心線算起1.35m）

出處：＊〈祇園南ー法が認めたコミュニティの防災力〉（上村研二執筆，《路地からのまちづくり》西村幸夫編著，学芸出版社）

洋溢生活感的小巷風景

上海里弄住宅［中國］

從前日本的電視經常播出，人們坐在小巷裡的躺椅上消磨時間，這種上海里弄住宅具代表性的夏季景象。這是人口居住密度過高所造成的結果，不過隨著經濟急劇成長，大多數的里弄住宅都已拆除，變成高層建築物。

日本的建築法規制定了嚴格的接道條件，反觀上海只要住戶前後設有出入口即可，所以才會發展出有著里弄這種小巷的住宅區。從主要街道進入里弄，城市的喧囂旋即戛然而止，取而代之的是一幅寧靜且悠閒的光景。居民在路寬2～4公尺的里弄煮飯做菜，小孩子在晾著的衣服下方跑來跑去。坐著休息的老人們旁邊，是理髮店與小商店。如今這或許成了難得一見的情景了，不過里弄確實充滿了令我們有些嚮往的生活。

上海里弄的風景

上海里弄住宅的光景，是能使我們想起隨著經濟成長而消失的、「令人懷念」的小巷的一幕。

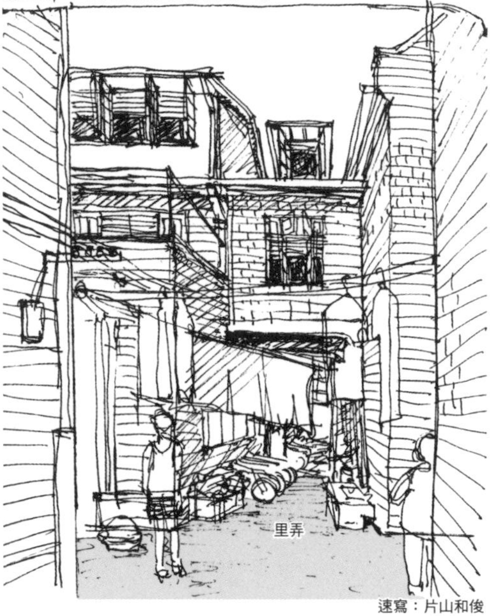

速寫：片山和俊

上海里弄住宅・步高里*

步高里是1930年由法國的設計公司所設計，建在法租界的木造集合住宅，外牆則鋪上紅磚。為了充分利用有限的土地，住宅採可容納許多人的長屋形式。

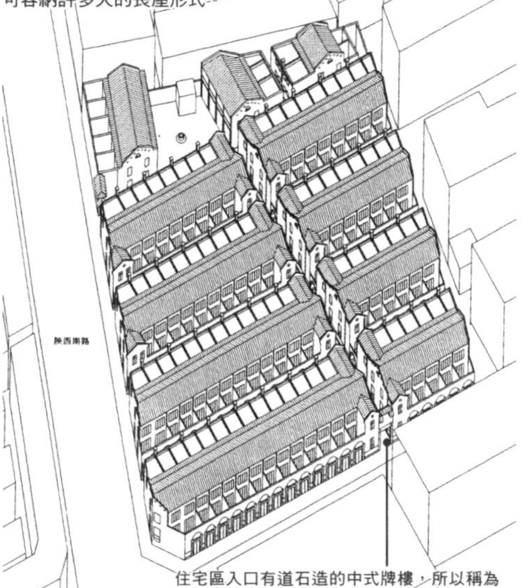

住宅區入口有道石造的中式牌樓，所以稱為石庫門住宅。狹窄的小巷在裡面縱橫交錯。

出處：*《変わる上海、消える里弄》（東京芸大中国住居研究グループ・片山和俊編著，住宅建築1995年5月号）

上海里弄住宅・步高里的立面圖

外牆鋪設紅磚

上海里弄住宅・步高里的斷面圖與平面圖

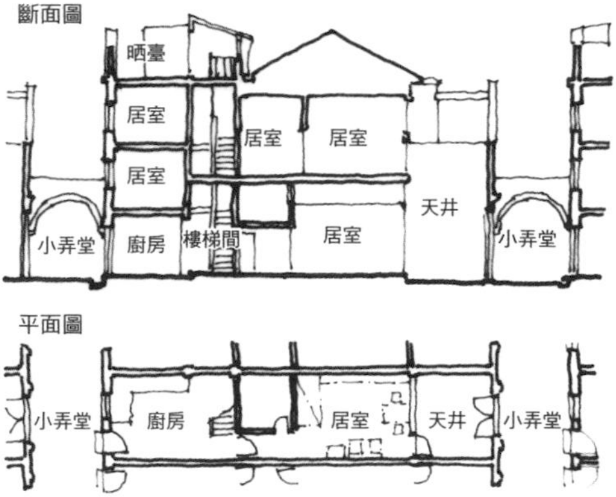
斷面圖
曬臺
居室
居室
居室
居室
天井
小弄堂
廚房
樓梯間
居室
小弄堂
平面圖
小弄堂
廚房
居室
天井
小弄堂

上海里弄・尊德里石庫門的詳圖

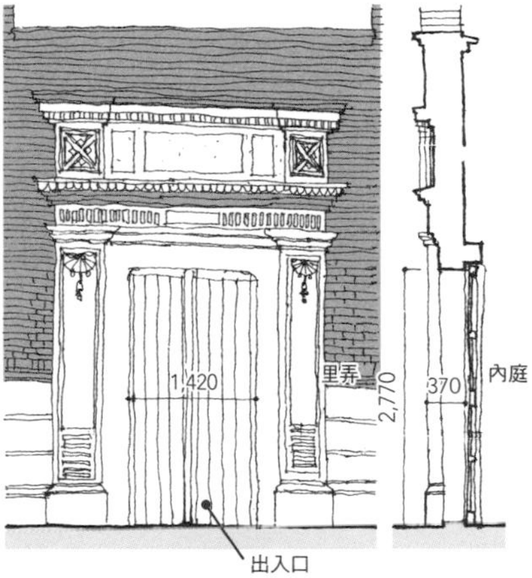
1,420
里弄
2,770
370
內庭
出入口

充斥在里弄的生活用品類

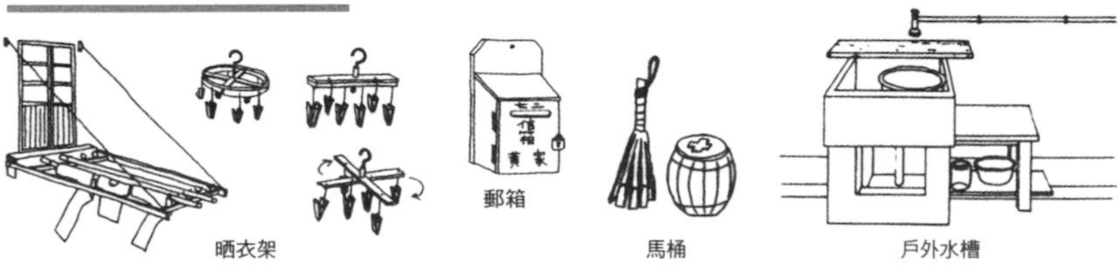
郵箱
曬衣架
馬桶
戶外水槽

里弄住宅的大門口

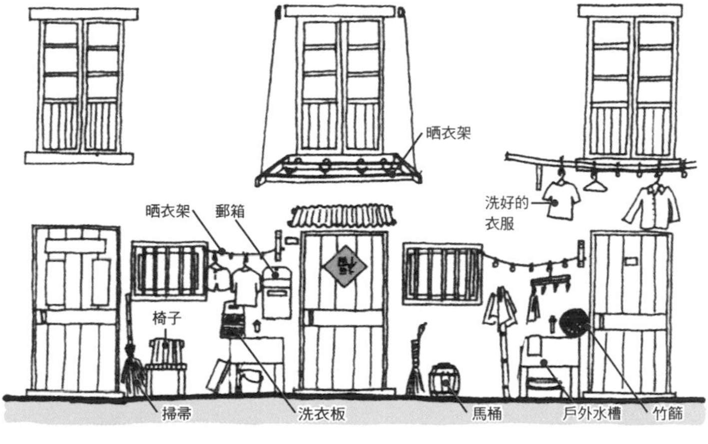
曬衣架
洗好的
衣服
曬衣架
郵箱
椅子
掃帚
洗衣板
馬桶
戶外水槽
竹篩

寺社的參道是空間呈現手法的寶庫

金刀比羅宮［香川］、清水寺［京都］、室生寺［奈良］、長谷寺［奈良］等等

日本寺社的參道很有意思。位於山地的寺社隨地形而建，因應高低差或景色變化來配置伽藍。步行到本殿或舞臺的路上能夠體驗到的空間設計與呈現，只能用精彩二字來形容。

以金刀比羅宮為例，經過特產店林立的階梯路進入境內，接著爬上一條寬敞的樓梯，中間的通路與樓梯呈直角，再往前走就轉為自然的彎曲，最後爬上陡斜的樓梯便抵達御本宮。回頭一望，讚岐平原的景色躍入眼底。

清水寺更是精彩，舞臺竟位在約60公尺的高空中。參道是移動時的空間呈現手法之寶庫。

清水寺參道與境內＊1

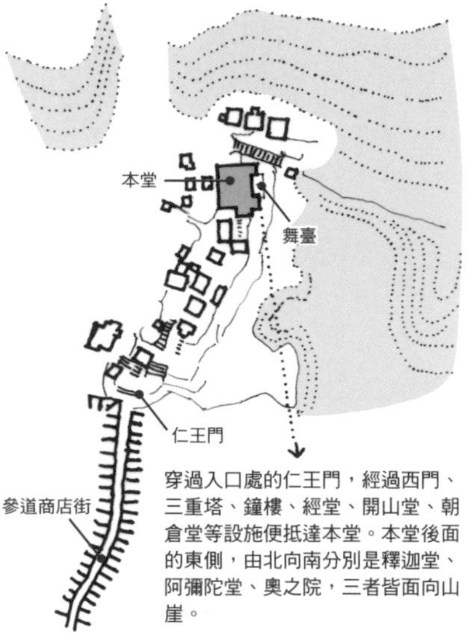
本堂
舞臺
仁王門
參道商店街

穿過入口處的仁王門，經過西門、三重塔、鐘樓、經堂、開山堂、朝倉堂等設施便抵達本堂。本堂後面的東側，由北向南分別是釋迦堂、阿彌陀堂、奧之院，三者皆面向山崖。

室生寺參道與境內＊1

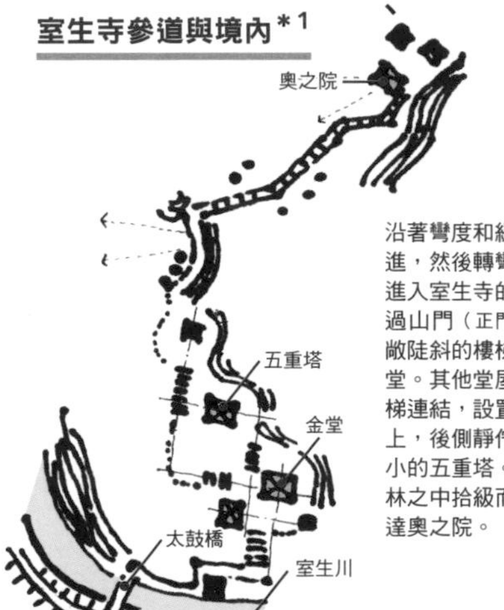
奧之院
五重塔
金堂
太鼓橋
室生川

沿著彎度和緩的河川前進，然後轉彎過橋，即進入室生寺的境內。穿過山門（正門）爬上寬敞陡斜的樓梯便來到金堂。其他堂屋亦藉著樓梯連結，設置在直行軸上，後側靜佇著一座小小的五重塔。最後於杉林之中拾級而上，便抵達奧之院。

清水寺的舞臺——懸造斷面圖＊2

本堂的前側建在山坡上，往前延伸出去。突出的部分稱為「舞臺」，以許多的櫸木柱支撐。

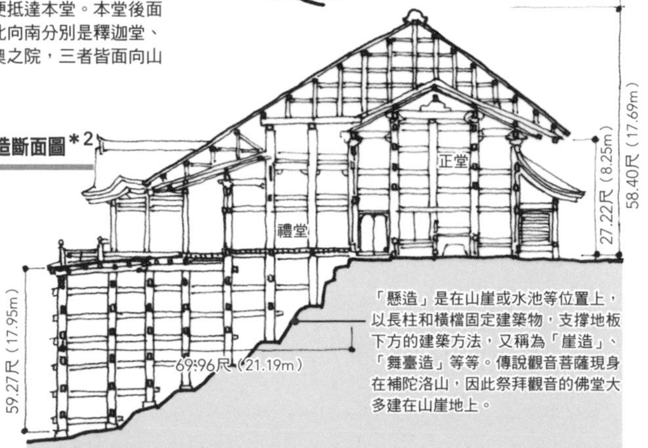
正堂
禮堂
27.22尺（8.25m）
58.40尺（17.69m）
59.27尺（17.95m）
69.96尺（21.19m）

「懸造」是在山崖或水池等位置上，以長柱和橫檔固定建築物，支撐地板下方的建築方法，又稱為「崖造」、「舞臺造」等等。傳說觀音菩薩現身在補陀洛山，因此祭拜觀音的佛堂大多建在山崖地上。

出處：＊1片山繪製；＊2《図説木造建築事典》（木造建築研究フォラム編，学芸出版社，不過本節使用的圖片經過左右反轉）；＊3《日本の都市空間》（都市デザイン研究体著，彰国社）

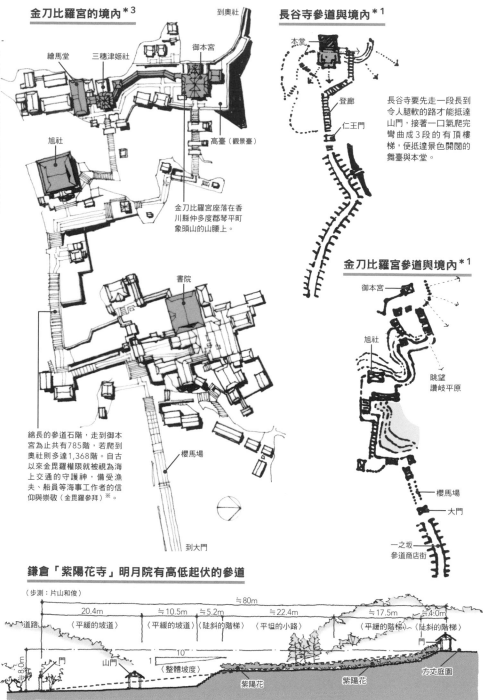

金刀比羅宮的境內＊3

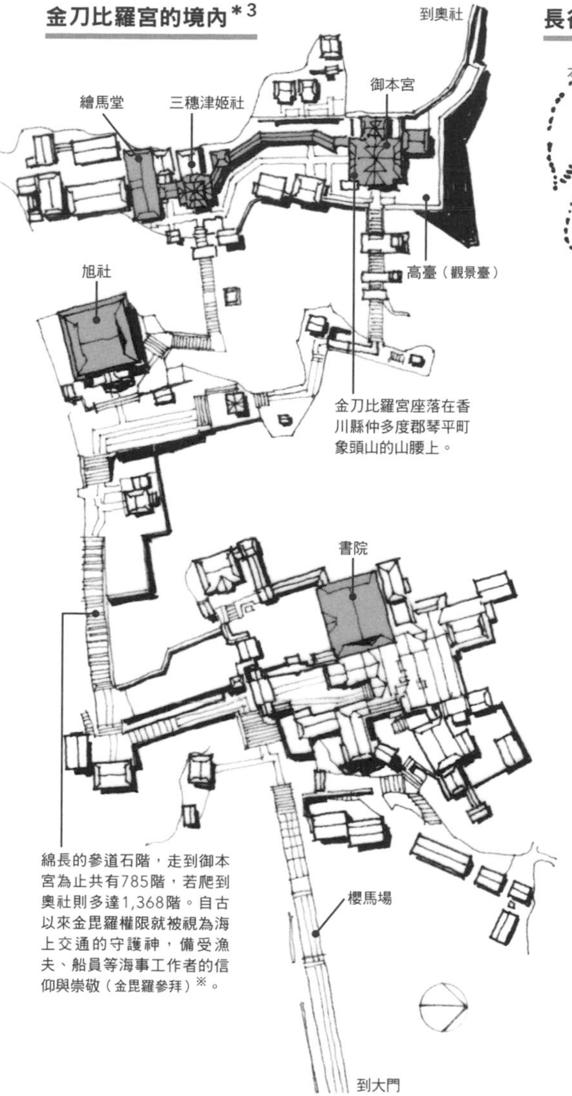

到奧社
繪馬堂
三穗津姬社
御本宮
旭社
高臺（觀景臺）
金刀比羅宮座落在香川縣仲多度郡琴平町象頭山的山腰上。
書院
綿長的參道石階，走到御本宮為止共有785階，若爬到奧社則多達1,368階。自古以來金毘羅權限就被視為海上交通的守護神，備受漁夫、船員等海事工作者的信仰與崇敬（金毘羅參拜）※。
櫻馬場
到大門

長谷寺參道與境內＊1

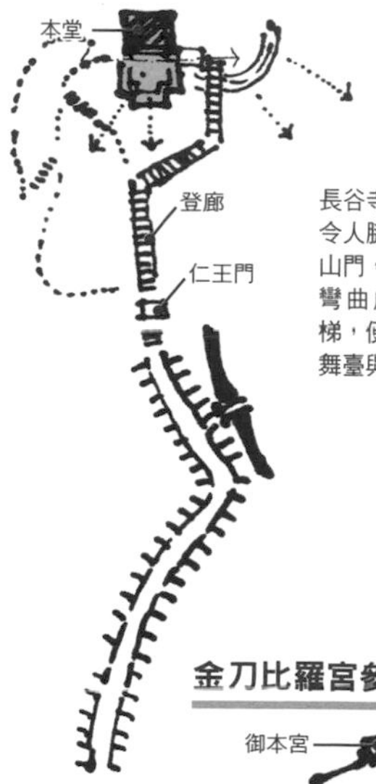

本堂
登廊
仁王門

長谷寺要先走一段長到令人腿軟的路才能抵達山門，接著一口氣爬完彎曲成3段的有頂樓梯，便抵達景色開闊的舞臺與本堂。

金刀比羅宮參道與境內＊1

御本宮
旭社
眺望
讚岐平原
櫻馬場
大門
一之坂
參道商店街

鎌倉「紫陽花寺」明月院有高低起伏的參道

（步測：片山和俊）

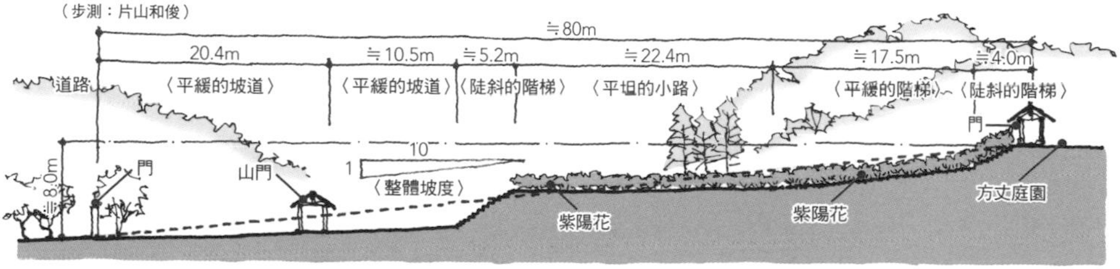

≒80m
20.4m
≒10.5m
≒5.2m
≒22.4m
≒17.5m
≒4.0m
道路
〈平緩的坡道〉
〈平緩的坡道〉
〈陡斜的階梯〉
〈平坦的小路〉
〈平緩的階梯〉
〈陡斜的階梯〉
≒8.0m
門
山門
10
1
〈整體坡度〉
紫陽花
紫陽花
門
方丈庭園

※金毘羅參拜：江戶時代中期被暱稱為「金毘羅大人」，信仰在全國庶民之間流傳開來。各地因而盛行組成金毘羅參拜團前去參拜。參道稱為金毘羅街道，供奉著許多燈籠，大門前林立著許多紀念品店與特產店。丸龜與多度津的港口因做為參道口而繁榮。

開放空間是大都會的休憩場所

佩雷公園、洛克斐勒廣場［美國］

從前，日本並無廣場之類的空間。雖然城市間的主要道路沿線看得到十字路口或札所，卻完全沒有可以讓人隨意約會、休息的開放空間。反觀歐美則有各式各樣的廣場。本節以紐約為例，介紹近代都市的出色廣場。佩雷公園（Paley Park）在正面的瀑布前，提供了擺脫喧囂的空間。地面比道路高了幾階，讓坐在椅子上的人與行人的目光能夠對齊，這個設計很棒。至於洛克斐勒廣場（Rockefeller Plaza）則是地面低於路面的低窪花園（sunken garden）。斜坡型步道很自然地將人們引導至廣場。

譯註：札所是巡禮朝聖者領取護身符的地方。

大都會紐約的小綠洲——佩雷公園

位在紐約現代藝術博物館旁邊的袖珍公園。公園裡有座高約6m的人工瀑布。瀑布的流水聲消除了都會的喧囂，在大都會的正中央創造出市民的休憩場所。

佩雷公園的平面圖與斷面圖

這是一座被大樓包圍、13m×30m的小公園。園內種植刺槐，兩邊的大樓磚牆上則有爬牆虎纏繞。地面比道路高出幾階，坐在椅子上的人與走在步道上的人視線能夠對齊。

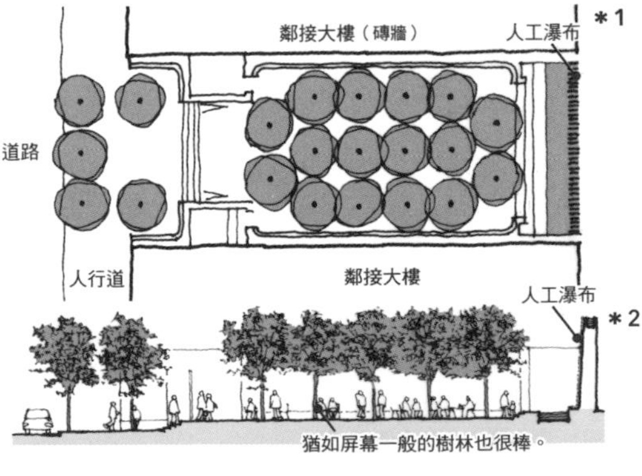
＊1
鄰接大樓（磚牆）
人工瀑布
道路
人行道
鄰接大樓
人工瀑布
＊2
猶如屏幕一般的樹林也很棒。

俯瞰洛克斐勒廣場（下層廣場）＊3

這座廣場位在曼哈頓的中心部，第五大道與第六大道之間的49～50街。半地下的下層廣場（Lower Plaza）四面環繞著中高樓大廈，內側設置著一尊普羅米修斯金像，廣場周圍插著萬國旗。夏天當作露天咖啡廳，冬天當作滑冰場，到了12月還會擺放特大棵的聖誕樹。

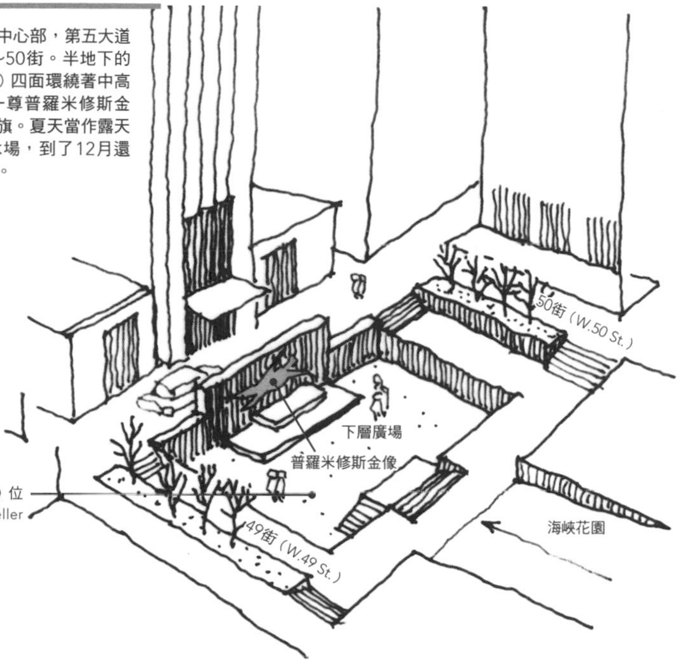
洛克斐勒廣場（下層廣場）位在洛克斐勒中心（Rockefeller Center）的中央。

洛克斐勒廣場的平面圖＊5

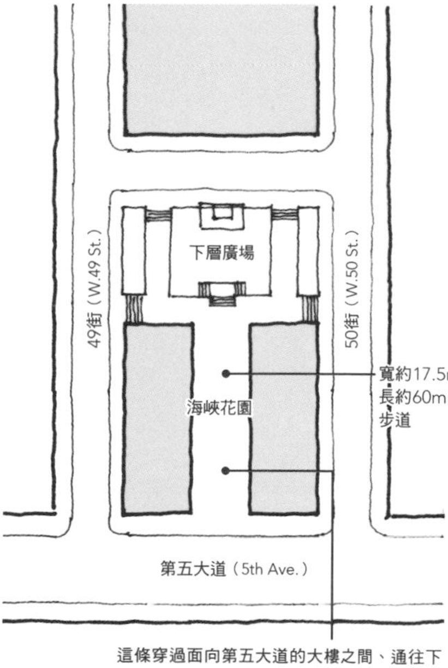

這條穿過面向第五大道的大樓之間、通往下層廣場的斜坡步道稱為「海峽花園（Channel Gardens）」，名稱源自英吉利海峽。

洛克斐勒中心與曼哈頓地區的街區規劃＊4

曼哈頓的街區，原則上是由南北向寬100呎的avenue（第〇大道），以及東西向寬60呎的street（〇街）構成。洛克斐勒中心則以廣場為中心，被西48～51街以及第五～七大道包圍，橫跨6個街區。

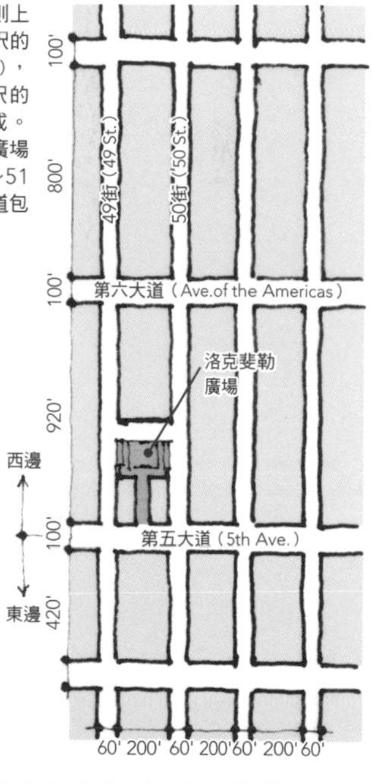

出處：＊1（平面）＊4＊5《街並みの美学》（芦原義信著，岩波書店）；＊2（斷面）《テキスト ランドスケープデザインの歴史》（武田史朗、山崎亮、長濱伸貴編著，学芸出版社）；＊3《外部空間の設計》（芦原義信著，彰国社）

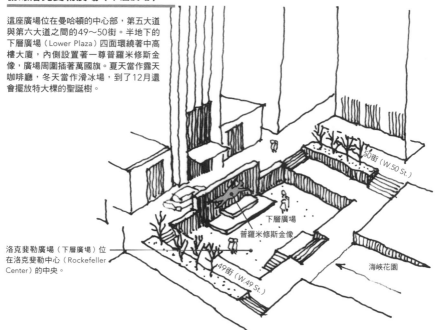

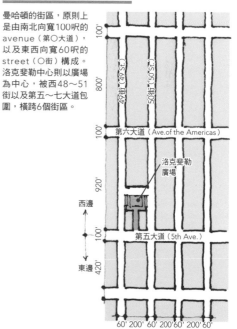

感受天空與大地的遼闊

林地火葬場［瑞典］、羅賓漢花園［英國］、慶州大陵苑［南韓］

不同於擁有許多被山包夾的河道與盆地的日本，國外常有機會接觸到占視界一大半的遼闊天空與大地。其中一個例子就是斯德哥爾摩的林地火葬場，景觀非常棒。穿越窄小的道路，便能看到遼闊的大地與天空。坡度和緩的大地上有著綿長的道路與圍牆。遙遠的前方可以看到小小的神聖十字架與涼廊。讓人明確感受到，人類生於天地之間，以及生與死的存在。1915年，岡納・阿斯普朗德※與西格德・雷威倫茲（Sigurd Lewerentz）一同在林地公墓（Skogskyrkogården）競圖中脫穎而出，前者一生都參與了這座火葬場的興建工作。山崗的背後則是一座廣大的林地公墓。另一個例子是，史密森夫妻設計的羅賓漢花園（Robin Hood Gardens，倫敦）。設置在2棟集合住棟之間的大型人造山，提供居民與孩子們做出爬上爬下、坐下、躺下等各種行為的機會。這座花園似乎也可說是巨大的遊戲器材。可惜聽說最近拆掉了。

另外，韓國慶州的大陵苑內，由圓塚形成的景觀也很有魅力。這個空間既神聖又帶了詼諧氣氛。隨處可見的大小樹木賦予圓塚規模感。

林地火葬場的景觀＊1

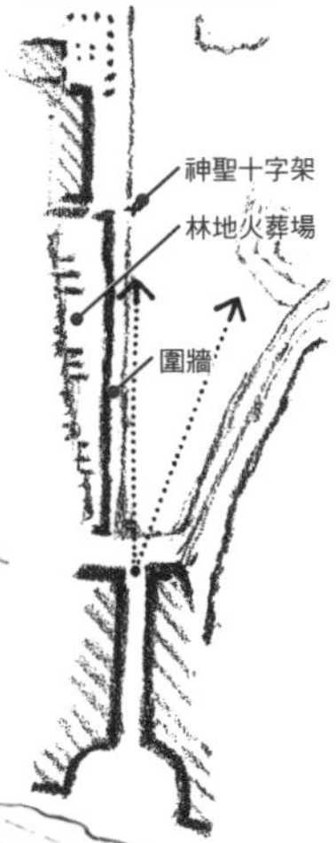
神聖十字架
林地火葬場
圍牆

從林地火葬場到林地公墓的風景

林地火葬場於1940年竣工。之後整座林地公墓在1994年，被登記為聯合國教科文組織世界遺產。

綿長的圍牆與道路
林地火葬場
神聖十字架
林地公墓

※艾瑞克・岡納・阿斯普朗德（Erik Gunnar Asplund，1885年～1940年）是瑞典的建築師。帶給阿爾瓦爾・阿爾托（Alvar Aalto）、阿納・雅各布森（Arne Jacobsen）等20世紀的北歐建築師們極大的影響，奠定北歐近代建築的基礎。

出處：＊1《空間作法のフィールドノート》（片山和俊、新明健等人著，彰国社）；＊2《ROBIN HOOD GARDENS》（a+U，1974年2月号，エー・アンド・ユー）

羅賓漢花園的人造山

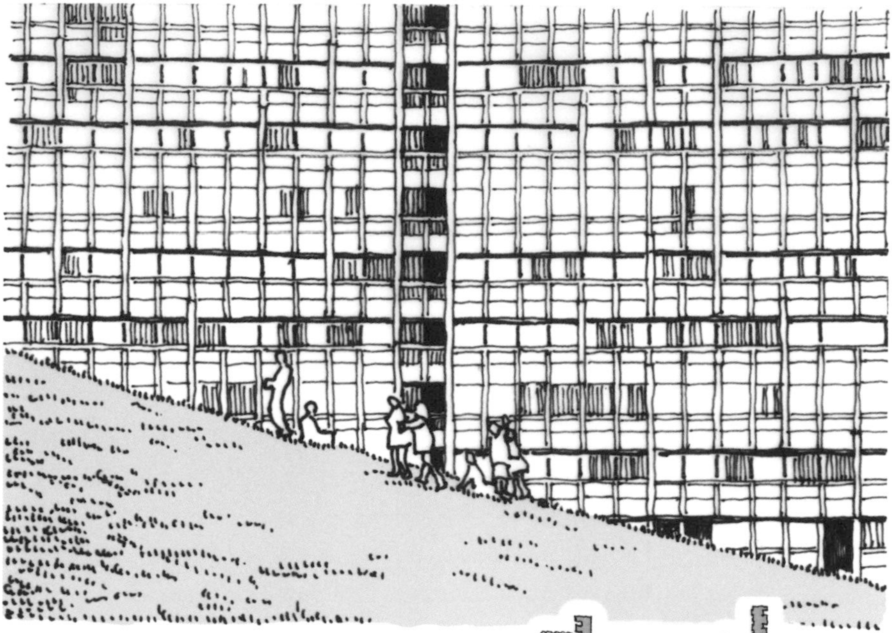

給低收入者居住的公共住宅，是戰後復興期為實現都市再生所推動的公共事業。中庭有座人造山，命名為千禧綠地（Millennium Green）。

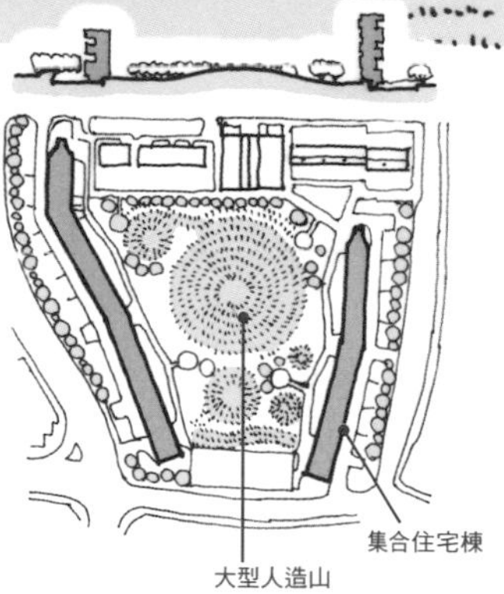

羅賓漢花園的配置圖＊2

集合住宅棟就建在被幹線道路包圍的梯形基地上，形成一道阻隔噪音的牆。這應該是設計者為了在周遭環境惡劣的條件下，打造靜謐的中庭空間所想出的辦法。可惜，聽說最近拆掉了。

散布著新羅時代古墳的慶州大陵苑

這是位在慶州市中心部的古墳公園。這種由覆蓋著青草的數座圓塚形成的景觀，在義大利羅馬的「塞爾維托里的伊特魯里亞墓地（Etruscan Necropolises of Cerveteri）」也看得到。

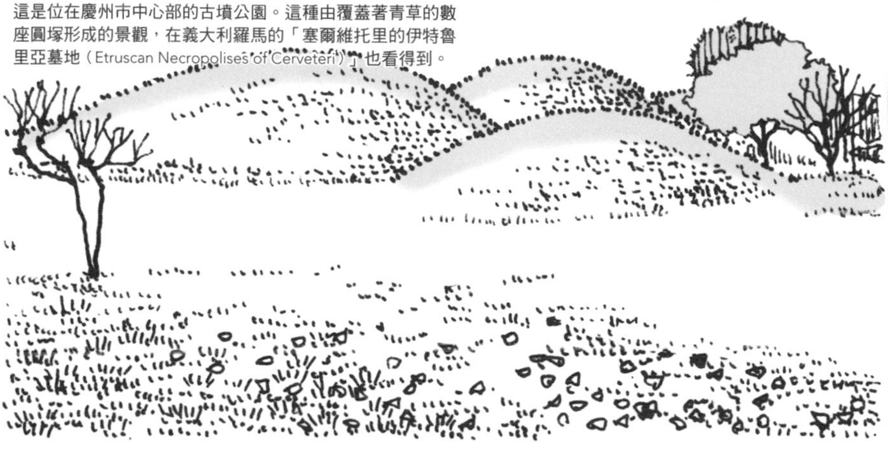

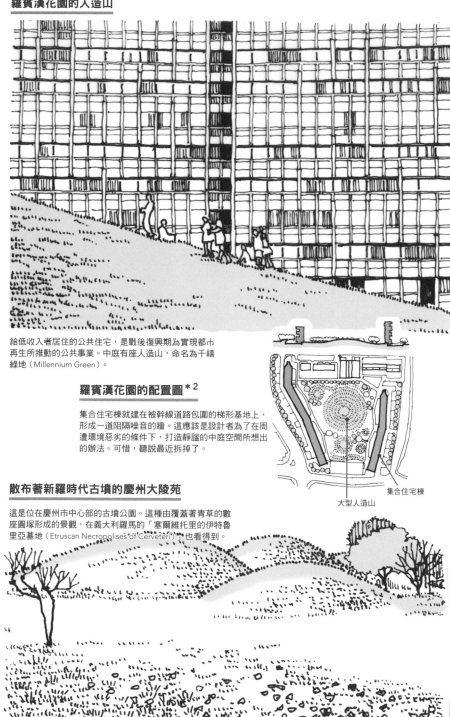

探索現代都市的人車關係

柏林計畫［德國］、拉德本［美國］、科芬特里［英國］

無論透過何種形式，現代都市都必須為人與車的關係找到答案。其中著名的例子有設置雙層道路的柏林交通計畫（Hauptstadt），彼得・史密森在此提出相關概念，另外英國的田園城市（E・霍華※提出，1898年）理論也實際探討過這個問題。

紐澤西州的拉德本（Radburn），則是人車分離的著名例子。他們在幹線道路通往各街區的聯絡道路上，以12～15戶為一組設置囊底路，至於行人則有連結住宅後方的私人庭院並通往中央公園的動線。這種分離方式，雖然對孩子而言很安全，但前往學校或商店的步行距離很長，生活便利性得打上問號。之後建設的新市鎮當中，坎伯諾爾德（Cumbernauld）就是從步行距離來規劃行人動線的。即使是距離中央的市中心最遠的住居，也只需10分鐘左右就能抵達。

值得一提的英國科芬特里市（Coventry）的中心地區計畫（1976年），是既有城市當中著手處理人車關係的例子之一。該計畫將來自火車站的人流與車子集中在停車場（屋頂），並在市內規劃公車路線，實現清楚明瞭的交通系統。

設置雙層道路的柏林交通計畫＊1

計畫：彼得・史密森
速寫：彼得・西格蒙德（Peter Sigmond）

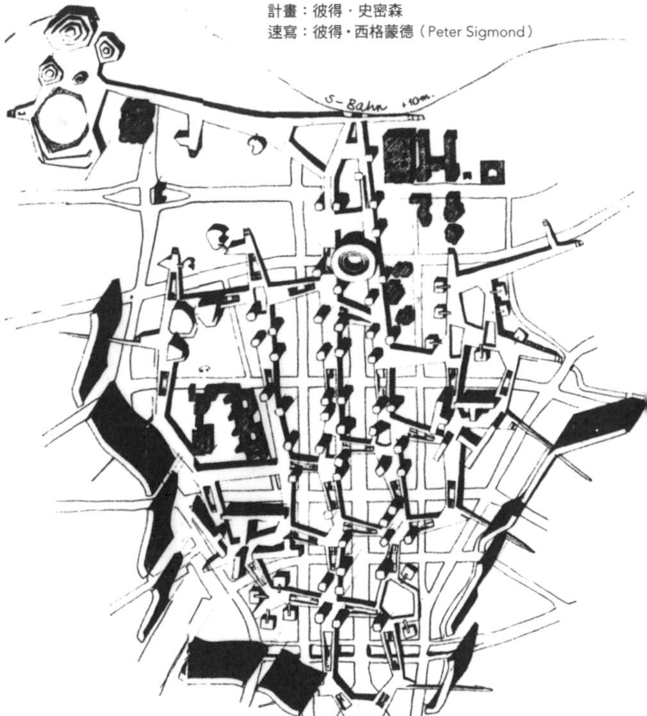

※伊比尼澤・霍華（Ebenezer Howard，1850年～1928年）是英國社會運動家，被譽為近代都市計畫之祖。在田園城市理論中提出與自然共生、城市的自律性等概念，對日後的近代都市計畫帶來諸多影響。

科芬特里中心市街與停車場＊2

科芬特里是英國英格蘭的工業城市。

拉德本配置圖與概念（人車分離）

美國拉德本的新市鎮開發中，將行人與汽車分離的規劃手法

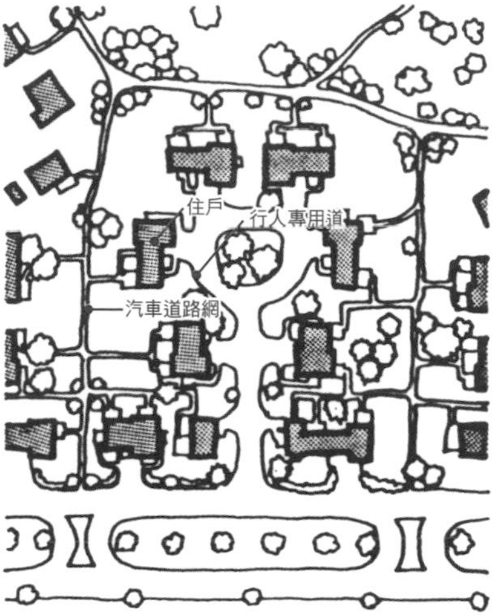

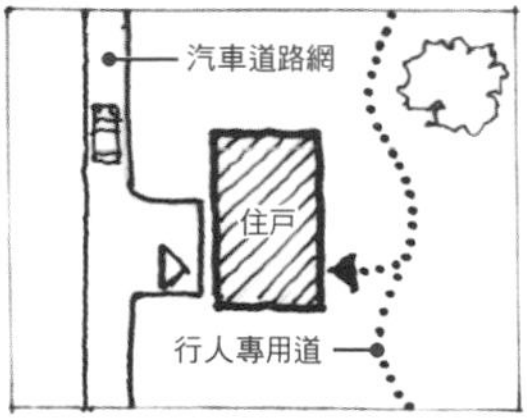

科芬特里中心市街的交通系統＊3

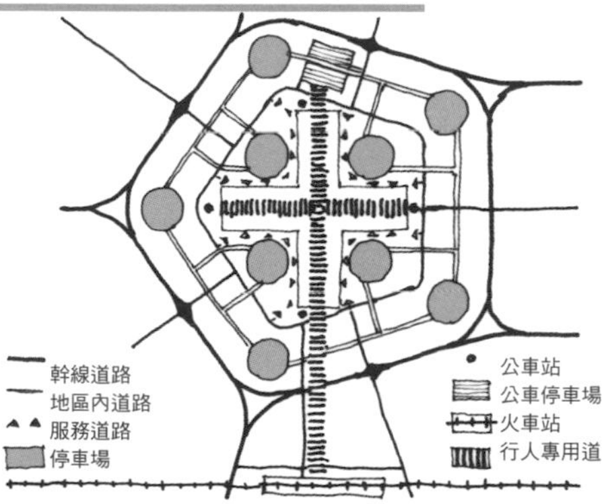

重生的科芬特里主教座堂

第二次世界大戰期間，包括科芬特里主教座堂（Coventry Cathedral）在內的市中心大半部分，都在1940年11月遭納粹德國轟炸破壞。1962年，新主教座堂重建於化為廢墟的舊主教座堂旁邊，兩者成了戰爭的痕跡與戰後復興的象徵。

出處：＊1《チーム10の思想》（Alison Smithson編，寺田秀夫譯，彰国社）；＊2＊3《Coventry Information Centre 1976 Revised》

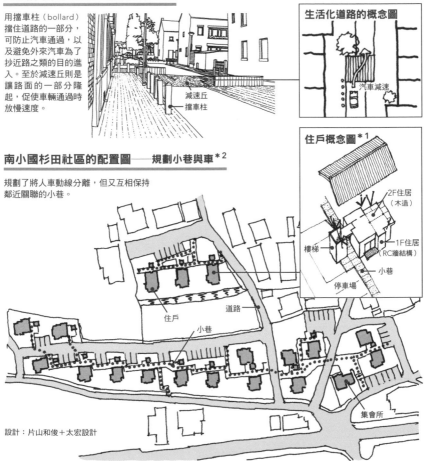

共存型的生活化道路

高須新市鎮［福岡］、南小國杉田社區［熊本］

生活化道路（woonerf，荷蘭語為「生活庭園」之意），是一種實現行人與汽車共存的道路形式。例如設置彎曲的車道，或是突出於道路的花壇或行道樹，使車子減速（時速約15公里），確保在馬路上玩耍的孩子與行人的安全。據說這種道路形式，最早是在1972年出現於荷蘭台夫特（Delft）。

建築師宮脇檀在負責北九州市高須新市鎮的住宅地環境整頓時，設計了包括停車場、綠地、垃圾桶等要素的中庭型生活化道路，他所提出的計畫實在很符合「生活庭園」的感覺。

住著許多高齡者的南小國町杉田社區，則是規劃了將人車動線分開卻又互相保持關聯的小巷。

運用擋車柱與減速丘的生活化道路

用擋車柱（bollard）擋住道路的一部分，可防止汽車通過，以及避免外來汽車為了抄近路之類的目的進入。至於減速丘則是讓路面的一部分隆起，促使車輛通過時放慢速度。

減速丘
擋車柱

生活化道路的概念圖

汽車減速

南小國杉田社區的配置圖——規劃小巷與車＊2

規劃了將人車動線分離，但又互相保持鄰近關聯的小巷。

住戶概念圖＊1

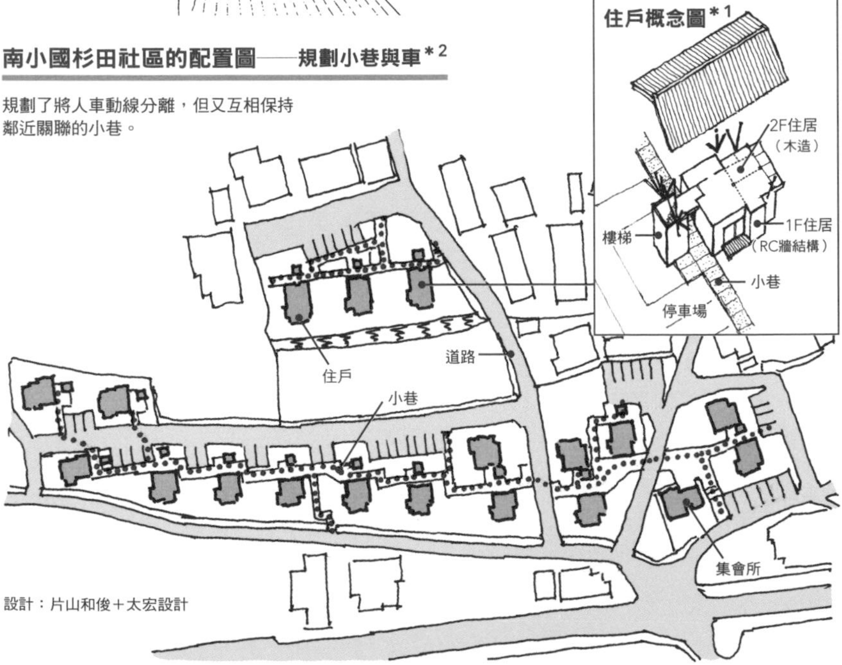
2F住居
（木造）
樓梯
1F住居
（RC牆結構）
小巷
停車場
道路
住戶
小巷
集會所

設計：片山和俊＋太宏設計

出處：＊1＊2《路地から住宅群を編む—南小国町営杉田・矢津田団地》（住宅建築2007年3月号）

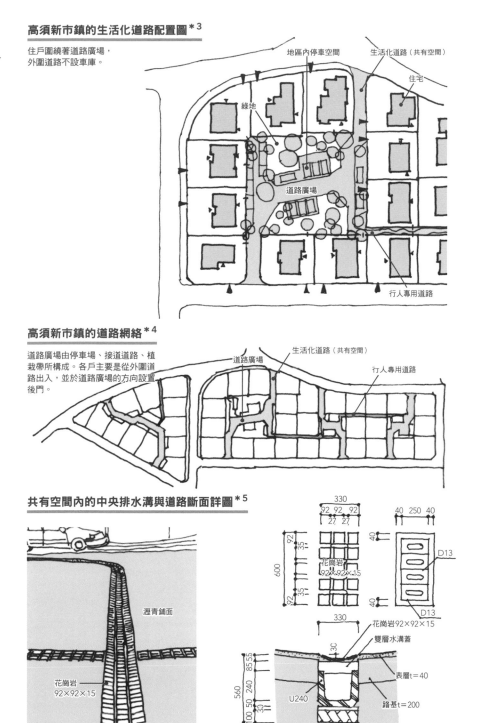

高須新市鎮的生活化道路配置圖＊3

住戶圍繞著道路廣場，外圍道路不設車庫。

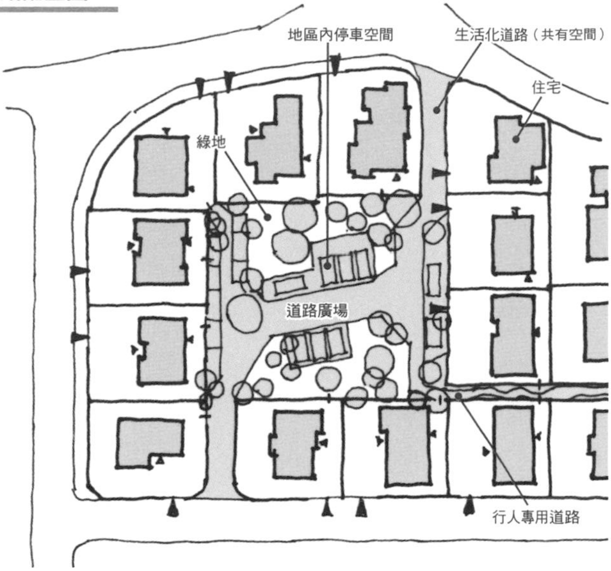
地區內停車空間
生活化道路（共有空間）
住宅
綠地
道路廣場
行人專用道路

高須新市鎮的道路網絡＊4

道路廣場由停車場、接道道路、植栽帶所構成。各戶主要是從外圍道路出入，並於道路廣場的方向設置後門。

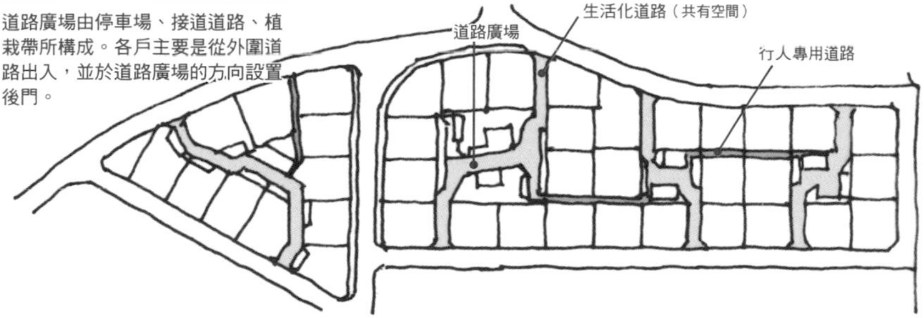
道路廣場
生活化道路（共有空間）
行人專用道路

共有空間內的中央排水溝與道路斷面詳圖＊5

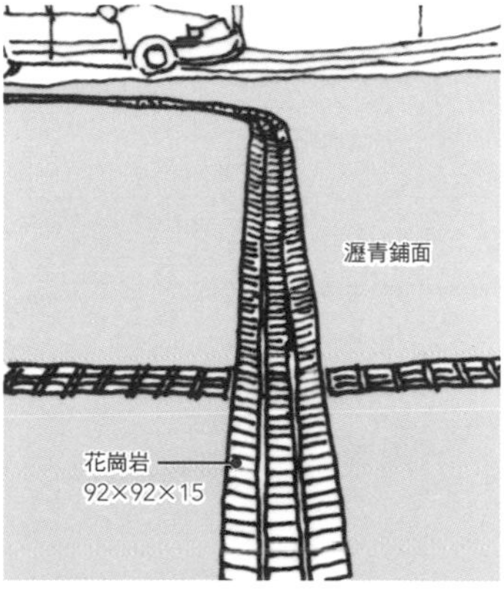
瀝青鋪面
花崗岩
92×92×15

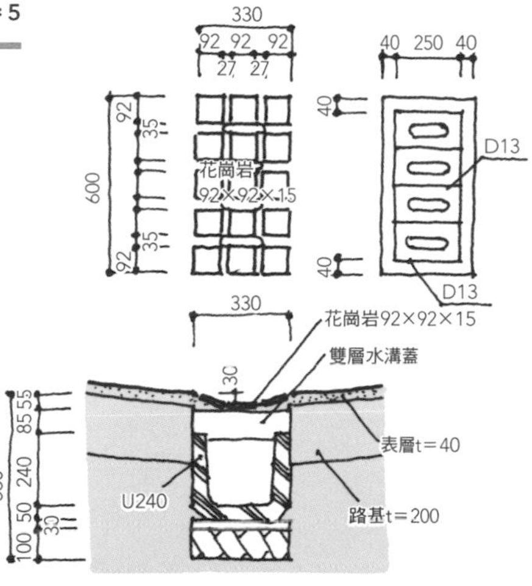
330
92 92 92
27 27
600
92 35 35 92
花崗岩
92×92×15
40 250 40
40
40
D13
D13
330
花崗岩92×92×15
雙層水溝蓋
30
560
55 85 240 50 30 100
表層t＝40
U240
路基t＝200

出處：＊3＊4＊5《コモンで街をつくる—宮脇檀の住宅地設計》（宮脇檀建築研究室編，丸善プラネット）

小建築是出色但低調的名配角

出石・辰鼓樓［兵庫］、鞆之浦・常夜燈［廣島］、金山・長屋門［山形］、木曾馬籠・休憩所［岐阜］

社區營造，是一項範圍廣又牽涉到各方面的長期任務。計畫往往容易集中在主要的街景或有名的據點，其實小建築也要留意。用舞臺來比喻的話，就是必須找出或創造，出色但低調的配角。

例如出石的辰鼓樓，就位在出石城跡的正下方，是城下町的起點。鞆之浦的常夜燈位在作為港口地標的位置上，是城鎮的象徵。金山町的長屋門從前是楯山城的入口，由於屬民間所有，近期已經拆除了（材料則保留下來），不過之前都靜佇在中心地區的內側散發「迷人的韻味」。另外，位在中山道馬籠宿起終點的新茶屋休憩所，是兼作公車站的小型設施，營造出在漫長的街道走累了，突然想休息一下的氣氛。日本各地還有許多這樣的例子。這類小建築對街景發揮了很大的作用，實在不容小覷。

出石城下町的辰鼓樓與位置

辰鼓樓位在兵庫縣豐岡市出石，是明治時代初期建設的鐘樓，亦是傳統建造物群保存地區具代表性的建造物。

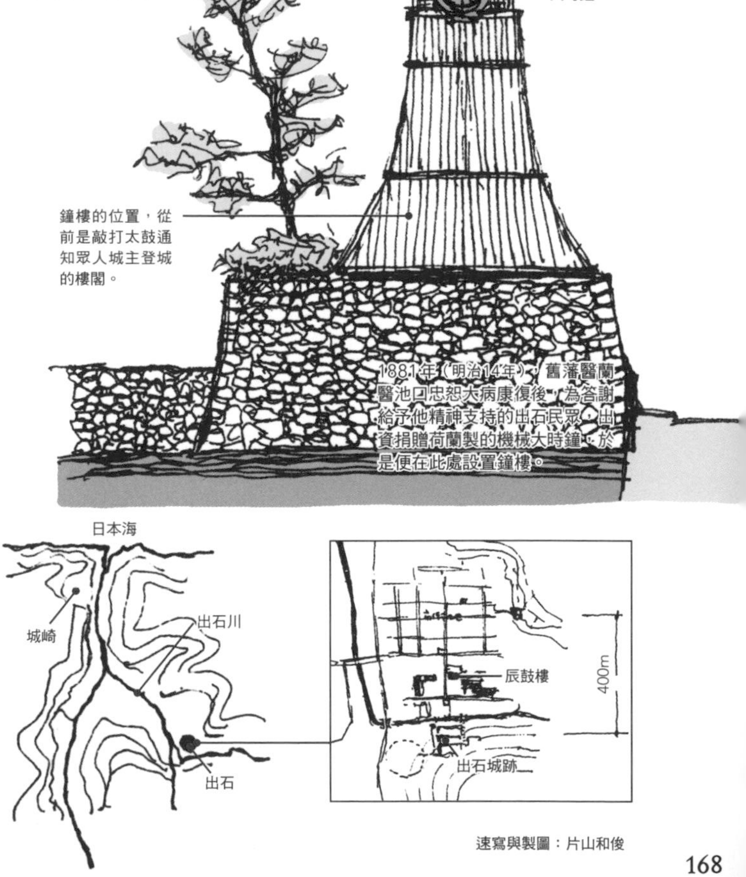
大時鐘
鐘樓的位置，從前是敲打太鼓通知眾人城主登城的樓閣。
1881年（明治14年），舊藩醫蘭醫池口忠恕大病康復後，為答謝給予他精神支持的出石民眾，出資捐贈荷蘭製的機械大時鐘，於是便在此處設置鐘樓。
日本海
城崎
出石川
出石
辰鼓樓
400m
出石城跡

速寫與製圖：片山和俊

港鎮鞆之浦的常夜燈

佇立在廣島縣福山市鞆港西側雁木南端的常夜燈，是鞆之浦的象徵。這座燈塔建於安政6年（1859年），用來指引船隻進出。燈塔高5.5m，石基高3.6m，與雁木及船番所一同訴說港的歷史。

金山町長屋門（舊櫻本邸）的立面圖與斷面圖

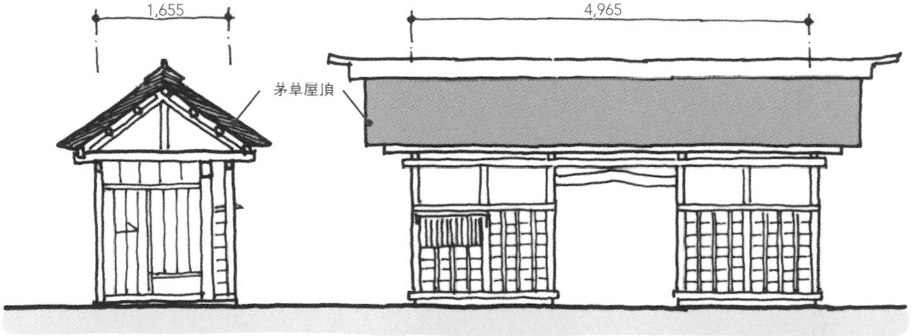
1,655
4,965
茅草屋頂

舊中山道馬籠的新茶屋休憩所

這個休憩所有公車站與公共廁所，修整成一座小公園。

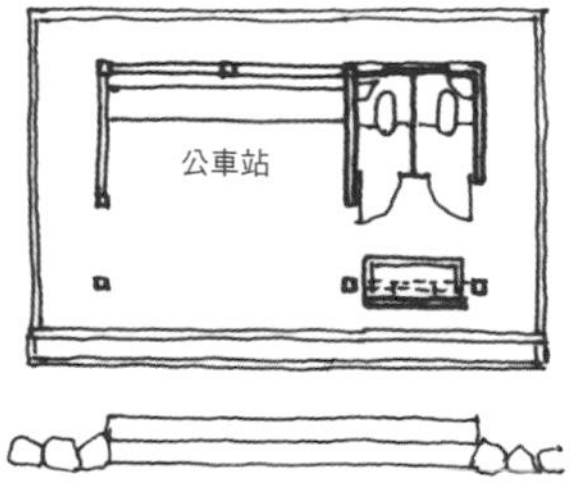
公車站

前面是舊中山道

設計：東京藝大片山研究室

迎合時代的導覽標示牌

橫濱元町［神奈川］、金山町［山形］

在歐美，設置的導覽標示牌雖然不多，但簡單易懂，旅遊起來很輕鬆。因為導覽標示牌已系統化，遊客只要在城鎮的廣場索取地圖就能抵達目的地。反觀日本，在車站的旅遊服務中心這類場所，有各式各樣的小冊子與看板，看得人眼花撩亂，難以理解。不過。最近情況完全不同了。只要使用智慧型手機上網搜尋，小冊子就不需要附上地圖了。現在正是重新規劃迎合時代的導覽標示牌的時候。

舉個有點舊的例子，橫濱元町依據社區營造協定維護街景，並且規範招牌。至於金山町則是細細考量導覽標示牌的設置位置，並且統一設計。

橫濱元町的規範*

元町發展成適合外國人逛的商店街，其特徵在於街景斷面類似迴廊。
當地依據社區營造協定維持這項特徵，並管理招牌及看板。

整備斷面圖（一般部）

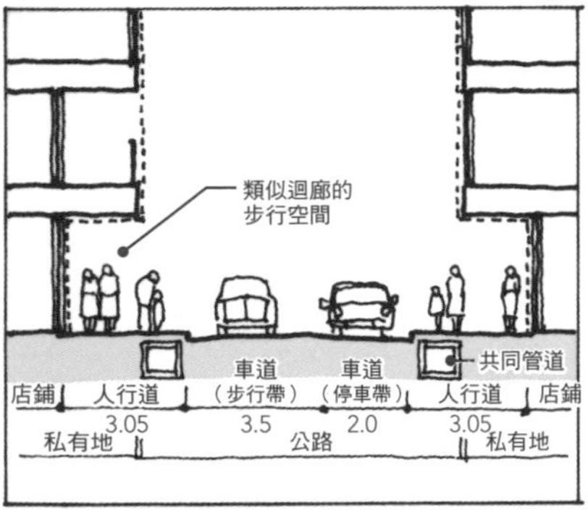

整備斷面圖（曲線部）

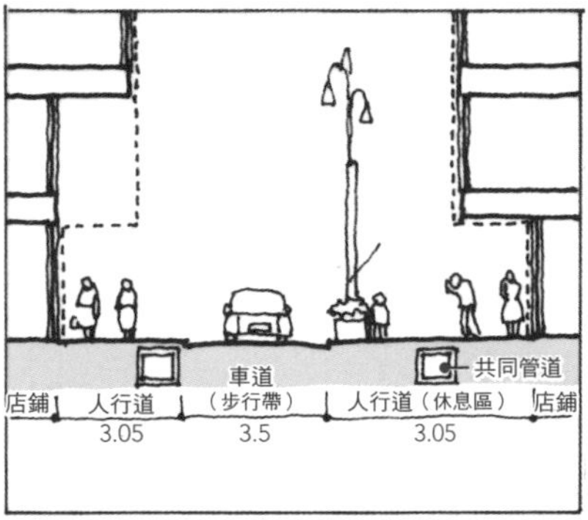

社區營造協定之牆面退縮

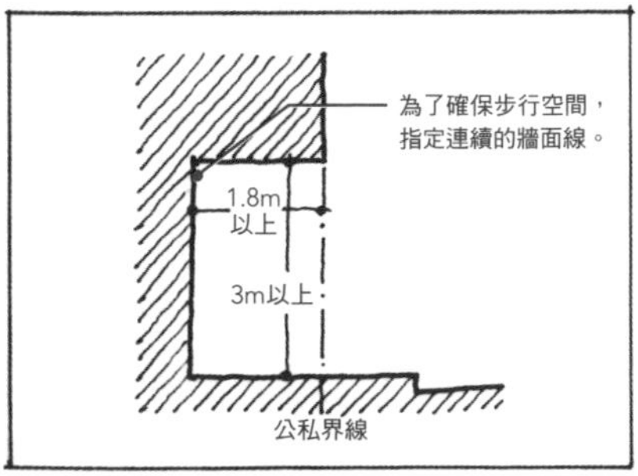

招牌的設置方法

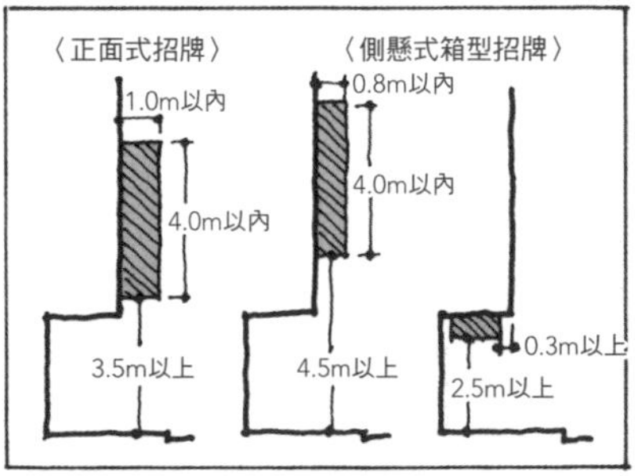

出處：＊《建築・まちなみ景観の創造》（建築・まちなみ景観研究会著，建設省住宅局市街地建築課監修，技報堂出版）

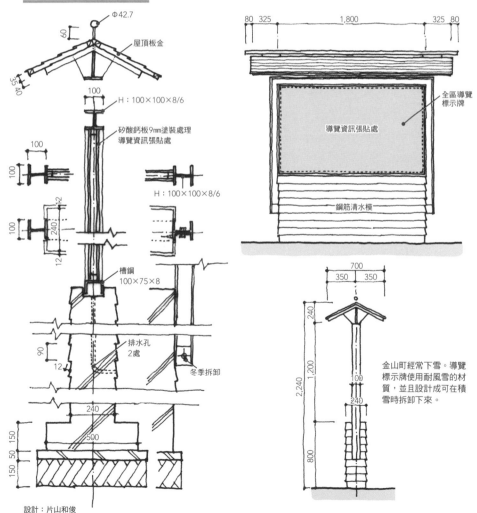

金山町的町民告示牌

即便在小小的金山町，導覽標示牌也有可能胡亂設立。當地事先考量設置位置，給訪客看的導覽標示牌與給町民看的告示牌統一採用相同的設計。

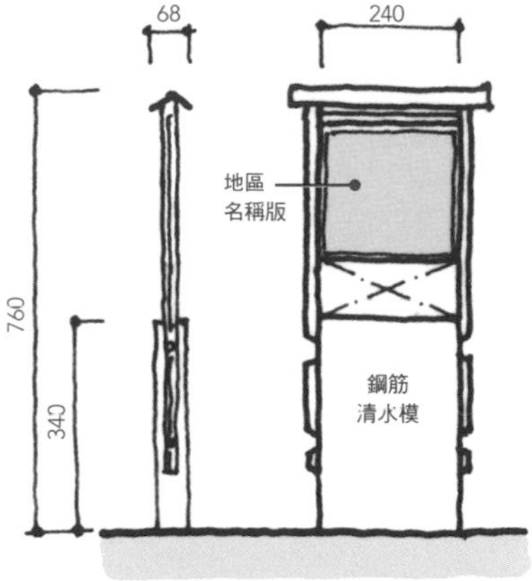
68
240
760
340
地區
名稱版
鋼筋
清水模

金山町的全區導覽標示牌

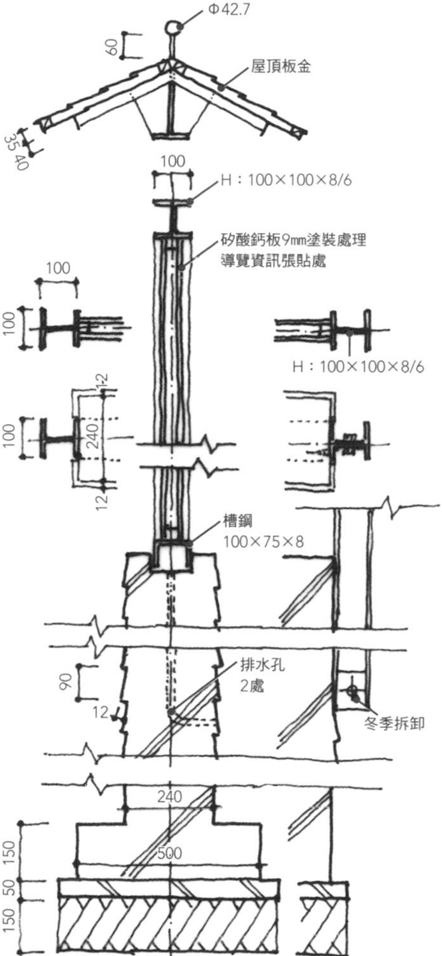
Φ42.7
60
屋頂板金
35
40
100
H：100×100×8/6
矽酸鈣板9mm塗裝處理
導覽資訊張貼處
100
100
H：100×100×8/6
12
240
100
12
槽鋼
100×75×8
90
排水孔
2處
12
冬季拆卸
240
500
150
50
150

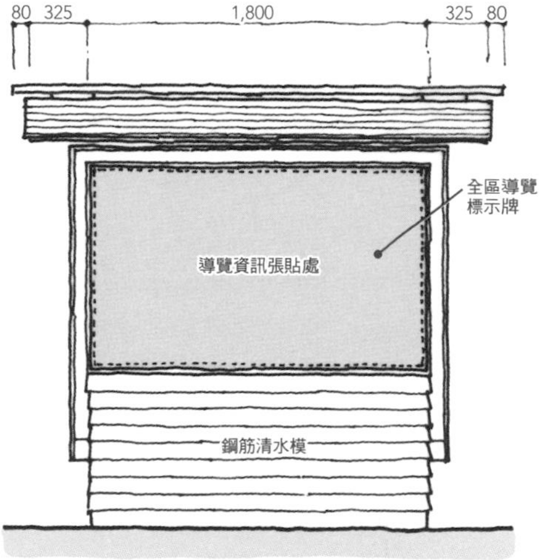
80
325
1,800
325
80
全區導覽
標示牌
導覽資訊張貼處
鋼筋清水模

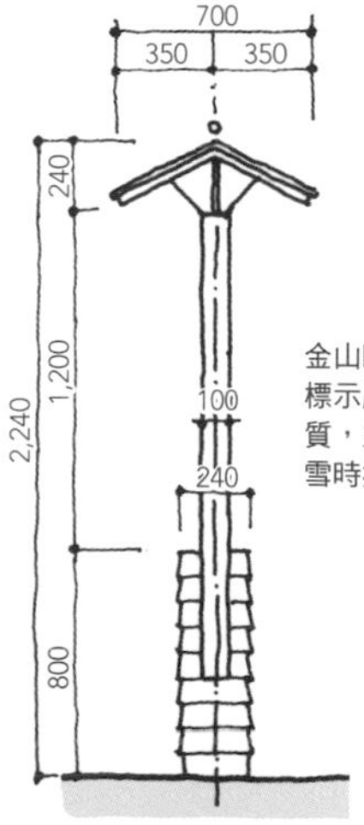
700
350
350
240
1,200
2,240
100
240
800

金山町經常下雪。導覽標示牌使用耐風雪的材質，並且設計成可在積雪時拆卸下來。

設計：片山和俊

探索石牆與圍牆

金澤長町〔石川〕、金山町〔山形〕

社區營造要花費很長的時間。外部的鋪面、門口圍牆的設計、材料的選定與施工都要留意「時間」。特別重要的是，地板材質要能維持原樣。耐久性佳，能夠隨著時間增添質感的材料不多，所以大多選擇傳統的鋪石地面或混有碎石的混凝土地面。擋土牆也是採天然石堆砌或清水模比較保險，不過使用機械堆砌時要注意。比較保險的做法，就是讓施工者看看你覺得不錯的砌石範本。

金澤市長町武家屋敷的圍牆，是將土圍牆設置在砌石上，冬季會用蓆子保護圍牆以防積雪。另外，屬於豪雪地帶的金山町，則有以在地木材金山杉圓木等距離排列而成的圓木圍牆。

觀察金澤長町武家屋敷街的土圍牆

距離香林坊不遠的長町一帶，保留著從前加賀藩中級武士們居住的宅邸。石板小路與土黃色的土圍牆使人遙想當時的情景。保護土圍牆免受雪害的「蓆蓋」，跟雪吊一樣都是金澤的冬季象徵。

建在砌石上的泥作圍牆。冬季還會加裝蓆蓋來保護土圍牆。充分展現了傳統的構法。

譯註：雪吊是指，為避免雪附著於樹木上折斷樹枝，而用繩子固定住樹枝的造園工程。

武家屋敷土圍牆與石牆的斷面詳圖

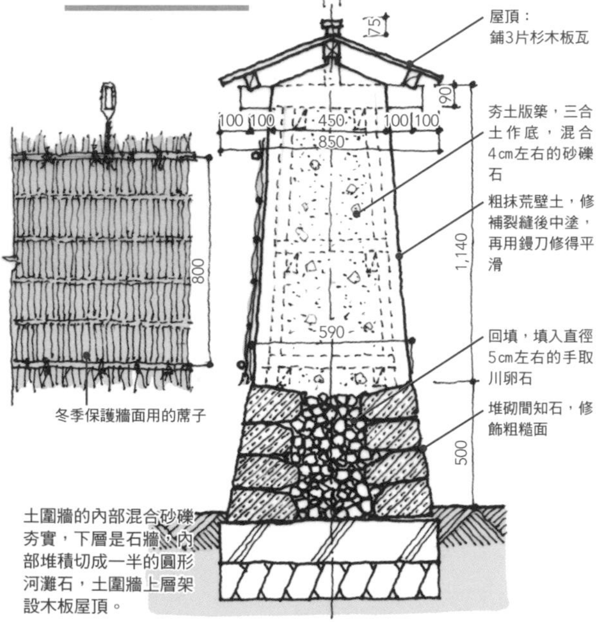
60
75
屋頂：
鋪3片杉木板瓦
90
100 100 450 100 100
850
夯土版築，三合土作底，混合4cm左右的砂礫石
粗抹荒壁土，修補裂縫後中塗，再用鏝刀修得平滑
1,140
800
590
回填，填入直徑5cm左右的手取川卵石
堆砌間知石，修飾粗糙面
500
冬季保護牆面用的蓆子
土圍牆的內部混合砂礫夯實，下層是石牆，內部堆積切成一半的圓形河灘石，土圍牆上層架設木板屋頂。

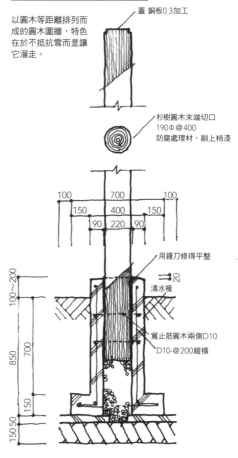

金山町藏史館前廣場的石砌擋土牆平面圖與斷面圖

平面圖

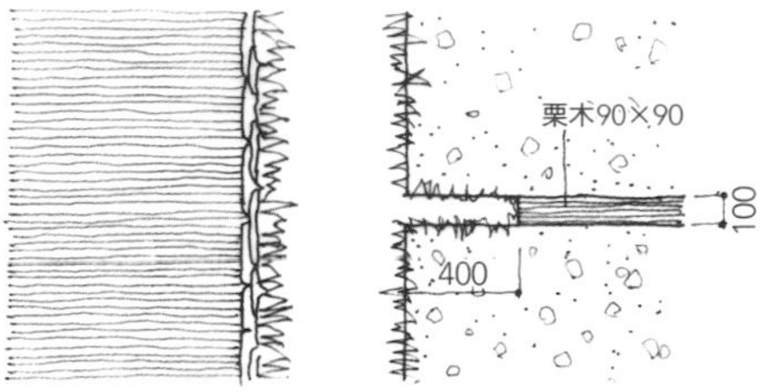

栗木90×90
100
400

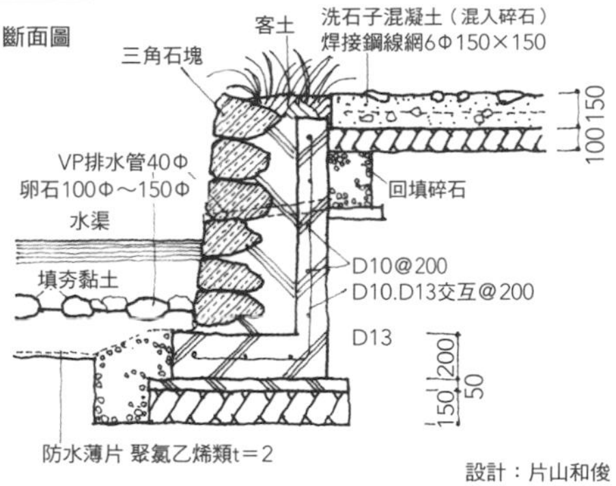

斷面圖
客土
洗石子混凝土（混入碎石）
焊接鋼線網6Φ150×150
三角石塊
150
100
VP排水管40Φ
卵石100Φ～150Φ
回填碎石
水渠
D10@200
填夯黏土
D10.D13交互@200
D13
200
50
150
防水薄片 聚氯乙烯類t＝2

設計：片山和俊

藏史館前廣場的鋪面

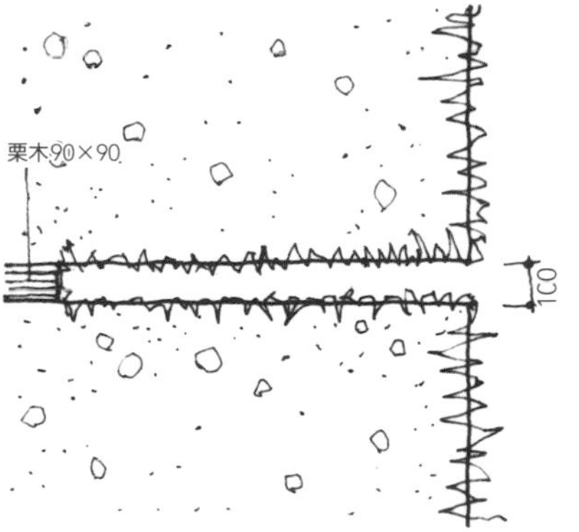

栗木90×90
100

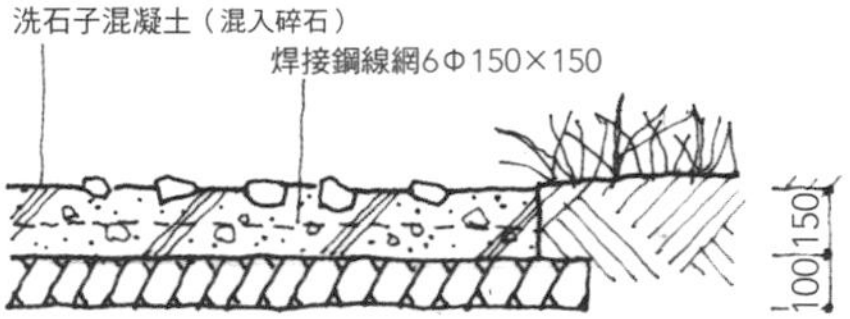

洗石子混凝土（混入碎石）
焊接鋼線網6Φ150×150
150
100

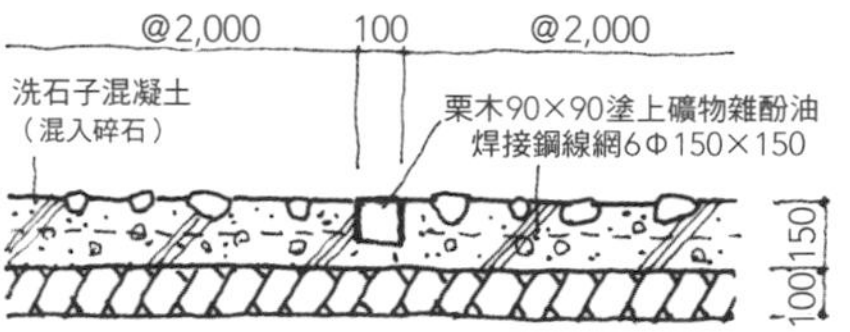

@2,000
100
@2,000
洗石子混凝土
（混入碎石）
栗木90×90塗上礦物雜酚油
焊接鋼線網6Φ150×150
150
100

金山町的圓木圍牆斷面詳圖

以圓木等距離排列而成的圓木圍牆，特色在於不抵抗雪而是讓它溜走。

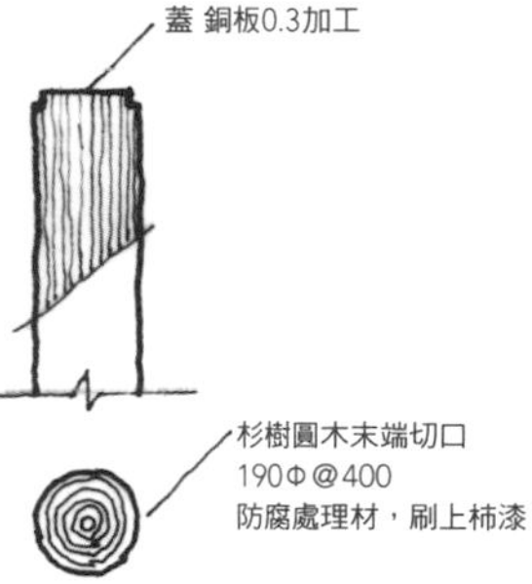

蓋 銅板0.3加工
杉樹圓木末端切口
190Φ@400
防腐處理材，刷上柿漆

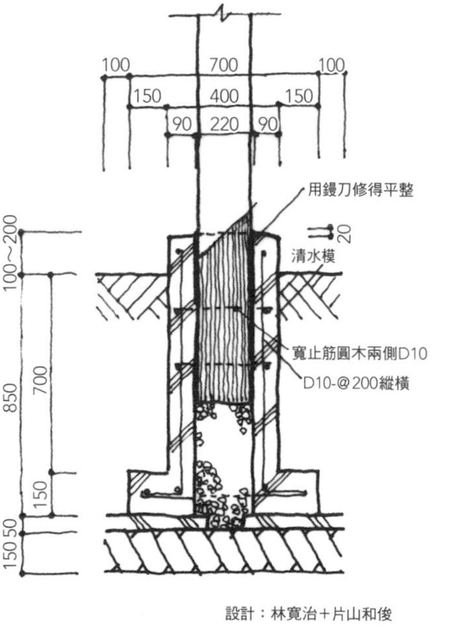

100
700
100
150
400
150
90
220
90
用鏝刀修得平整
20
清水模
100～200
700
850
寬止筋圓木兩側D10
D10-@200縱橫
150
150
50

設計：林寬治＋片山和俊

雪與生活1

山形縣金山町屬於豪雪地帶，12月到3月這4個月的期間都埋在深雪當中。屋頂的積雪，一個冬季至少得清理3次才行。要讓雪自然落下，屋頂坡度必須超過4寸（4／10）。如果坡度低於4寸，就得考量屋頂的設計以免在清理積雪時滑倒。採瓦棒鋪的話，屋頂有可能會被沉降的雪簷拖下來，所以要採用橫鋪或段鋪。說到屋頂形狀與雪的關係，如果人會從屋頂的縱向面下方通過就一定要裝設雪擋，基本上人要從建築物的橫向面（山牆面）進出。玄關也必須考量積雪時的狀況，設置在較高的位置上。考量到凍結或積雪的情況，設備機器的配置也要留意。另外，寒冷地的基礎板底之深度要在凍結線以下。

金山町中心地區的積雪風景——從大堰看向十日町街

金山町屬於建築基準法所定義的垂直積雪量達2m的豪雪地帶。

※1 剛堆積的雪有時比重未滿0.1，但壓密後有可能會超過0.3，而法規上則視作0.2。此外也必須考量被風颳來的雪、雪簷的成長，以及與地面積雪相連時的沉降荷重。 ※2 因天花板裡的熱度而融化的雪，會在簷端再次凍結形成冰壩（ice dam），積在這裡的水便會漏到房屋內部。 ※3 以免在房屋上層與簷端部分製造溫差。

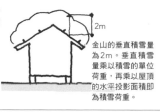

房屋的防雪準備*

積雪荷重※1

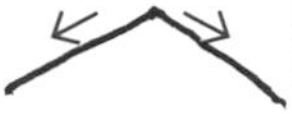
積雪荷重會
隨屋頂坡度
而降低

坡度	降低倍率
未滿30°	×1
30° 以上未滿40°	×0.75
40° 以上未滿50°	×0.5
50° 以上未滿60°	×0.25
60° 以上	×0

2m

金山的垂直積雪量為2m。垂直積雪量乘以積雪的單位荷重，再乘以屋頂的水平投影面積即為積雪荷重。

雪簷

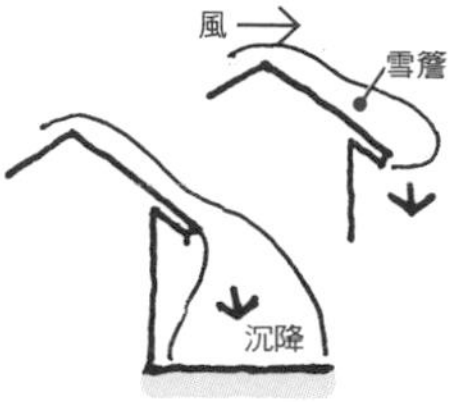
風
雪簷
沉降

屋頂的積雪處理

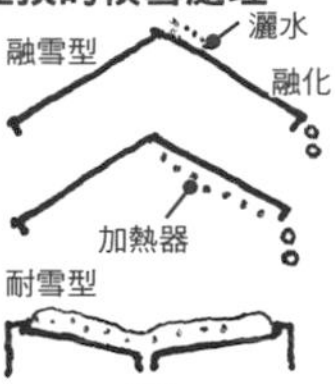
融雪型
灑水
融化
加熱器
耐雪型
堆著

自然落雪型

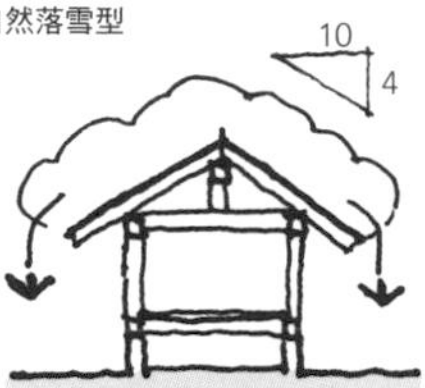
10
4

金山的自然落雪坡度為4寸（4/10）以上

除雪型

金山的積雪期平均除雪3次

多雪地帶的屋頂

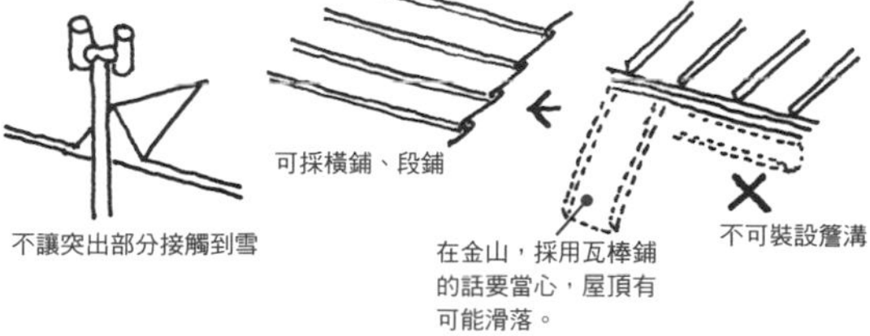
〈對策〉
不讓突出部分接觸到雪
可採橫鋪、段鋪
在金山，採用瓦棒鋪的話要當心，屋頂有可能滑落。
不可裝設簷溝

冰壩滲漏※2

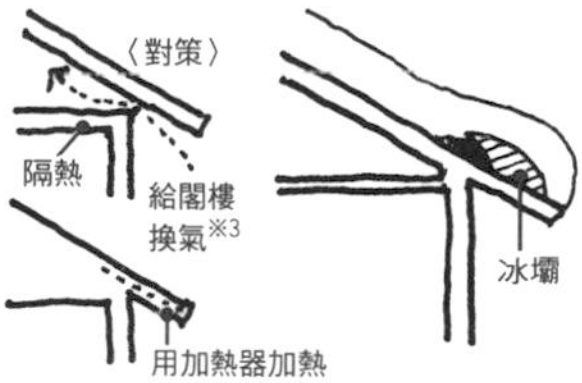
〈對策〉
隔熱
給閣樓換氣※3
用加熱器加熱
冰壩

清除屋頂積雪時的安全對策

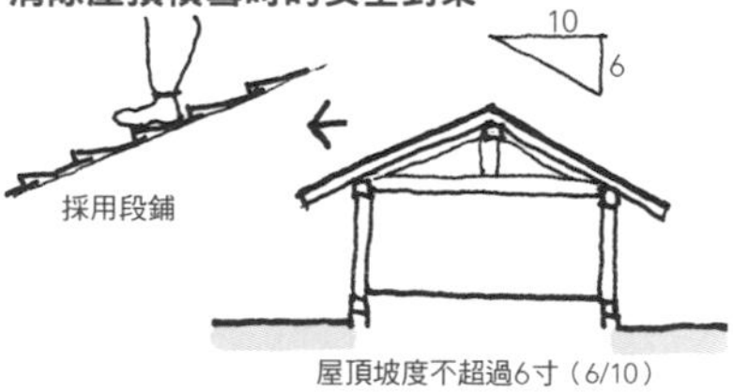
10
6
採用段鋪

屋頂坡度不超過6寸（6/10）

來自設備的水所造成的損害

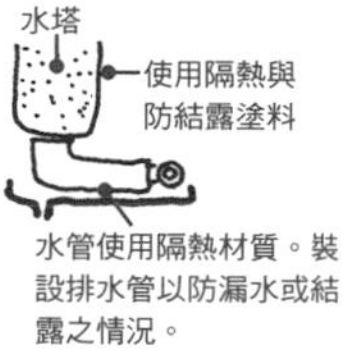
水塔
使用隔熱與防結露塗料
水管使用隔熱材質。裝設排水管以防漏水或結露之情況。

凍害與凍脹

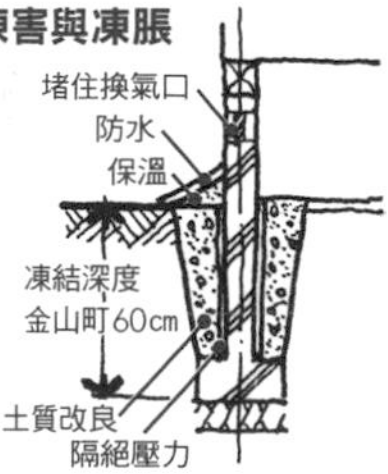
堵住換氣口
防水
保溫
凍結深度
金山町60cm
土質改良
隔絕壓力

玄關與房屋周圍的注意事項

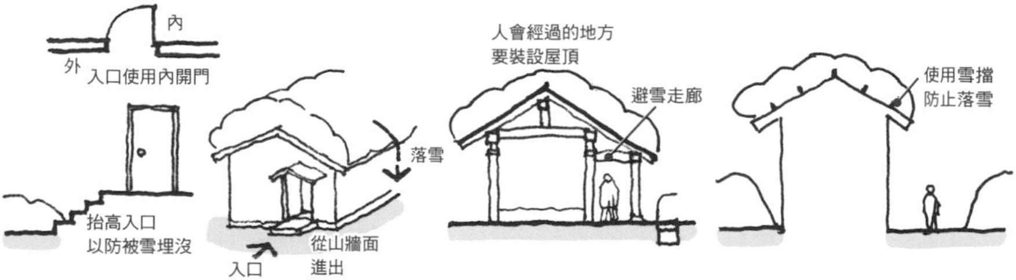
內
外
入口使用內開門
抬高入口
以防被雪埋沒
落雪
入口
從山牆面
進出
人會經過的地方
要裝設屋頂
避雪走廊
使用雪擋
防止落雪

出處：＊片山參考《図解テキスト基本建築学》（上杉啓等人著，彰国社）整理繪製

雪與生活 2

在金山町，理想的房屋形式當然是抬高地板的干欄式。雖然在法律上算是2層樓建築，不過把1樓當作停車空間或倉庫，2樓用來生活是較為合理的規劃。如果是一般高度的房屋，則需要另外建置車庫或倉庫之類的建築物。這樣不只要保留空間，下雪時的進出往來與清除屋頂積雪也會有負擔。此外還需要增加建築物所用的防雪籬。

庭院的樹木與門口圍牆等等，同樣必須考量積雪時的情況。如果是以圓木等距離排列而成的圍牆，則可讓雪從間隙溜走（參考P.173）。另外，街道旁邊的排雪溝固然重要，傳統房屋的庭院水池也可作為融雪裝置。「彩之國交流森林」中庭裡的水槽（人工池），就是學習金山町的智慧設置的融雪裝置。

鏟雪車穿梭於金山町

金山町主要是由町營除雪站進行道路除雪，早上4點開工，在上班族通勤前就會將全町的雪鏟完。

裝設空調室外機必須考量的事

空調室外機在視覺上很顯眼，裝設時要考量修景問題。積雪時的情況當然也要考慮進去。只要整齊地裝設在高處並加裝屋頂，看起來就不醜了。

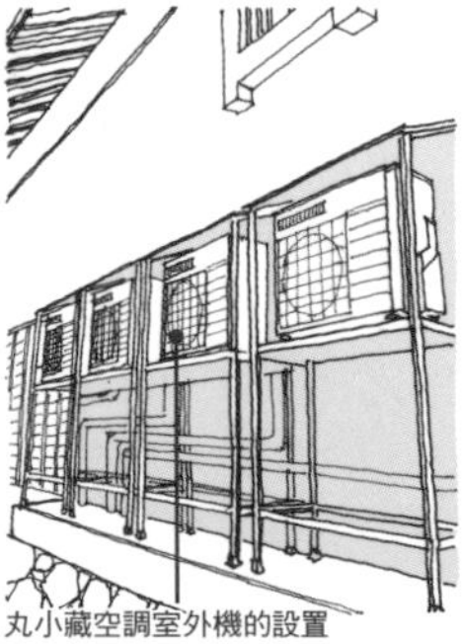

丸小藏空調室外機的設置

設計：林寬治＋片山和俊

MEMO

防止雨水滲入建築物內的措施，日文稱為雨仕舞。不過除了防雨，還得規劃雪害的防範措施才行。空調室外機等設備機器，也要考量積雪問題裝設在高處。

（以下參考《図解テキスト基本建築学》〔上山啓等人著，彰國社〕，節錄部分內容並額外補充）

●雪造成的損害

雪會因為荷重或落下而危害建築物或人。另外，雪從屋頂表面滑落時，會損傷屋頂建材或突出物。融化的雪水以及雪水再次凍結同樣會造成損害。地面的積雪與從屋頂落下的積雪，則會妨礙人車通行。

●結露

空氣所含的水分接觸到溫度低於露點的冰冷部位就會凝結成水，這種現象稱為「結露」。不只牆壁等部位的表面，內部也會發生結露現象，因而降低耐久性與隔熱性。

●凍害與凍脹

在寒冷地，水滲入具吸水性的材料後，有可能會凍結而膨脹，導致材料的表面裂開或剝落。另外，土壤的水分也會因低溫而凍結，繼而抬高基礎。這稱為凍結深度，在金山町基礎的深度必須超過60㎝。

●來自設備的水

使用水的設備機器周圍之部位，會因為濺到水或漏水而造成髒汙或損傷。設備機器或管路的漏水與結露水也會造成損害。有時需要包覆保溫材來防止設備機器或管路凍結。

房屋的防雪準備*

房屋的積雪對策

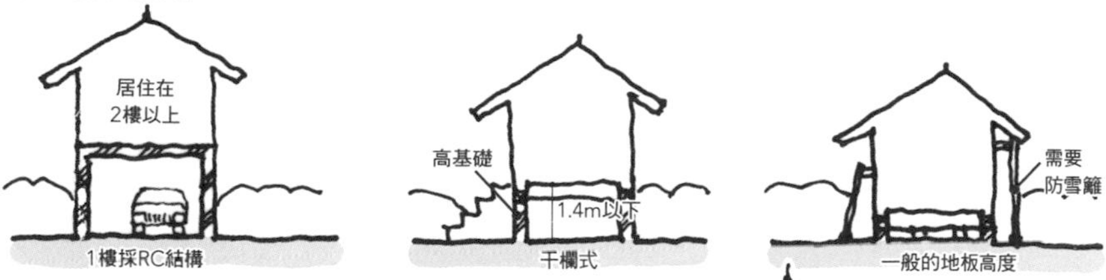
居住在
2樓以上
1樓採RC結構
高基礎
1.4m以下
干欄式
需要
防雪籬
一般的地板高度

植栽對策

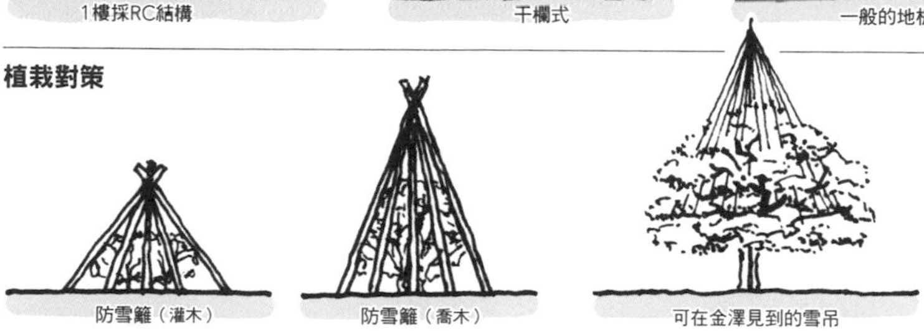
防雪籬（灌木）
防雪籬（喬木）
可在金澤見到的雪吊

外觀對策（金山町）

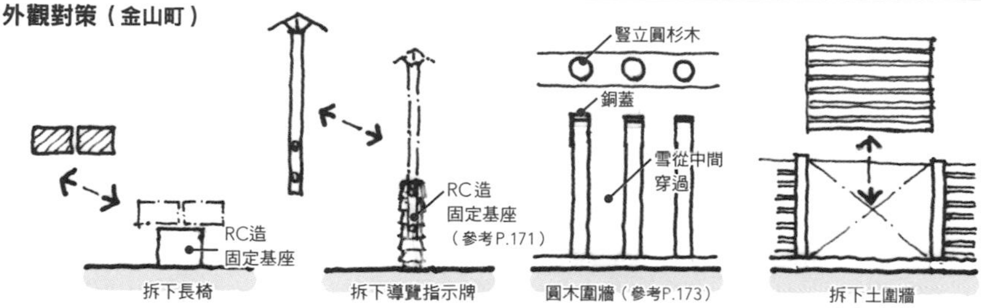
RC造
固定基座
拆下長椅
RC造
固定基座
（參考P.171）
拆下導覽指示牌
豎立圓杉木
銅蓋
雪從中間
穿過
圓木圍牆（參考P.173）
拆下土圍牆

除雪・排雪・融雪對策

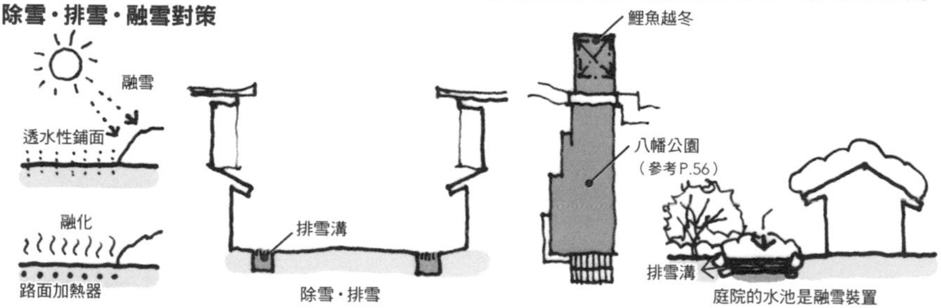
融雪
透水性鋪面
融化
路面加熱器
排雪溝
除雪・排雪
鯉魚越冬
八幡公園
（參考P.56）
排雪溝
庭院的水池是融雪裝置

向金山町學習的融雪裝置（「彩之國交流森林」住宿棟）

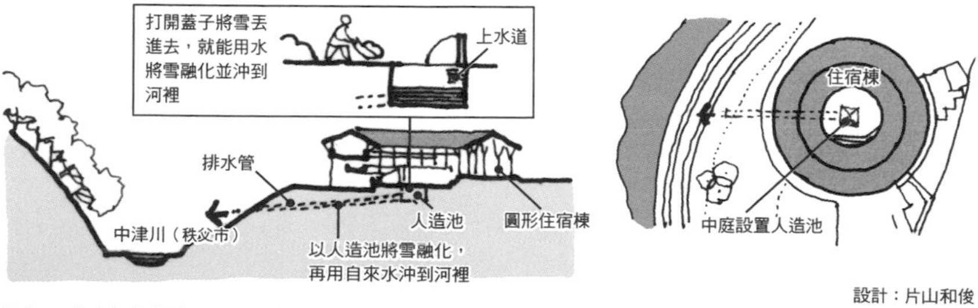
打開蓋子將雪丟
進去，就能用水
將雪融化並沖到
河裡
上水道
排水管
中津川（秩父市）
人造池
圓形住宿棟
以人造池將雪融化，
再用自來水沖到河裡
住宿棟
中庭設置人造池

設計：片山和俊

出處：＊片山參考《図解テキスト基本建築学》（上杉啓等人著，彰国社）整理繪製

日本傳統房屋的構件名稱

有時我們覺得自己好像知道某個東西，但其實卻是一竅不通。日本傳統建築物的構件名稱就是其中之一吧。

首先來看土藏。土藏是單純的木結構建築，組裝完畢後再施以防火用的泥作工程。置放式屋頂輕輕擱在很有分量感的主體上，看起來漂亮極了。土藏雖然構造簡單，卻具備其他日本建築沒有的裝飾性。例如使用過粗的梁、厚實的門與窗戶周圍細膩的抹灰處理等等，到處都呈現出裝飾性，十分有意思。另一種傳統建築物，則是歷史街道沿線的民宅（木曾奈良井宿）。構件名稱以及門窗的使用方法都很有趣。

置放式屋頂土藏的構造與構件名稱＊1

主體的上層為塗抹土或灰泥的防火構造，就算置放式屋頂燒掉，主體仍能保留下來。

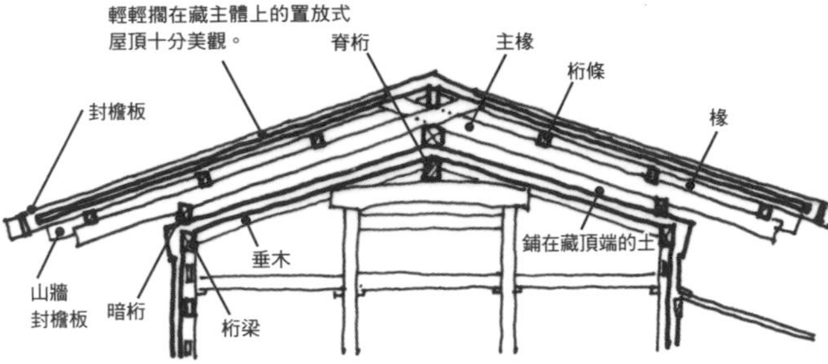
輕輕擱在藏主體上的置放式屋頂十分美觀。
脊桁
主椽
桁條
椽
封檐板
垂木
鋪在藏頂端的土
山牆封檐板
暗桁
桁梁

瓦頂土藏的構造與構件名稱

這個例子是不裝設置放式屋頂，而是在屋架的上層與屋簷部分塗土使之硬化變得牢固，再於屋頂鋪上瓦片。

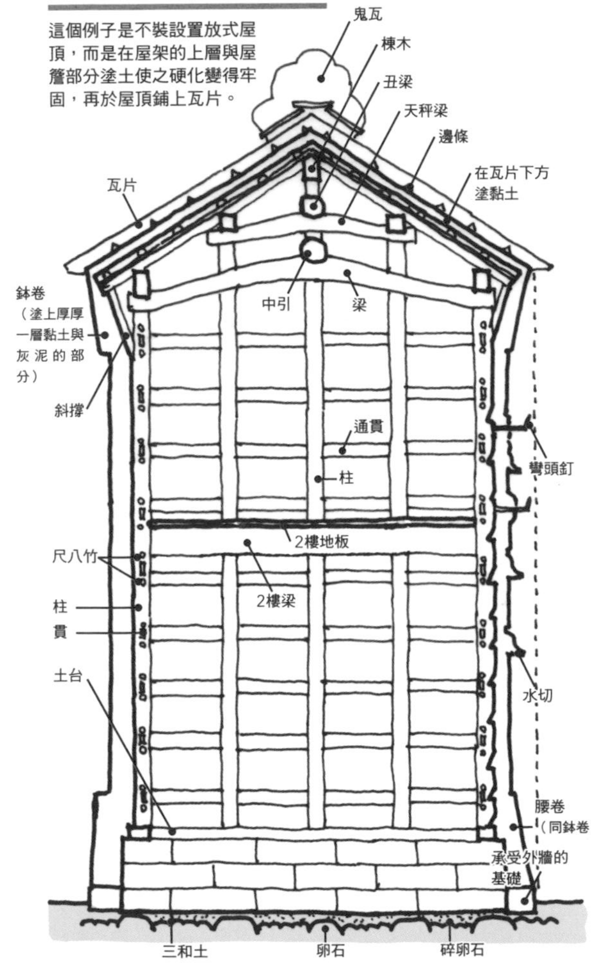
鬼瓦
棟木
丑梁
天秤梁
邊條
在瓦片下方塗黏土
瓦片
鉢卷（塗上厚厚一層黏土與灰泥的部分）
斜撐
中引
梁
通貫
柱
彎頭釘
2樓地板
尺八竹
2樓梁
柱
貫
土台
水切
腰卷（同鉢卷）
承受外牆的基礎
三和土
卵石
碎卵石

出處：＊1《よみがえる蔵》（日本民家再生協会編，丸善出版）

木曾奈良井宿的町屋正面與構件名稱＊2

早上打開，晚上關起來的蔀戶，其構造很有意思。店鋪營業時關起來，不過家人可以出入的便門（くぐり戸）等諸多巧思也不能錯過。

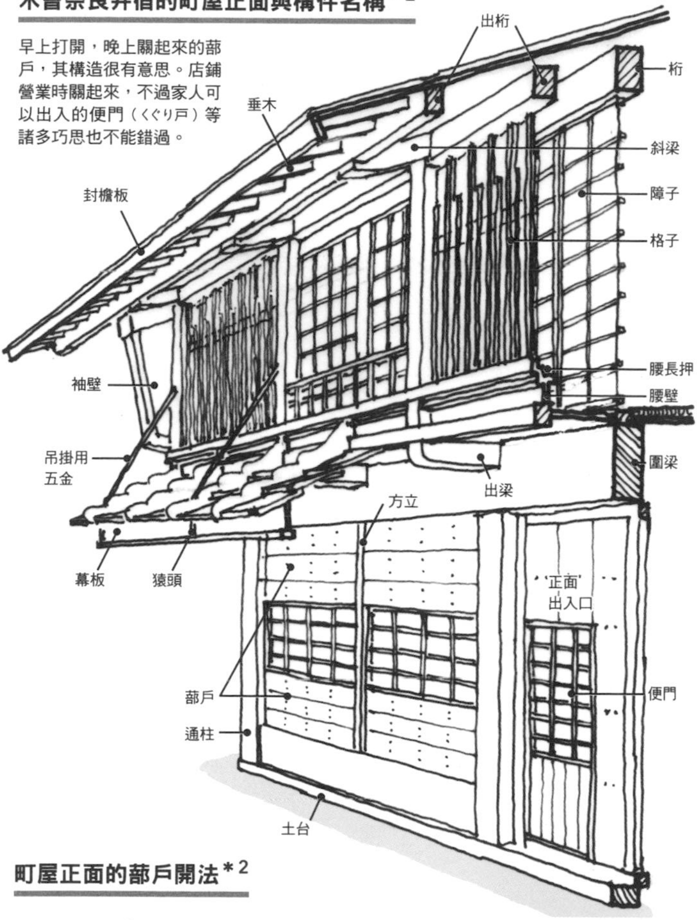
出桁
桁
垂木
斜梁
障子
封檐板
格子
袖壁
腰長押
腰壁
吊掛用
五金
圍梁
出梁
方立
幕板
猿頭
'正面'
出入口
蔀戶
便門
通柱
土台

町屋正面的蔀戶開法＊2

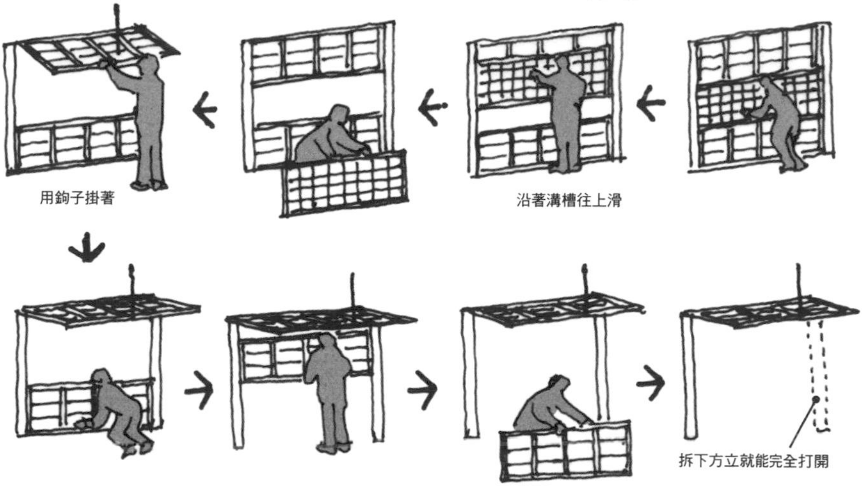
用鉤子掛著
沿著溝槽往上滑
拆下方立就能完全打開

出處：＊2參考木曾奈良井宿宣傳冊

COLUMN

利用廢校打造而成的交流據點

谷口學校蕎麥麵

利用了舊分校校舍的「學校蕎麥麵」

「蕎麥麵套餐」
板蕎麥麵很美味，
炸蕎麥麵也不錯。

舊谷口分校廢校後，想將校舍保留下來的當地人與外地人便展開行動，使之重生為地區的交流據點。

這裡每年會開辦4次，以自遊自學為主題的「四季學校」。當地人與來自都會的參加者一起進行各式各樣的課程，例如農業體驗、採山菜、到河邊玩、玩雪、粉刷校舍等等。

另外，還開設「谷口學校蕎麥麵」這家麵店，工作人員以當地町民為主，並且開辦蕎麥麵製作體驗營加深交流。使用在地蕎麥粉製作的「學校蕎麥麵」雖然樸素，吃過的人可都讚不絕口。

不過遺憾的是，2017年校舍失火付之一炬，目前麵店處於停業狀態。

第6章

找出小城鎮的存續機制

這是個難解的課題，答案也因城鎮而異。以金山町來說，其特色就是以町民為對象實施德國研習與木匠培訓。其中德國研習是每年派幾名町民參訪各個小城鎮，至今已舉辦十幾次了。社區營造的主角是町民，不過町民之間能形成共同的價值觀，有很大一部分要歸功於這個德國研習。

K式人體尺寸房屋
（片山從泰國按人體尺寸建造的古民房獲得靈感所設計的房屋。體型壯碩的人房子就大，體型嬌小的人房子就小）

大美輪的大杉木是金山町的象徵

金山町早在藩政時代就開始植樹造林，尤其明治至昭和時代更是實施大規模的造林。該町的林業傳統一直延續到現在，不曾中斷過。其中歷史超過250年的「大美輪的大杉木」是金山杉的象徵。不僅名列「最上的巨木」，亦是當地的觀光資源。這片杉林，是戶澤藩在江戶時代寶曆至明和年間（1751～1771年）種植與培育的。

明治時代政府出售國有林地，數名町民成為山的所有者，積極且賣力地種植杉木。多虧他們的努力，金山町的森林資源才能如此豐富，擁有許多樹齡超過100～150年的大樹。此外森林所有者在皆伐後都會積極地重新植樹造林，因此年輕森林較多，齡級結構可以說近乎適當（法正林）。杉木的採伐一般以40～50年為週期，不過金山町基本上是採樹齡80年以上的長伐期施業，以生產高品質的木材為目標。

金山町屬於冬季積雪超過2公尺的特別豪雪地帶。夏季則高溫潮溼，這是適合杉木生長的環境。在這種環境下培育出來的金山杉年輪綿密整齊，木紋非常細緻漂亮，而且樹節少強度夠，因此適合作為梁與桁等住宅用結構材。另外，因為一間房屋所需的木材能使用從同一座山採伐的大徑木，若以裸露梁柱的方式運用金山杉，便能用相同的色調將室內打造成統一、沉穩且溫暖的空間。使用這種良質木材，由金山木匠建造的房子，即是所謂的「金山住宅」。為了遙遠未來的子孫，今後也要持續實施各種

含樹心的平角材之楊氏係數※比較（金山森林合作社，平成21年度測定）

「金山杉」的特徵就是，採樹齡80年以上的長伐期施業，生產高品質的木材。因屬於冬季積雪超過2m的豪雪地帶，降水量充足，生產的杉材年輪綿密整齊，木紋細緻漂亮，適合做為住宅用結構材。

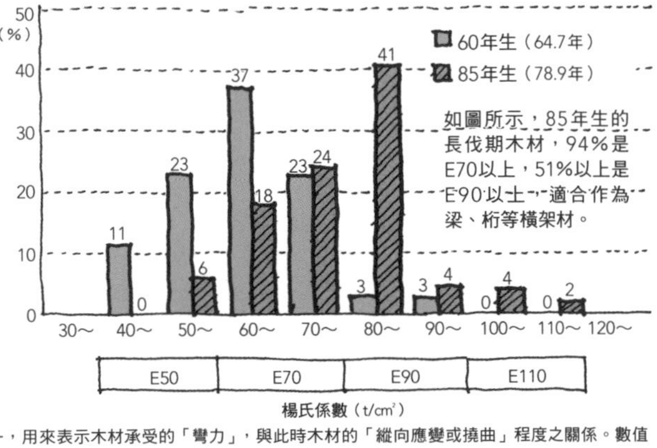
50
(%)
40
30
20
10
0
60年生（64.7年）
85年生（78.9年）
如圖所示，85年生的長伐期木材，94%是E70以上，51%以上是E90以上，適合作為梁、桁等橫架材。
11
0
23
6
37
18
23
24
3
41
3
4
0
4
0
2
30～
40～
50～
60～
70～
80～
90～
100～
110～
120～
E50
E70
E90
E110
楊氏係數（t/cm²）

※楊氏係數是材料堅硬度的指標之一，用來表示木材承受的「彎力」，與此時木材的「縱向應變或撓曲」程度之關係。數值越大代表（彎曲）強度越高，構材也越堅硬，反之數值越低代表構材越柔軟。

措施保護與培育森林，這點很重要。（西田徹）

人工杉林的樹齡結構比較

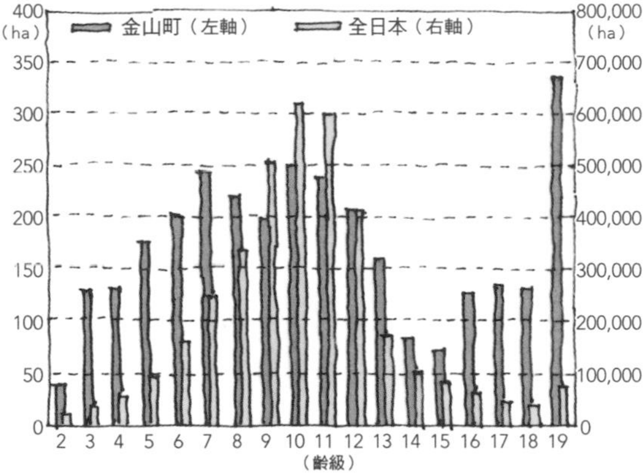

金山町早在藩政時代，以及明治至昭和時代就實施大規模的植樹造林。當地森林資源豐富，除了「大美輪的大杉木」，還有樹齡超過100年、150年的大徑木。

金山杉的採伐與搬運情形

金山町的總土地面積為16,167公頃，其中金山町森林合作社所占的森林面積就有12,706公頃，其中包含5,191公頃的人工林～資料來自《農林中央金庫在地報告，金山町森林合作社》（山形縣）。

到德國的小城鎮參訪與研習

金山町的「市容營造百年運動」特徵之一，就是一面培育人才一面展開運動。其中一項措施，就是始於1992年的「德國研習」。

一如說起德國就想到黑森林，當地城鎮給人的印象就是「森林裡的城鎮」，這跟座落在山間的林業小鎮金山町給人的印象有共通性。再者，德國有著以木造建築物為主的美麗街景，他們一方面承襲歷史與城鎮的結構，另一方面又花時間腳踏實地推動社區營造，德國的手法能帶給金山町不小的啟發。因此，金山町每年都會派人到規模相近的德國小城市及農村參訪與研習，成員以町內各領域的年輕領導者為主※。

在德國研習之旅中注意到的7個重點

1.街角與小巷對城鎮而言很重要！

馬爾堡（Marburg）的街角

2.想要適合古老城鎮的公共設施！

茨溫根堡（Zwingenberg）市公所

3.瞭解了房屋的形態！

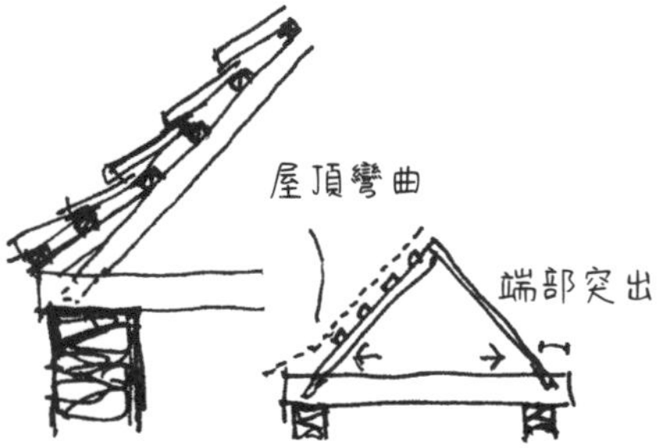
屋頂彎曲
端部突出

屋頂端部彎曲是出於結構因素

4.想要這種導覽手冊！

MARBURG
UND SEINE SCHÖNSTEN
HISTORISCHEN BAUWERKE

馬爾堡市的導覽手冊

速寫：片山和俊

德國研習第2次考察路線（1993年實施）與研習的情形

漢堡
柏林
科隆
法蘭克福
慕尼黑
Alsfeld
Schlits
Vogelsberg
自然保護公園
Lisburg
Wiesbaden
Frankfult
萊茵河
Darmstadt
1993年
黑森邦考察路線
0
20km
Hessen
DAS HERZ DEUTSCHLANDS

6.景觀很重要！

綠德斯翰（Rüdesheim am Rhein）河岸的葡萄園，據說柏林愛樂廳的觀眾席就是以此為概念

7.景觀很重要！

萊茵河

社區營造是町民要親自參與的運動。參訪德國的城鎮後，我們確定自己的社區營造方向並沒有錯，帶著更大的自信返回金山町。這趟旅行從自然風景、理想的城鎮樣貌，到介紹城鎮的宣傳冊，皆令我們獲益良多。此外也瞭解到，社區營造是要花時間慢慢推動的。

遊萊茵河——巴哈拉（Bacharach）一帶

5.簡化並掌握城鎮的結構！

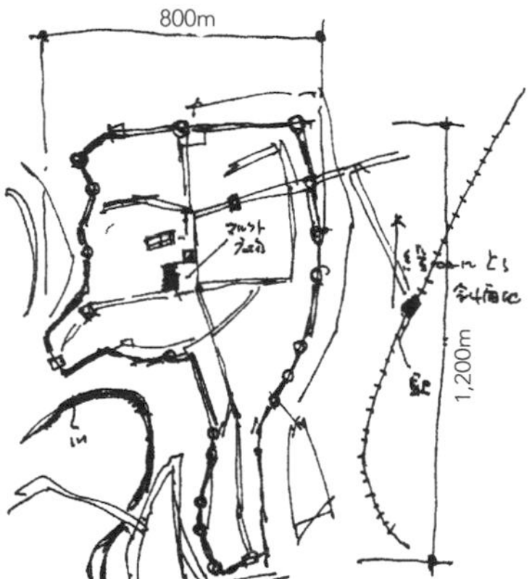
800m
1,200m

羅騰堡市（Rothenburg ob der Tauber）的結構

※指導：住吉洋二。從下一頁起，將介紹參訪過的德國城市當中，令我們獲益最多的米歇爾施塔特與特雷布爾。

速寫：片山和俊

整頓小市鎮歷史悠久的市中心

米歇爾施塔特［德國］

德國的第二大森林區歐登瓦德山（Odenwald），散布著有「珍珠般的城鎮」之稱的美麗小城鎮。當中具代表性的米歇爾施塔特（Michelstadt），在1971年將歷史悠久的市中心指定為再開發事業地區，花了20年的時間進行市容的整頓、老舊民房的翻修，以及道路與廣場等環境的改善。如今這座市鎮隨時都看得到，來自周邊都市部的訪客或散步或用餐，悠閒享受市鎮氣氛的光景。當時的金山町町長岸宏一也是受到這座市鎮的刺激，表示想讓町民看看「珍珠般的城鎮」，這才決定實施德國研習。

面向市集廣場的古老建築物重新作為銀行使用

「珍珠般的城鎮」米歇爾施塔特，座落在法蘭克福南方的歐登瓦德山中，人口將近2萬人。當地仍保留著中世紀德國的美麗街景。有著白牆與外露的紅色或焦褐色的美麗木造構架，兼作裝飾的半木造古老建築物櫛比鱗次。即使現在這些建築轉作為銀行之類的設施，仍感受得到中世紀的氣氛。

木造構架外露
半木造建築
（露柱式木造建築）
石像
刷上粉飾灰泥的白牆
德國商業銀行

利用次要街道階梯狀通路的露臺配置圖與速寫

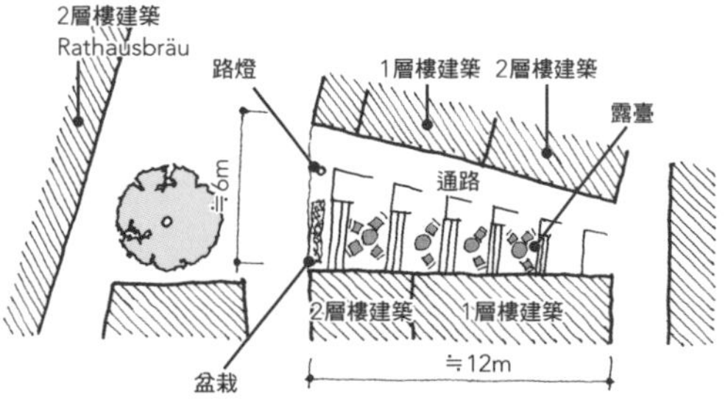
2層樓建築
Rathausbräu
路燈
1層樓建築
2層樓建築
露臺
通路
≒6m
2層樓建築
1層樓建築
≒12m
盆栽

階梯狀露臺

速寫與步測：片山和俊

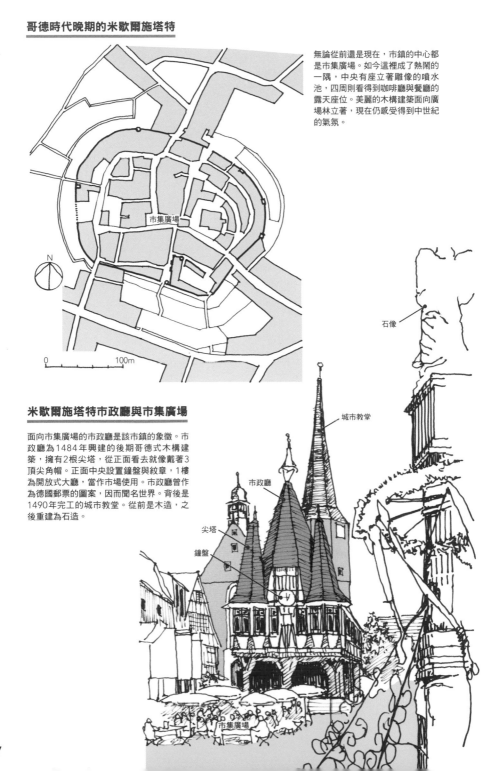

哥德時代晚期的米歇爾施塔特

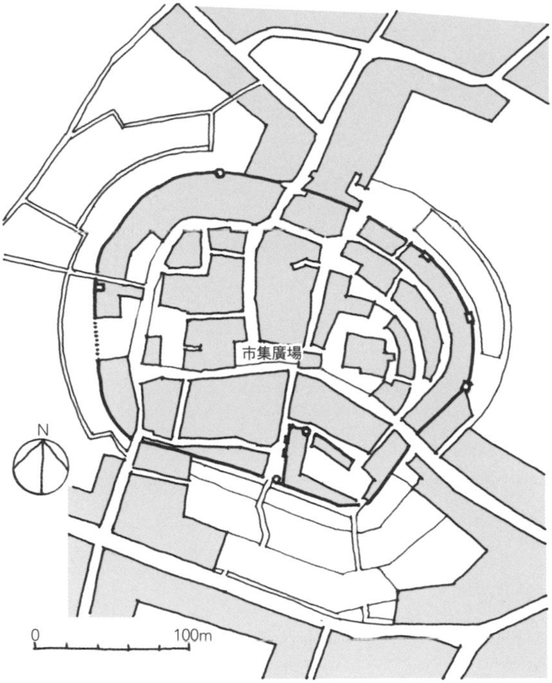
市集廣場
N
0
100m

無論從前還是現在，市鎮的中心都是市集廣場。如今這裡成了熱鬧的一隅，中央有座立著雕像的噴水池，四周則看得到咖啡廳與餐廳的露天座位。美麗的木構建築面向廣場林立著，現在仍感受得到中世紀的氛氛。

米歇爾施塔特市政廳與市集廣場

面向市集廣場的市政廳是該市鎮的象徵。市政廳為1484年興建的後期哥德式木構建築，擁有2根尖塔，從正面看去就像戴著3頂尖角帽。正面中央設置鐘盤與紋章，1樓為開放式大廳，當作市場使用。市政廳曾作為德國郵票的圖案，因而聞名世界。背後是1490年完工的城市教堂。從前是木造，之後重建為石造。

石像
城市教堂
市政廳
尖塔
鐘盤
市集廣場

農村再生事業與農舍的修復及運用

特雷布爾［德國］

特雷布爾（Trebur）是人口約5500人的小市鎮，1982年被指定為黑森邦的村落更新事業地區，花了約10年的歲月整頓村內。

整頓事業的主要內容，除了「營造有特色的市容」外，還有「整修或改造已成空屋的農舍，打造成給想移居都市部的人居住的房子」等等。

此外，為了實現這些目標，地方政府不僅補助整頓費用，還自行買下農舍作為整修的範本，以期改變農舍等建築物權利人的心態。

為了修復拆到只剩骨架的房屋

向前突出的樓板新舊結構形式

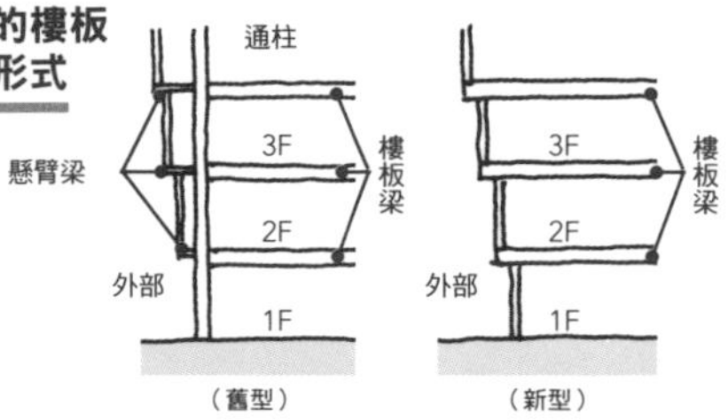
通柱
懸臂梁
3F
2F
1F
樓板梁
外部
（舊型）
（新型）

把梁移走時的效果

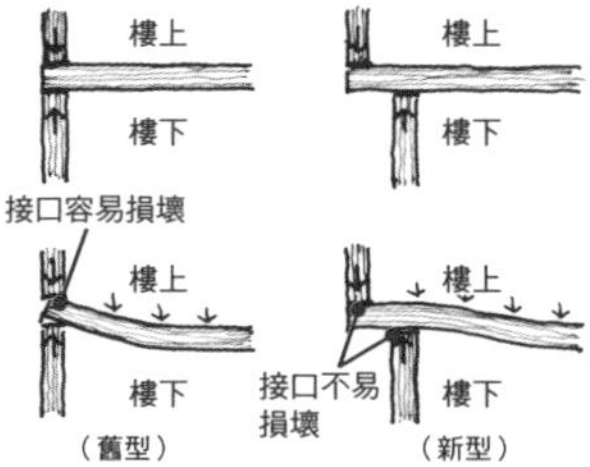
樓上
樓下
接口容易損壞
接口不易損壞
（舊型）
（新型）

木結構建築物的修復

修復前的房屋，外牆全塗上砂漿

修復後的房屋，恢復原本的木結構

老舊建築物的修復與運用

修復前的畜舍

倫費爾德的畜舍整修之後轉作為幼稚園。整修時補強結構，並且新增避難與防火方面的措施。

轉作幼稚園時的主要變更部分

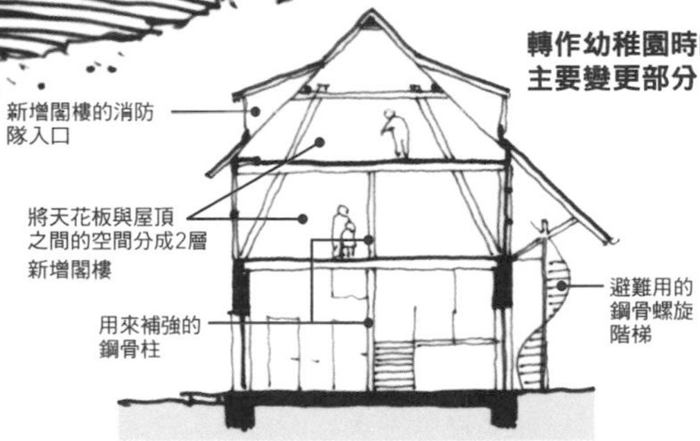

新增閣樓的消防隊入口
將天花板與屋頂之間的空間分成2層
新增閣樓
用來補強的鋼骨柱
避難用的鋼骨螺旋階梯

黑森郡特雷布爾主要道路的街景

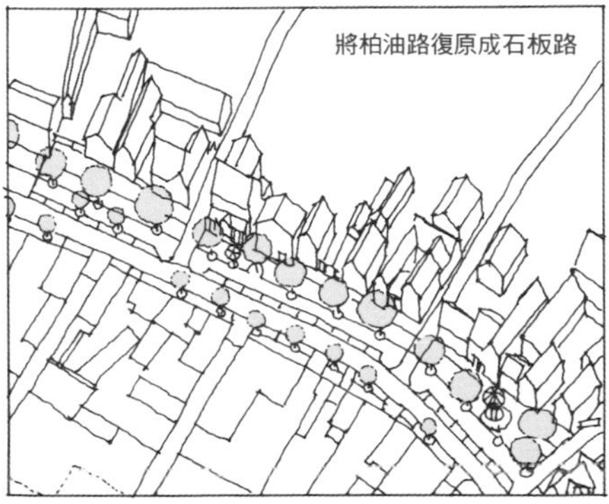

將柏油路復原成石板路

保留與改善聚落及街景的樣式

農舍的構成要素

主屋
倉庫
弓形門扉
砂岩門柱

町與藝術的邂逅——舉辦東京藝大展

市容營造百年運動是一條漫長的道路。迎接第20年時ＨＯＰＥ計畫※全國大會在金山町舉行。金山町便趁此機會與東京藝術大學合作，舉辦「町與藝術的邂逅展」（綜合企劃：宮田亮平教授）。

這場展覽運用了金山町的杉木與陶土，以及藉由社區營造獲得改善的內外空間，舉辦「鐵之森展」（工藝系主修鍛造組）、「緋色消遣展」（工藝系主修陶藝組）、「風之光彩展」（工藝系主修染織組）。另外，國樂系主修能樂組在金山國中演藝廳上演的「葵之上」（導演：野村四郎），則是跟鐵雕作品以及打擊樂演奏合作。這場展覽是為了讓町民，尤其是下一代的孩子承接社區營造所做的嘗試之一。

在藏史館展示工藝系主修染織組的作品

這場金山町與藝術的邂逅，是為了讓町民，尤其是下一代承接社區營造所做的嘗試之一。透過這場活動，應該能有效提高町民對藝術與創作的興趣。未來若能舉辦具持續性的活動是最理想的。適合金山町的作品當作町的財產保留下來，目前陳列在町內各個地方。

八幡公園與大堰展示許多呼應外部空間的主修染織組作品，突顯出藝術與社區營造所構成的場所特徵。

在八幡公園展示工藝系主修陶藝組的作品

使用金山土製作的作品在藏史館2樓展示，公民館旁邊的廣場則有老師與學生指導小孩子以野燒方式製作陶器。

使用金山土製作的陶器

在藏史館展示工藝系主修鍛造組作品的情形

藏史館
鍛造作品

金山國中演藝廳
鐵雕作品
打擊樂演奏
國樂
能樂

國樂系能樂、打擊樂表演與鐵雕作品在金山國中演藝廳合作的情形

上演戀歌共響——「葵之上」

藝術與國樂的首次合作，吸引的人潮多到快要擠爆國中演藝廳，大家都聽得如痴如醉。

※HOPE計畫：始於1983（昭和58）年的建設省（現國土交通省）輔助事業，為推動發揮地區特性的社區營造或住居營造的住宅計畫。根據當地居民的意見，實施扎根於當地的住宅建設與保存、街道與公園等設施的整頓、景觀改善等措施。「HOPE」為「housing with proper environment（坐擁當地特有環境的住宅營造）」的簡稱，又稱為「地區住宅計畫」。

木匠培訓，以及與小川三夫師傅的交流

首次邀請小川三夫師傅到金山町是2002年6月的事。他是法隆寺「最後的宮大工」西岡常一師傅唯一的內弟子，並且獲選為「現代的名匠」。小川師傅蒞臨的這3天，不僅向木匠們（80名）舉行「以高境界為目標，向更高境界學習」之演講與技術示範，也以國、高中生為對象，舉行「樹木的生命樹木的心～天・地・人～」之演講。他在演講中談到，專業人士應有的心態、後繼者的培養、工作時的團隊合作，以及領導者扮演的角色有多重要等等。

這場活動之後，金山町也持續與小川師傅交流，例如讓木匠們實際觀摩師傅的作品或在現場進行培訓，2016年舉辦的「迷你刨削會」也吸引全國各地的人士前來參加，此外師傅還協助特別公演等活動。另外，2017年也邀請建築結構家增田一真舉行演講，目前金山町依然持續實施木匠培訓。（西田徹）

譯註：（1）宮大工是指從事神社佛閣的興建與補修工作的木匠；（2）內弟子是指住在師傅家裡學藝並幫忙打理家事的徒弟。

進行木匠培訓

——建築結構家增田一真講解傳統木構法的上課情形

搭接與接合的原理＊

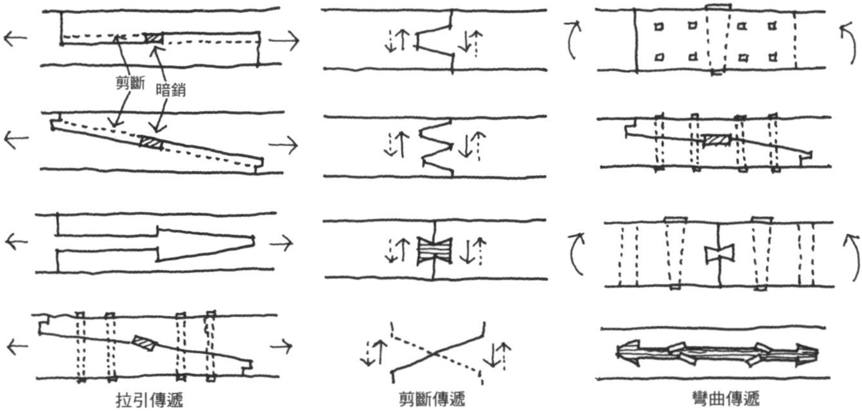

出典：＊「建築士2018年8月号－伝統木造構法の仕口・継手・矧合（はぎあわせ）の原理」（日本の木造架構史第12回：增田一真著）

小川三夫師傅示範刨木技巧

薄木屑
鉋子
小川三夫師傅

金山木匠們參與迷你刨削會的慣例活動——「打地基」

打地基就是夯實柱子底下的地基，這是從前蓋房子時會進行的作業，由木匠與家人、親戚、當地民眾一同參與。如果是大型建築物，就需要用到好幾根基礎。這也是用來慶祝開工、表達合力建設以及基礎的重要性的儀式之一。

聽說從前是在頭上綁一字巾，現在則戴紅色帽子。

傳統木構法的對接、

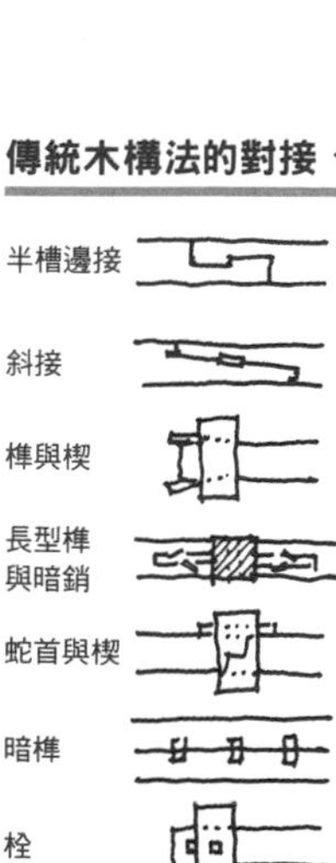
半槽邊接
斜接
榫與楔
長型榫與暗銷
蛇首與楔
暗榫
栓

對接、搭接的基本類型

社區營造的關鍵在於緩慢且踏實地進行！

金山町的簡介與社區營造的腳步

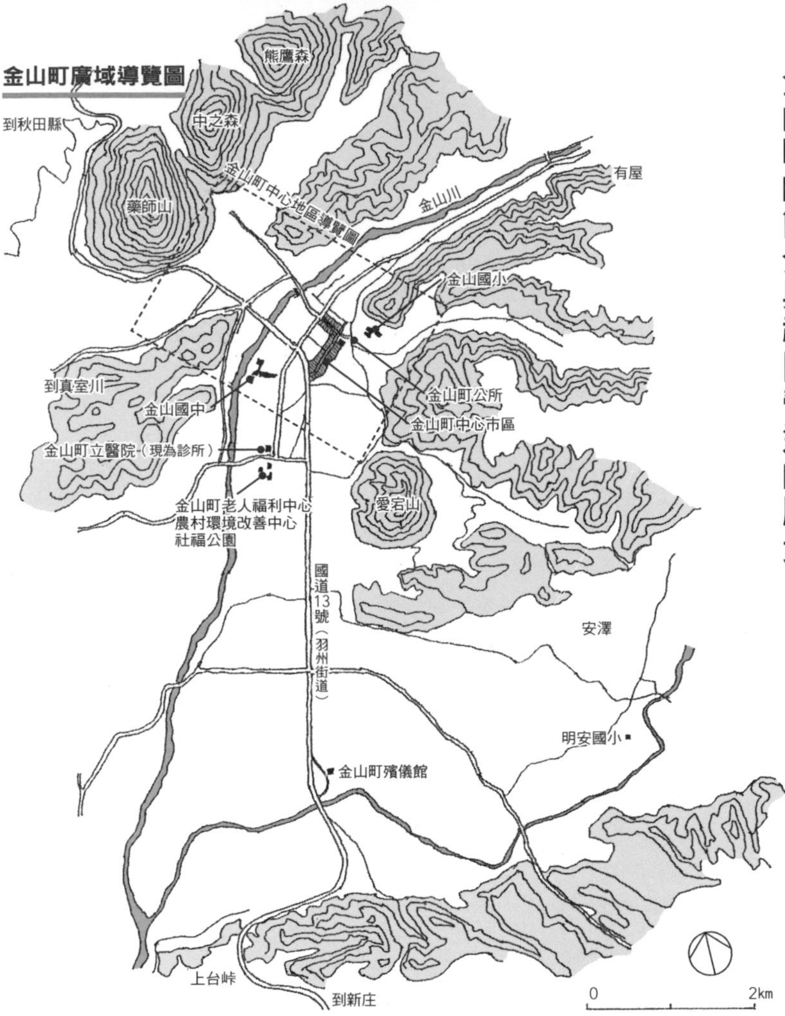
金山町廣域導覽圖
熊鷹森
到秋田縣
中之森
藥師山
金山町中心地區導覽圖
有屋
金山川
金山國小
到真室川
金山國中
金山町公所
金山町中心市區
金山町立醫院（現為診所）
愛宕山
金山町老人福利中心
農村環境改善中心
社福公園
國道13號（羽州街道）
安澤
明安國小
金山町殯儀館
上台峠
到新庄
0
2km

金山町位在山形縣以及新庄盆地的東北部，是個東西約18公里，南北約14公里，面積約162平方公里，幾乎呈一個三角形的城鎮。

總面積當中山林約占65%，是個以農林業為基礎產業的典型農山村。人口在昭和25年（1950年）到達最高峰，約1萬人，之後逐年減少，到平成15年（2003年）為止都維持在7000人左右，平成27年（2015年）降破6000人大關。平成11年（1999年）山形新幹線延伸到新庄站，搭新幹線與車到東京只要4小時多，與中央的距離因此變近了。

金山町首度出現在歷史上，要追溯到奈良時代，大約在737年（天平9年），《續日本記》中關於「比羅保許山」的記述曾提及這個地方。在江戶至明治這段大約250年的期間都是由新庄藩統治。之後，1889年（明治22年）實施市町村制而變成金山村，1925年（大正14年）實施町制而變成現在的金山町。這段過程中不曾進行過町村合併，在實施長期的社區營造與建立共識上，這點對金山町來說有正面的影響。

跟其他的地方都市一樣，之前金山町也面臨慢性人口減少，以及在地產業停滯的課題。

該町在這樣的時代轉變中，著眼於社區營造——特別是景觀營造，並且開始致力於地區活化的開端，是1963年（昭和38年）提倡的「全町美化運動」。

不過，起初重點不是放在景觀營造上，而是著重於維護環境清潔所需的禮儀等軟體面上。但是，就形成「打造美麗城鎮」之心態這點來說，此運動可算是促使町民創造今日景觀的起點吧。另外，「住宅建築競賽」、「與風景調和的市容景觀條例」推出至今，也已持續實施了35年左右。

金山町擁有豐富的自然景觀，而且町的基本結構並未遭到破壞，有些地方也仍保留著白牆土藏與傳統房屋。不過，這裡並不像傳統建造物群保存地區或歷史悠久的觀光勝地那樣，累積了許多有歷史、有傳統的設施。

因此，要打造金山町的景觀，如何累積有魅力的新資源便成了重要的題目。而發揮核心作用的，就是公共設施與公益設施的建設，以及歷史悠久老舊建築物的再利用與再運用。

在當時率先進行整頓的市町村當中，也看得到突然冒出與當地景觀格格不入之物的案例。不過金山町因為較晚起步，規劃與設計時都會考量有無融入當地景觀結構、氣候風土、在地木材的運用等地域性。

之後，金山町在單一建築物的計畫陸續開花結果的同時，決定針對當初就認為有必要性的地區訂定主要計畫，這可說是該地區的未來藍圖。該計畫提出了道路、公園、開放空間、樹木、水渠、地區內建築物的改善方案與運用方法。除此之外，後來還根據這項主要計畫，擬定、實施各種具體的計畫。

這個地處偏遠，而且還沒有鐵路經過，以農林業為主的地方小城鎮，就是這樣以「市容（景觀）營造百年運動」為口號，緩慢但踏實地展開社區營造。

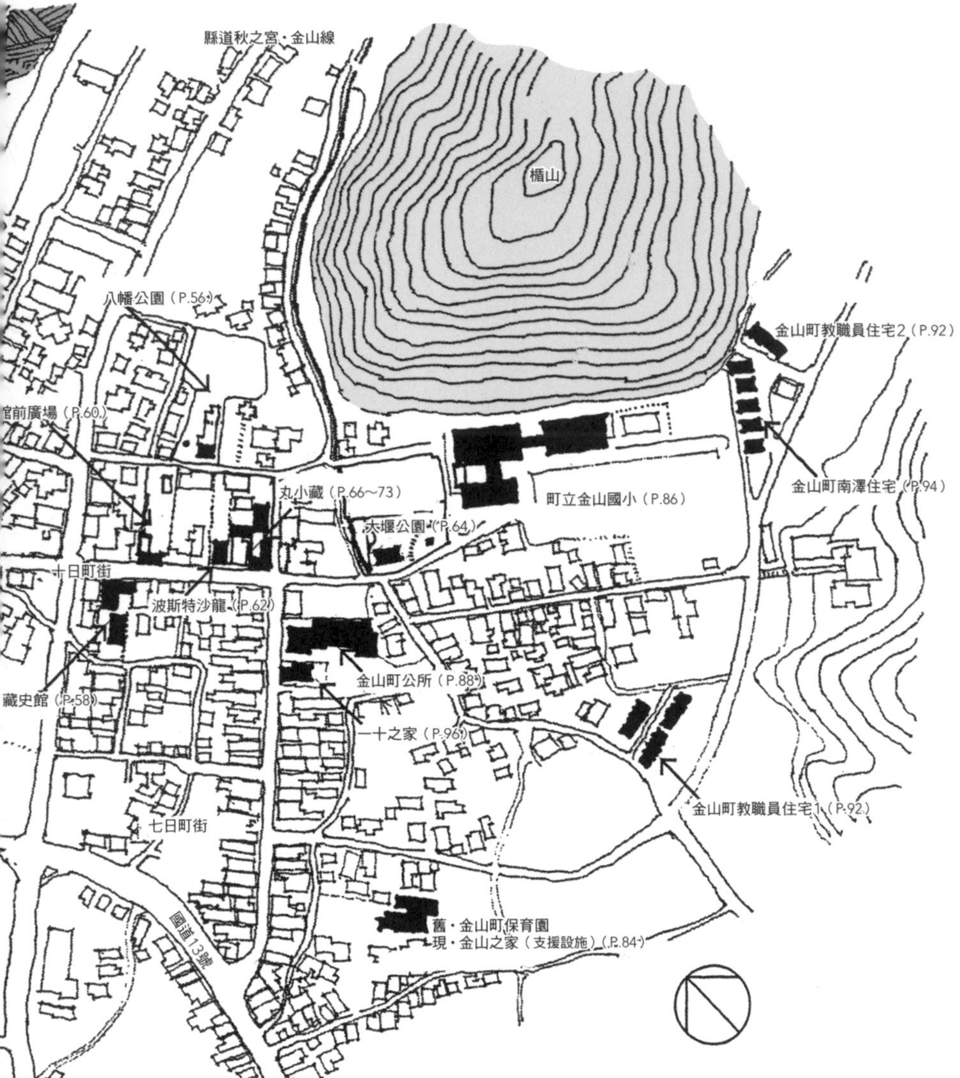
縣道秋之宮・金山線
楯山
八幡公園（P.56）
館前廣場（P.60）
丸小藏（P.66～73）
大堰公園（P.64）
町立金山國小（P.86）
金山町教職員住宅2（P.92）
金山町南澤住宅（P.94）
十日町街
波斯特沙龍（P.62）
金山町公所（P.88）
藏史館（P.58）
一十之家（P.96）
金山町教職員住宅1（P.92）
七日町街
國道13號
舊・金山町保育園
現・金山之家（支援設施）（P.84）
到新庄

中心地區的中心——丸小藏的廣場

金山町中心地區案內圖

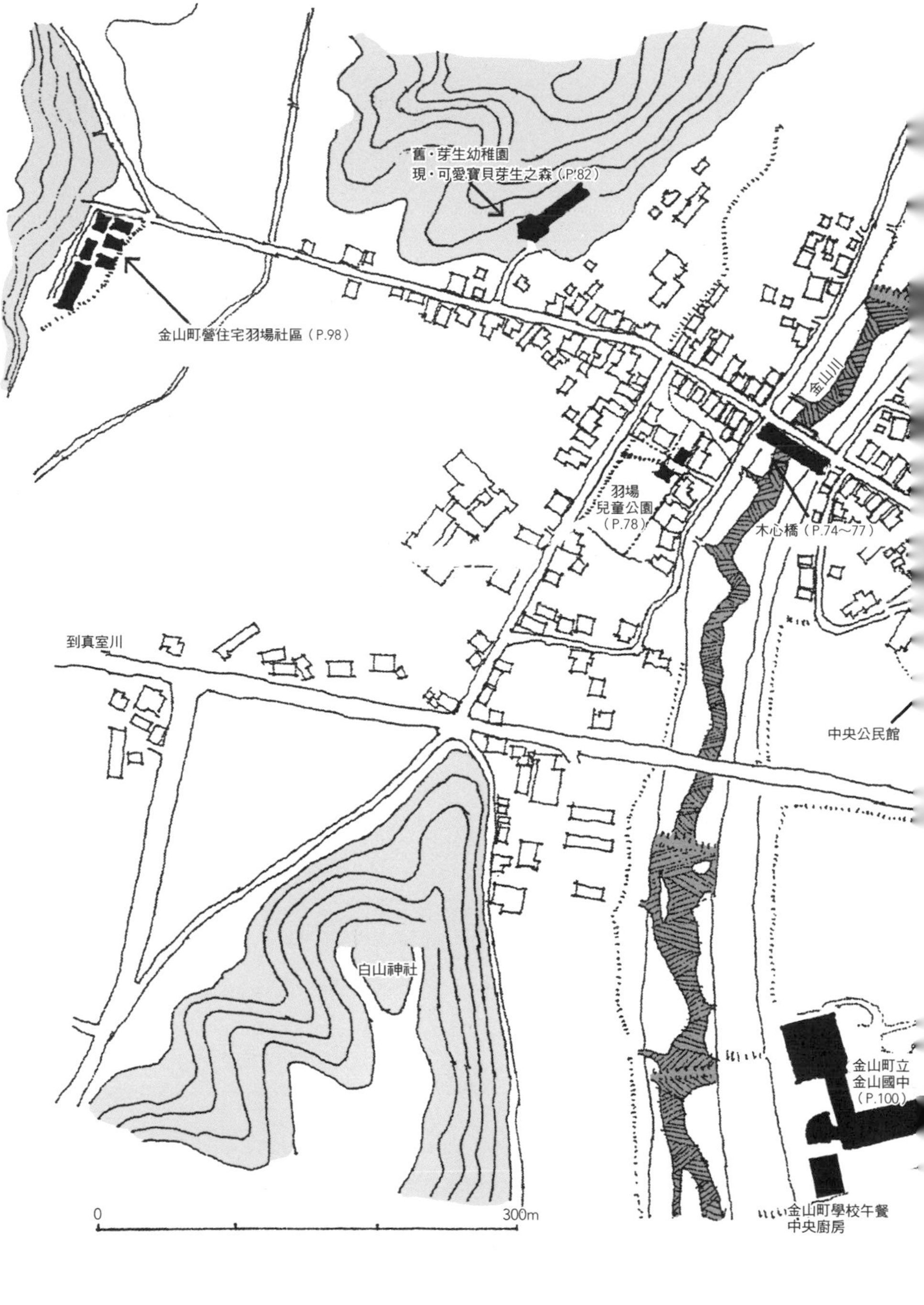
舊・芽生幼稚園
現・可愛寶貝芽生之森（P.82）
金山町營住宅羽場社區（P.98）
金山川
羽場
兒童公園
（P.78）
木心橋（P.74～77）
到真室川
中央公民館
白山神社
金山町立
金山國中
（P.100）
0
300m
金山町學校午餐
中央廚房

循著金山町社區營造的腳步

昭和38年	金山町提倡並展開「全町美化運動」。
昭和52年	推行農村綜合模範事業，著手將「大堰」建設成石砌引水道（S52～58年）
昭和53年	為了普及木造住宅與提升金山木匠的技術，金山町商工會開辦「住宅建築競賽」。
昭和58年	訂定「新金山町基本構想」，以景觀作為社區營造的主軸，提出「市容景觀營造百年運動」。
昭和59年	訂定以運用梁柱構架式工法的木造住宅為主的「金山町地區住宅計畫（HOPE計畫）」，提出正式的景觀營造概念與措施。
昭和60年	制定「金山町市容景觀條例」，翌年實施。設置「金山町市容景觀審議會」，針對今後的景觀整頓進行討論。條例則針對市容的維持與保存，以及新的建設訂出景觀基準，之後便以此為方針，在新建或增修建建築物時給予指導、建議、援助，促進以梁柱構架式工法建造的「金山型住宅」普及。
平成5年	展開「模範生態城建設事業」（H5～6年）。著手建設運用老舊土藏的「藏史館」（H7年）、「八幡公園」（H8年）、「水綠散步道」（H8～9年）等等。
平成7年	訂定「金山町生活社區營造計畫」。居民與町同心協力，針對中心部的景觀整頓，擬定社區營造的主要計畫，提出今後的道路改善、公園與設施的建設等規劃。之後依據這項計畫建設「水綠散步道」（H10～13年），町中心部的國道13號與主要地方道路雄勝金山線的交叉路口改良以及人行道，則由國家與山形縣進行美化（H11～13年）
平成12年	實施「景觀特定地區袖珍公園建設事業」（H12～13年）。目的是復原或運用町中心部留下的老舊建築物，以及將空地建設成袖珍公園。舊郵局改建成「波斯特交流沙龍」（H13年），作為向訪客提供資訊的服務中心以及供女性使用的社區營造工坊。另外還建設「藏史館前廣場」（H12年），並定期舉辦露天市集與十日町祭（H19年～）。
平成13年	在流經町中心部的金山川上，架設以金山杉打造的木造廊橋「木心橋」，作為連結十日町地區與羽場地區的人行道橋（H12年）。
平成16年	訂定「金山町中心市街社區營造方針（市容環境整頓事業）」。繼「生活社區營造事業計畫」之後，為了發展町中心部的景觀措施，行政機關與居民共同組成「金山町中心市街社區營造方針研討委員會」，訂立新的主要計畫。並且依據這項方針，開始進行國交省輔助事業「市容環境整頓事業」（H16年～）的整頓措施。
平成17年	著手運用金山町的象徵「大堰」旁邊的空地建設「大堰公園」（H20年完工）。舉辦意見交流會以獲得居民對計畫的意見。
平成21年	興建「金山町次世代型範本屋」。為了進一步普及金山型住宅，實施次世代型長期耐久優良住宅提案選拔，再依照採用的提案建設。
平成24年	運用町中心部留下的老舊土藏（捐贈），著手建設「作為金山町的象徵，有助於交流及文化發展，促進人與人的接觸，而且看得到人流的場所」。規劃並建置展示空間、休憩空間、社區營造的介紹空間等等。該場所命名為「丸小藏」，自平成25年度起由指定管理者進行管理與營運。

出處：《金山町中心部の街並みガイドブック》

金山町社區營造計畫・建築清單

[社區營造／都市・環境計畫]

名稱	完工年份	計畫
1.金山町地區住宅計畫（HOPE計畫）	1985	林寛治＋片山和俊＋住吉洋二
2.生活社區營造計畫 中心地區主要計畫1.2 中心地區設計方針	1996～2015	住吉洋二＋片山和俊＋林寛治 片山和俊＋住吉洋二＋林寛治

[建築／公園等]

名稱	完工年份	設計・製作
1.芽生幼稚園	1976	林寛治
2.金山保育園增建	1977	林寛治
3.金山町立金山國小	1978	林寛治
4.伊莎貝拉・博兒來訪百年紀念碑	1978	保田春彦
5.金山町公所	1980	林寛治＋天野郁生
6.農村環境改善中心	1981	加藤達雄
7.三英興業辦公樓	1982	本間利雄
8.金山町立醫院（現為診所）	1982	林寛治＋天野郁生
9.教職員住宅1	1983	林哲也
10.金山町老人福利中心	1983	林哲也
11.金山町立中田國小	1986	本間利雄
12.南澤住宅	1987	林寛治＋片山和俊
13.金山木材辦公樓	1988	鈴木善夫
14.金山町營羽場社區	1988	片山和俊＋堀啓二、橫溝真、石井英子
15.一十之家	1988	林寛治
16.教職員住宅2	1988	林哲也
17.金山町立金山國中	1992	奧村昭雄＋益子義弘
18.金山町殯儀館	1995	益子義弘
19.藏史館	1995	林寛治＋林哲也
20.八幡公園	1996	片山和俊
21.金山席尼斯海姆飯店	1998	本間利雄
22.神室休閒農場	1998	內藤恒方
23.社福公園	1999	片山和俊
24.金山町公文書公開條例頒布紀念碑※	2000	林寛治
25.藏史館前廣場	2001	片山和俊
26.金山町立明安國小	2002	小澤明
27.金山町波斯特交流沙龍	2002	林寛治
28.木心橋	2004	片山和俊
29.大堰公園	2008	片山和俊
30.丸小藏	2014	林寛治＋片山和俊
31.金山町學校午餐中央廚房	2015	益子義弘＋淺野崇
32.羽場兒童公園	2015	片山和俊
33.道路鋪面・導覽指示牌	1996～2015	片山和俊

[社區營造]

1963　全町美化運動
↓
1981　金山町住宅建築競賽
↓
1984　市容（景觀）營造百年運動
1985　金山町市容景觀條例
↓
1991　全町公園化構想
↓
1996　生活道路營造計畫
↓

[景觀相關的主要得獎紀錄]

平成7年度	都市景觀大獎・都市景觀百選（建設省・都市景觀日執行委員會）
平成12年度	每日・地方自治大獎・最優秀獎（每日新聞社）
平成14年度	日本建築學會獎「市容營造百年運動」的推動・成就獎（日本建築學會）
平成15年度	HOPE計畫20週年紀念特別表揚・HOPE大獎（HOPE計畫推動協議會）
平成19年度	日本土木學會設計獎「金山町市容整頓」・最優秀獎（日本土木學會）
平成22年度	都市景觀大獎・美麗街景大獎（國土交通省・「都市景觀日」執行委員會）

資料製作：西田徹　　※公開條例於1983（昭和57）年4月實施

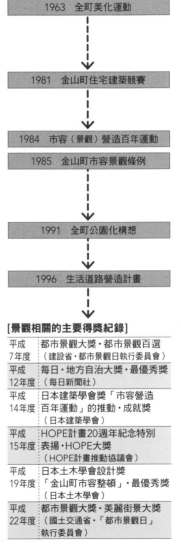

結語

想寫一本導覽書！

這本書即是誕生於這個單純的想法。因此，內容是以參與金山町社區營造的3名作者各自的想法與專業領域為主。

林在義大利留學多年，回國後先在吉村順三建築設計事務所任職，之後才自立門戶成為建築師，跟金山町有些淵源。片山是以建築設計為主軸，將專業領域拓展到都市設計的建築師，走遍了英國的集合住宅與小城鎮（文科省駐外研究）。住吉是在德國留學，諳於地區詳細計畫的都市規劃師。在金山町市容營造百年運動中，我們發揮各自的專業領域與特色互助合作執行計畫。

之所以會想到這次的企劃，動機在於我們認為是時候向町民與其他感興趣的人，說明40幾年以來我們在金山町參與的工作內容。不消說，每年的各種計畫與活動，我們都是與金山町一同思考與執行，但這些成果似乎最後都淪為零散的片段。金山町市容營造百年運動才進行到一半而已，我們認為若要持續進行下去，也需要回顧之前的過程。因此我們將這本書所整理的內容，當作激勵大家堅持下去的禮物。

金山的社區營造雖然進行得很緩慢，但一路走來始終如一，某天我們突然注意到這在日本是很罕見的例子。長期保持一貫的方針，計畫涵蓋整體與細節，涉及的領域包含建築、土木與都市計畫，這樣的案例意外地少。我們認為分享這段

經驗，應該能供其他城鎮，乃至日本各地的社區營造做參考，所以才鼓起勇氣決定出書。若不是X-Knowledge股份有限公司副總三輪浩之先生果斷認為這樣的內容值得出版，這本書就無法問世了。另外，如果沒有近藤正先生受命細心編輯，本書就無法成形。由衷感謝兩人對我們的耐心關照。

另外，我們也想向爽快答應撰寫設計案例的益子義弘老師（東京藝術大學名譽教授）、同意我們刊登案例的建築師林哲也先生，以及一同實踐社區營造，在本書中撰寫有關金山杉與社區營造的歷史等內容並提供各種資訊的西田徹先生（金山町前環境整頓課長）致謝。整理這本書的內容時，引用了許多資料。我們自認已盡力列出引用來源，但可能還是有所疏漏。我們要借這個地方向原作者表達歉意與感謝。

最後，由衷感謝與我們長期合作的金山町鈴木洋町長，以及町公所職員與諸位町民，並祝金山町市容營造百年運動能夠持續與發展。

片山和俊
林　寛治
住吉洋二

主要參考資料

- 《日本奥地紀行》Isabella Bird著，高梨健吉譯，平凡社
- 《よみがえる蔵》日本民家再生協会編，丸善出版
- 《チーム10の思想》Alison Smithson編，寺田秀夫譯，彰国社
- 《街並みの美学》芦原義信著，岩波書店
- 《日本の景観—ふるさとの原型》樋口忠彦著，春秋社
- 《外部空間の設計》芦原義信著，彰国社
- 《建築・都市計画のための空間学事典改訂版》日本建築学会編，井上書院
- 《梯子・階段の文化史》稲田愿著，井上書院
- 《景観計画》Michael M. Laurie著，久保貞、小林竑一等人譯，鹿島出版会
- 《建築人間工学 空間デザインの原点》岡田光正著，理工学社
- 《シチリア—[南]の再発見》陣内秀信著，淡交社
- 《イタリア古寺巡礼—ミラノ→ヴェネツィア》金沢百枝、小澤実著，新潮社
- 《イタリアの路地と広場〈上・下〉》竹内裕二著，彰国社
- 《妻籠宿その保存と再生》太田博太郎、小寺武久著，彰国社
- 《小布施まちづくりの奇跡》川向正人著，新潮社
- 《30の都市からよむ日本史》金田章裕監修，造事務所編著，日本経済新聞出版社
- 《城のつくり方図典》三浦正幸著，山田岳晴作圖，小学館
- 《江戸と江戸城》内藤昌著，鹿島出版会
- 《城郭の見方・調べ方ハンドブック》西ヶ谷恭弘著，東京堂出版
- 《全国城下町絵図—城下町の形成と発達～別冊歴史読本 戦国城下町の縄張り手法》玉置伸吾著，新人物往来社
- 《イタリア木造屋根付橋》出田肇著，地域環境経済研究所
- 《日本の屋根付橋—四国奥伊予》出田肇著，地域環境経済研究所
- 《図説木造建築事典》木造建築研究フォラム編，学芸出版社
- 《都市のルネサンス—イタリア建築の現在》陣内秀信著，中央公論社
- 《路地からのまちづくり～祇園南—法が認めたコミュニティの防災力》西村幸夫編著，上村研二著，学芸出版社
- 《図説木造建築辞典》木造建築研究フォラム編，学芸出版社
- 《日本の都市空間》都市デザイン研究体著，彰国社
- 《テキスト ランドスケープデザインの歴史》武田史朗等人編著，学芸出版社
- 《ROBIN HOOD GARDENS》a＋U・1974年2月号，エー・アンド・ユー
- 《コモンで街をつくる—宮脇檀の住宅地設計》宮脇檀建築研究室編，丸善プラネット
- 《建築・まちなみ景観の創造》建築・まちなみ景観研究会著，技法堂出版
- 《図解テキスト基本建築学》上杉啓等人著，彰国社
- 《山形県金山町のまちづくりと建築2002》林寛治、片山和俊、住吉洋二、山形県金山町企劃

參考資料（依頁數）

8～9　《日本奥地紀行》Isabella Bird著，高梨健吉譯，平凡社

《イザベラ・バードと日本の旅》金坂清則著，平凡社

《金山通信 森の便りvol.18 2012年春》金山町

20～21　《下郷町大内宿伝統的建造物群保存地区見直調査報告》下郷町教育委員会

《竹原市伝統的建造物群調査報告書》竹原市

24～25　《よみがえる蔵》日本民家再生協会編，丸善出版

106～107　《チーム10の思想》Alison Smithson編，寺田秀夫譯，彰国社

《街並みの美学》芦原義信著，岩波書店

108～109　《日本の景観—ふるさとの原型》樋口忠彦著，春秋社

110～111　《外部空間の設計》芦原義信著，彰国社

《建築・都市計画のための空間学事典改訂版》日本建築学会編，井上書院

《都市の計画と設計》小嶋勝衛監修，共立出版

《中国民居の空間を探る—群居類住“光・水・土”中国東南部の住空間》
茂木計一郎、片山和俊等人著，建築資料研究社

113～114　《建築・都市計画のための空間学事典改訂版》日本建築学会編，井上書院

114～115　《梯子・階段の文化史》稲田愿著，井上書院

《街並みの美学》芦原義信著，岩波書店

《外部空間の設計》芦原義信著，彰国社

《景観計画》Michael M. Laurie著，久保貞、小林竑一等人譯，鹿島出版会

《チーム10の思想》Alison Smithson編，寺田秀夫譯，彰国社

116～117　《街並みの美学》芦原義信著，岩波書店

《建築人間工学 空間デザインの原点》岡田光正著，理工学社

118～119　《シチリア—“南”の再発見》陣内秀信著，淡交社

《イタリア古寺巡礼—ミラノ→ヴェネツィア》金沢百枝、小澤実著，新潮社

《SICILIAN TREASURES ERICE》観光案内書

《図説都市の世界史2》Leonardo Benevolo著，佐野敬彦、林寛治譯，相模書房

120～121　《イタリアの路地と広場〈上・下〉》竹内裕二著，彰国社

《街並みの美学》芦原義信著，岩波書店

128～129　《空間作法のフィールドノート》片山和俊、新明健等人著，彰国社

130～131　《日中建築》茂木計一郎報告，日中技術交流会会報No.52

132～133　《妻籠宿その保存と再生》太田博太郎、小寺武久著，彰国社

134～135　《小布施まちづくりの奇跡》川向正人著，新潮社

《東京理科大学・小布施まちづくり研究所・活動記録2005》

136～137　《30の都市からよむ日本史》金田章裕監修，造事務所編著，日本経済新聞出版社

参考資料(依頁數)

138～139《城のつくり方図典》三浦正幸著,山田岳晴作圖,小学館

《江戸と江戸城》内藤昌著,鹿島出版会

《30の都市からよむ日本史》金田章裕監修,造事務所編著,日本経済新聞出版社

《城郭の見方・調べ方ハンドブック》西ヶ谷恭弘著,東京堂出版

《全国城下町絵図―城下町の形成と発達～別冊歴史読本 戦国城下町の縄張り手法》玉置伸吾著,新人物往来社

140～141《黒石“こみせ”の町並み》㈶日本ナショナルトラスト,H14.3

《空間作法のフィールドノート》片山和俊、新明健等人著,彰国社

142～145《イタリア木造屋根付橋》出田肇著,地域環境経済研究所

146～147《日本の屋根付橋―四国奥伊予》出田肇著,地域環境経済研究所

148～149《図説木造建築事典》木造建築研究フォラム編,学芸出版社

《建築士》2014年5月号,日本建築士会連合会

150～151《都市のルネサンス―イタリア建築の現在》陣内秀信著,中央公論社

《図説都市の世界史2 中世》Leonardo Benevolo著,佐野敬彦、林寛治譯,相模書房

152～153《中国・江南臨水空間と街並み》東京藝大中国住居研究グループ・片山和俊編著,住宅建築1990年1月号

154～155《路地からのまちづくり～祇園南－法が認めたコミュニティの防災力》西村幸夫編著,上村研二執筆,学芸出版社

156～157《変わる上海、消える里弄》東京藝大中国住居研究グループ・片山和俊編著,住宅建築1995年5月号

158～159《図説木造建築事典》木造建築研究フォラム編,学芸出版社

《日本の都市空間》都市デザイン研究体著,彰国社

160～161《街並みの美学》芦原義信著,岩波書店

《テキスト ランドスケープデザインの歴史》武田史朗、山崎亮、長濱伸貴編著,学芸出版社

《外部空間の設計》芦原義信著,彰国社

162～163《空間作法のフィールドノート》片山和俊、新明健等人著,彰国社

《ROBIN HOOD GARDENS》a＋U・1974年2月号,エー・アンド・ユー

164～165《チーム10の思想》Alison Smithson編,寺田秀夫譯,彰国社

《Coventry Information Centre 1976 Revised》

166～167《路地から住宅群を編む－南小国町営杉田・矢津田団地》住宅建築2007年3月号

《コモンで街をつくる―宮脇檀の住宅地設計》宮脇檀建築研究室編,丸善プラネット

170《建築・まちなみ景観の創造》建築・まちなみ景観研究会著,技報堂出版

174～177《図解テキスト基本建築学》上杉啓等人著,彰国社

178～179《よみがえる蔵》日本民家再生協会編,丸善出版

《木曽奈良井宿パンフレット》

192～193《伝統木造構法の仕口・継手・矧合の原理～日本の木造架構史・第12回》増田一真執筆,建築士2018年8月号,日本建築士会連合会

SPECIAL THANKS
執筆・作品協助

益子義弘（Yoshihiro Masuko）

建築師，東京藝術大學美術學院建築系名譽教授。
1940年出生於東京。1964年畢業於東京藝術大學美術學院建築系。1966年於該大學研究所修完碩士課程後，便於該大學擔任助理。1973年於MIDI綜合設計研究所任職。1976年成立M&N設計室。1984年成為東京藝術大學美術學院副教授，1989年升為教授，2007年退休，現為名譽教授。主持益子工作室。

林 哲也（Tetsuya Hayashi）

建築師。
1935年出生於東京。1961年畢業於東京藝術大學美術學院建築系。1961年擔任新建築社（股）《新建築》月刊編輯。1966年於東京工業大學建築系清家研究室任職。1970～2015年主持林哲也設計事務所。

西田 徹（Tooru Nishida）

山形縣金山町景觀政策推動員。
1955年出生於山形縣金山町。1978年畢業於岩手大學工學院土木工程學系。1978年於金山町公所任職，曾任金山町環境整頓課長，2016年離職。2018年修完山形大學研究所社會系統研究科主修課程。2019年就讀東北大學研究所工學研究科都市・建築學組博士課程。

作者介紹

片山和俊
(Kazutoshi Katayama)

建築師，東京藝術大學美術學院建築系名譽教授。
1941年出生於東京。1966年畢業於東京藝術大學美術學院建築系，1968年修完該大學研究所碩士課程後，於環境設計茂木研究室任職。1987年於東京藝術大學美術學院建築系擔任講師，之後升為副教授、教授。在DIK設計室從事設計與社區營造活動。自1984年起至今，在山形縣金山町參與建築・社區營造活動。

【得獎】
1995年：日本建築師協會新人獎（彩之國交流森林森林科學館住宿棟）。2002年：日本建築學會獎（推動山形縣金山町市容營造百年運動之成就）。2006年：土木學會設計獎最優秀獎（金山町市容整頓）。

【主要著作】
《都市空間作法筆記》（彰國社）、《客家民居的世界》（風土社）、「城市街道住宅」東京藝術大學片山和俊建築展圖錄、《家的容貌　想給孩子看的建築書13》（Index Communications）等等。（以上皆為暫譯）

林 寬治
(Kanji Hayashi)

建築師，林寬治設計事務所／studio KA.負責人。
1936年出生於東京本鄉。1961年自東京藝術大學美術學院建築系畢業，同年遠渡義大利羅馬，成為studio Prof. G. Pogitano的實習生。1963年成為羅馬studio Ing. G. Rebecchini＋Arch. J. Lafuente的所員。1967年回國，成為吉村順三設計事務所的所員。1974年開設一級建築士林寬治設計事務所。除了從事一般的設計活動，亦從1975年起至今，在山形縣金山町參與建築・社區營造活動。1995年獲選「平成7年度・文化廳特別派遣藝術家在外研修員・北義大利」成員。

【得獎】
1980年：第1屆東北建築獎佳作（町立金山國小〔1978・79〕）。2002年：日本建築學會獎（推動山形縣金山町市容營造百年運動之成就）。2004年：日本建築家協會25年獎（我的家〔1971〕東京）。2006年：土木學會設計獎最優秀獎（山形縣金山町市容整頓）。

住吉洋二
(Yoji Sumiyoshi)

都市規劃師，東京都市大學建築系名譽教授。
1946年出生於廣島。1973年修完東京藝術大學研究所碩士課程。1978年～1980年於德國達姆施塔特工業大學從事都市環境整頓手法的調查與研究。1980年在東京都市大學（舊武藏工業大學）建築系任教，2005年升為教授。1982年成立都市企劃工坊，主要從事日本各地的社區營造等活動。自1984年起至今，在山形縣金山町參與社區營造活動。

【得獎】
2000年：日本都市計畫學會獎計畫設計獎（神谷一丁目地區密集市區整頓的複合性與連鎖性發展）。2002年：日本建築學會獎（推動山形縣金山町市容營造百年運動之成就）。2006年：土木學會設計最優秀獎（金山町市容整頓）。

國家圖書館出版品預行編目(CIP)資料

社區營造解剖圖鑑：從景觀建築一舉翻新城鎮面貌,激發老鎮新魅力/片山和俊, 林寬治, 住吉洋二作；王美娟譯. -- 初版. -- 臺北市：臺灣東販股份有限公司, 2021.10
208面；14.8×21公分
ISBN 978-626-304-844-7（平裝）

1.社區總體營造 2.日本

545.0931　　110013818

社區營造解剖圖鑑

從景觀建築一舉翻新城鎮面貌，激發老鎮新魅力

2021年10月1日初版第一刷發行
2023年 8 月1日初版第二刷發行

作　　者　片山和俊、林寬治、住吉洋二
譯　　者　王美娟
編　　輯　吳元晴
美術編輯　黃郁琇
發 行 人　若森稔雄
發 行 所　台灣東販股份有限公司
　　　　　<地址>台北市南京東路4段130號2F-1
　　　　　<電話>(02)2577-8878
　　　　　<傳真>(02)2577-8896
　　　　　<網址>http://www.tohan.com.tw
郵撥帳號　1405049-4
法律顧問　蕭雄淋律師
總 經 銷　聯合發行股份有限公司
　　　　　<電話>(02)2917-8022

TOHAN